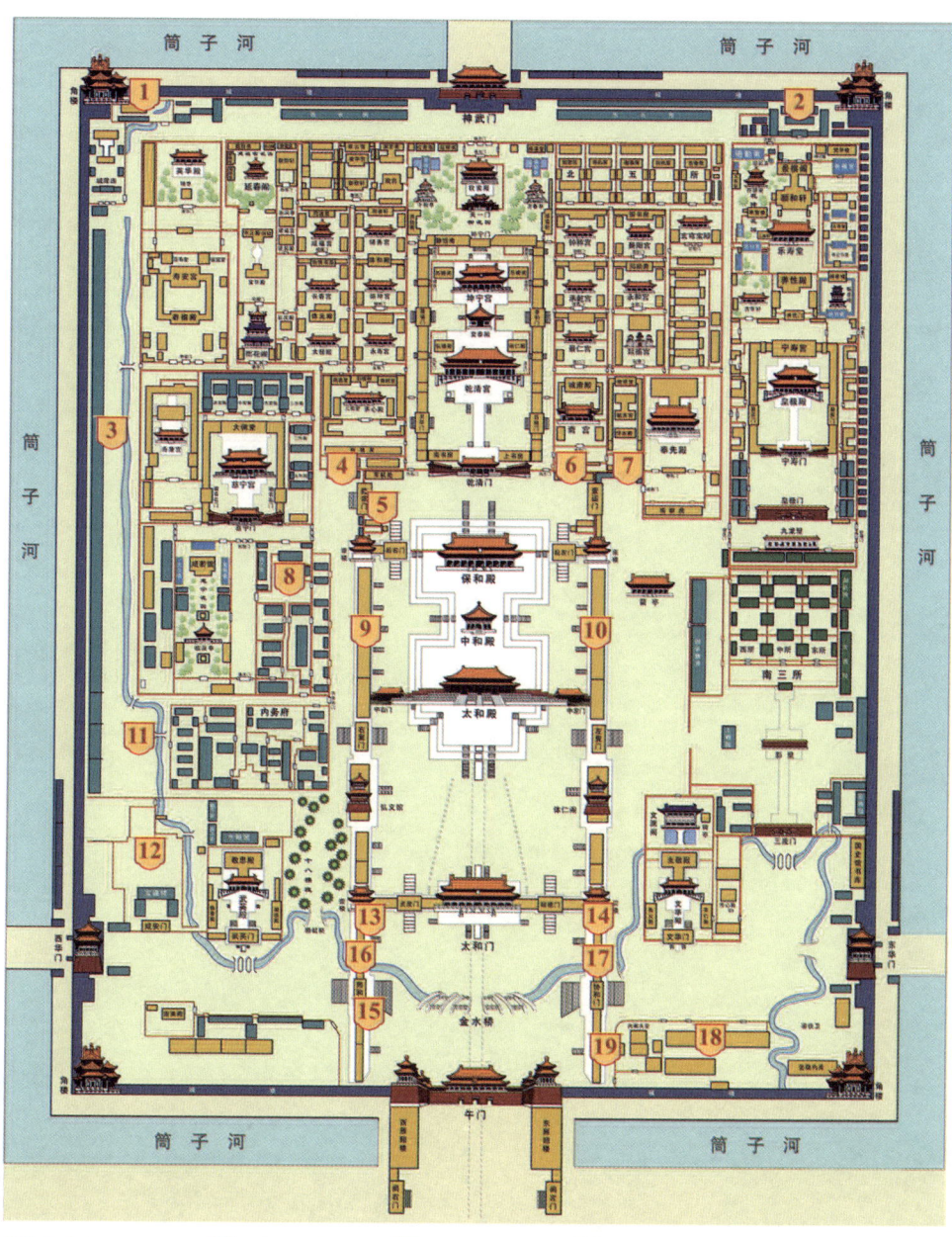

① 马神庙　　⑥ 九卿朝房　　⑩ 内务府库房　　⑮ 起居注馆
② 兆住所　　⑦ 护军值房　　⑪ 他坦　　　　　⑯ 翻书房
③ 明代太监住所（清代库房）　⑫ 咸安宫官学　⑰ 稽查钦奉上谕事件处
④ 内务府值房　⑧ 造办处　　⑬ 领侍卫处　　　⑱ 内阁大库
⑤ 军机章京值房　⑨ 内务府库房　⑭ 领侍卫处　⑲ 内阁诰敕房

故宫传

张程 著

Biography of the Forbidden City

今年我 600 岁了！
有了一本属于自己的
小 小 传 记

中国出版集团公司
华文出版社

图书在版编目（CIP）数据

故宫传 / 张程著. -- 北京：华文出版社，2020.10
ISBN 978-7-5075-5353-6

Ⅰ.①故… Ⅱ.①张… Ⅲ.①故宫—历史—北京 Ⅳ.①K928.74

中国版本图书馆CIP数据核字(2020)第175154号

故宫传
GUGONG ZHUAN

著　　　者：	张　程
出版策划：	品　雅
责任编辑：	张　轶
出版发行：	华文出版社
社　　　址：	北京市西城区广安门外大街305号8区2号楼
邮政编码：	100055
网　　　址：	http://www.hwcbs.com.cn
电　　　话：	总 编 室 010-58336239　　发 行 部 010-58336267　58336230
	责任编辑 010-58336195
经　　　销：	新华书店
印　　　刷：	水印书香(唐山)印刷有限公司
开　　　本：	710×960　1/16
印　　　张：	25
字　　　数：	394千字
版　　　次：	2020年10月第1版
印　　　次：	2020年10月第1次印刷
书　　　号：	ISBN 978-7-5075-5353-6
定　　　价：	69.80元

版权所有　侵权必究

目录 CONTENTS

千年帝国的结晶

003	紫禁城是如何建成的？
014	24位皇帝的"家"
021	四门与角楼
028	皇权照耀下的宫室

紫禁城"户型图"

037	宫殿布局三原则
041	金銮殿及其广场
059	后三宫/御花园
068	从乾清宫到养心殿
072	外东路与外西路

皇帝坐朝与治天下

081	大朝会
089	风骨圣地左顺门
096	皇帝不坐朝？

从内阁到军机处

105	内阁小院与大库
111	"临时"军机处
117	小军机的日与夜
126	朝臣待漏五更寒

太监的两重天

133	二十四衙门 / 司礼监
140	内务府 / 敬事房
147	太监的三个"儿子"
154	太监的日常生活

皇子教育记

161	文华殿 / 清宁宫 / 端本宫
168	毓庆宫 / 北五所 / 南三所
173	上书房读书
179	明暗太子

宫里的女人们

187	皇帝选秀与大婚
194	东六宫 / 西六宫
204	后妃悲喜剧
213	女官与宫女

在紫禁城养老

221	皇太后安置难题
227	慈宁宫的高光时刻
235	宁寿宫的颐养梦
245	以孝治天下

吃在紫禁城

251	聚天下珍馐
258	御膳房
263	皇帝的食谱
268	御膳的味道

紫禁城大夫

275 | 太医院与御药房

281 | "传御医！"

286 | 紫禁城名医

290 | 月子房与三婆

紫禁城警卫

297 | 侍卫处 / 御前大臣

305 | 紫禁城防线

紫禁城的神灵

317 | 钦安殿 / 天穹宝殿

320 | 大佛堂 / 中正殿 / 雨花阁 / 英华殿

326 | 城隍庙 / 奉先殿 / 传心殿

332 | 皇权与神灵

风雨雷电中的紫禁城

337	紫禁城消防简史
346	天火与防雷
349	排水与采暖

珍宝之城

357	珍宝目录与造办处
366	皇家出版事业：武英殿 / 文渊阁
373	紫禁城的古树名木

两朝家风一座城

后记

| 387 | "活的紫禁城" |

千年帝国的结晶

Biography of the Forbidden City

故宫传

紫禁城是如何建成的？

永乐四年（1406）闰七月，以工部尚书宋礼为首的多位大臣，离开首都南京城，分赴四川、湖广、江西、浙江、山西等地。他们奉命到当地督民采木、烧造砖瓦，征发人力和物资，为一项即将开始的国家工程做准备。

这项工程就是在距离南京千里之遥的北京城，修建一座恢宏壮丽的宫城！

这座宫城凝聚着明成祖永乐皇帝朱棣的梦想，寄托着朱棣治国理政的宏伟规划与深思远虑。作为一位从侄子手中夺得皇位的原藩王、一位刚刚经历了血雨腥风的内战洗礼的新皇帝，"得位不正"的梦魇始终萦绕在朱棣的心头。这个噩梦不仅是精神道义上的，更表现为实实在在的局势不稳。朱棣希望逃离侄子建文帝的故都，迁都到自己的龙兴之地北平。早在夺位的第一年，朱棣便下令将北平城改名北京，透露出了明确的迁都信号。当然，他摆在台面上的理由是元朝残余势力盘踞在蒙古高原，"天子守国门"，迁都北京有利于对抗北元。他要效仿父皇朱元璋，建立不世功业，名垂青史。在冠冕堂皇的理由之下，朱棣强力压制反对迁都的声音，将各种资源持续输送到北京城去。

一座配得上朱棣政治蓝图的伟大宫城，呼之欲出！

工部尚书宋礼奉命砍伐嘉木良材之时，不会预料到原材料收集工作会持续

如在画中的宫殿（郝磊 摄）

10年之久。他们深入原始森林，寻找阳光下最好的金丝楠木。这种楠木高大坚固，香味隽永，且不怕虫蚀、不易糟朽，是宫殿梁柱的绝佳材料。楠木最大的问题是生长周期长达300年，到永乐年间只存在人迹罕及的怒涛悬崖之处。宋礼带领的伐木队伍，"入山一千，出山五百"，将近一半的建设者没有看到宫城开工的那一刻。这些历经危难、采自西南深山层峦的巨木，借助长江水力，顺流而下，"一夕自谷中出，抵江上，声如雷"。它们将一路呼啸，在两岸官民的惊讶目光中，抵达遥远北方的北京城下。

在如今的保和殿后方，御路正中的石陛是一整块艾叶青石，石长17米，宽3米有余，厚1.7米，重200多吨。这块巨石采自北京西南良乡的大石窝。且不论挖掘之难，单就运输当年就征调了数万名劳工。即便是数万人也搬不动如此巨石，只能选在寒冬腊月，先在道路两旁每隔一里左右掘一口井，再从井中汲水泼地建成冰道，然后前拉后推，用了28天才将石头运到工地，最后雕成石陛。

宫殿的地砖来自鱼米之乡苏州。苏州一带土质好，烧工精，明初负责修建宫殿的苏州工匠们纷纷推荐家乡的产品。工部最终选定江苏省苏州市陆慕镇余窑村生产。余窑村土质优良、烧制有方、产砖颗粒细密，"敲之有声，断之无

冬日，穿过午门，驻足金水桥上（郝磊 摄）

孔"，朱棣赐封此地为"御窑村"。御窑所产地砖得名"金砖"。黏土砖为什么冠名金砖？一种说法是金砖成品质地坚硬，有金属质感，敲击时发出金属声响，因此得名金砖；另一种说法是金砖生产严格、制作考究、工序繁复，从取土练泥到出窑磨光需要一年半时间，光烧窑就需要上百天。出窑的成品必须体质细腻，棱角完好，有一丝瑕疵就弃之不用。每一块运到工地的金砖都极为昂贵，价同黄金，故名金砖。此外，山东临清生产建筑用砖。

每一项建筑原料，无不慢工细作，无不精益求精，十年光阴不知不觉中便流逝了。

"倾天下之力"，莫过于此。

在此期间，朱棣的宏伟蓝图渐次铺展开来，北伐草原、西下南洋，建章立制、破立有道。永乐十四年（1416），朱棣君臣统一了迁都思想，正式选定"北枕居庸，西峙太行，东连山海，南俯中原，沃野千里，山川形胜，足以控四夷，制天下"的万世之都——北京为大明王朝的新首都（《明会要》）。万事俱备，只欠动工了。第二年二月，以泰宁侯陈珪为主，柳升、王通为副的新首都营建工程正式开始。

古老的中华帝国积淀数千年的精神文化和物质文明都将凝聚在北京城，朱棣毕生的宏图伟志和所有参与者的所学所思都倾注在了即将拔地而起的宫城之上。

如果说都城是帝国的精华，那么宫城就是其中最炫目的结晶。

一座伟大的宫殿，是一个文明最重要的物质载体；一座伟大的宫殿，是一个文明发达程度最显耀的明珠。

大明帝国在朱棣的指挥之下，在前期十年的准备之下，开足马力改建北京城。中国都城形制在五帝时期是"单城制"，发展到夏商周时代实行"双城制"（宫城与郭城），北魏首都洛阳城首开了"三城制"（宫城、皇城、郭城），一直延续到朱棣时期的首都设计。随着社会不断发展、城市日趋繁荣，北京城发展为了国家的政治、经济、文化、交通中心，朝堂煊赫、四民聚集、百业兴旺，是彼时文明的中心。明朝在元大都的基础上，明确了北京三城，最外侧是由内城和外城构成的"郭城"①，护城河环绕着高大的城墙。其范围就是现在北京二环路以内地区。前三门大街划分内外城，大街南侧为外城，也称北京"南城"；大街以北是内城。内城南墙开三门，东西北各开两门，一共九座城门，皇城就在内城中南部。皇城以内，汇聚着朝廷衙署和所有与皇室有关的机构。皇城南起长安街，北至地安门大街（时称北皇城根②），东到东皇城根，西抵西皇城根。四条大街原本围成一个规整的南北竖长矩形，由于西南建有元代大慈恩寺，所以皇城在西南角凹进一个小矩形，也就是现在府右街和灵境胡同西南的区域。民间以"皇城根"代称北京城。

皇城开辟四个城门，正门是南端的承天门（天安门），北门名为地安门，东西分别为东安门、西安门。皇城有四个城门，内城有九个城门，民间也以"四九城"代称北京城。

陈珪等人将皇城之内建筑腾空、居民外迁，开始铺设各种街道、修造各处

---

① 内城在明朝初期永乐年间建造。随着城市的发展，内城以南逐渐兴起了新城区，于明朝后期嘉靖年间正式成型为外城。

② "皇城根"一词于辛亥革命后改为"黄城根"。现在北京实际地名中，多使用"黄城根"，但有时二词仍有混用。

衙署，并在核心的中南部大兴土木，兴建宫城。皇帝为上天之子，奉天承运，替天牧民。从秦汉至盛唐，人间帝王所居的宫城都模仿上帝所居的紫微垣，将宫城称为"紫宫"；皇帝居所为禁区，官民不得无故进入，也称"禁城"。计划中的宫城便得名"紫禁城"。紫禁城的名号，没有法定文字，也没有公开匾额，但在皇权的加持和民俗的流传之下，深植中国人的内心。

紫禁城选定的区域，大部分与元朝皇宫重合。元朝覆灭后，就藩北平燕王的朱棣依托元皇宫的基础，修建了燕王府。燕王府沿用了诸多元皇宫建筑，略加改造。如今规划中的紫禁城，肯定不能如藩王府一般因陋就简。

陈珪等人需要做的第一件事，便是彻底压制元朝的"王气"。

人们彻底销毁了燕王府，元朝旧建筑也连带着烟消云散。即将崛起的紫禁城，将整体覆盖在元朝的皇宫之上。王朝更迭，以一种略显夸张的原始方式，呈现在了此处。

毁掉地面建筑以后，接着刨掉了元朝皇宫的基础，重新做一遍夯土地基，然后人工回填。这种整体重做地基的方法，俗称"满堂红"，新地基称作"一块玉"。元朝旧地基整体挖走，民工们一层三七灰土、一层碎砖进行回填，反复交替。所谓"三七灰土"是将生石灰、黏土按照3∶7的比例配制而成。为什么不全部回填灰土呢？碎砖与灰土层层叠叠地夯实，可以降低日后建筑物的沉降隐患。此外，新地基还不计成本，在搭配好的三七灰土上泼洒煮好的糯米汁加白矾。黏稠的糯米掺入灰土之中，增强了地基的整体性和柔韧性，使得新地基成为一块坚硬的整体，完全避免了日后建筑的不均匀沉降。

紫禁城建筑在一块巨大的、完整的人工地基之上。经测量，新地基最浅处3~3.5米，最深处达8~8.5米。核心建筑下部的地基较厚，其他地段相对较薄。这种层层叠叠夯实的地基，人们用镐锹都很难削平。成吉思汗子孙的"王气"便封印在这层厚厚的硬土之下。

在地基的四周，人们挖掘了方正的护城河，取名"筒子河"。搬离的元皇宫旧地基和新挖的护城河泥土，土方数量相当大，再加上建筑废料，人们在北护城河北部中段垒了一座山脊东西向的山丘，取名"万岁山"（煤山、景山）。万岁山南北狭窄，就像一面屏风，屏护着南边的紫禁城。万岁山巅峰，正对着皇宫的中线，既是北京内城的几何中心，也是全城的制高点。该处建有

从神武门北望万岁山（郭华娟 摄）

万春亭，站在万春亭平台上可以俯视皇宫，极目九城。

万岁山不是一座单纯的假山，而是实现多重目的的精巧设计，既处理了建设土方和废料，又给前朝的王气加了一道紧箍咒，而且优化了紫禁城的风水。紫禁城就建设在万岁山南部、筒子河围绕的阳地之上，是背山临水、负阴向阳的上佳宅地。此外，紫禁城从西北角开石砌券洞，引筒子河入内为明河。按旧时说法，这条河自西北八卦中的乾方流入，从东南巽方流出，回归筒子河。五行方位以西为金，北为水，又因居于宫城内，故名"内金水河"。内金水河好似紫禁城身上的白飘带，蜿蜒曲折，飘逸灵动，进一步优化了紫禁城的风水。

如今如梭的游人光临万春亭，几乎没有人注意，这座人工假山的底下就是元朝皇帝寝宫延春阁。明朝皇帝用一座废料山丘，正正方方地压在前朝皇帝的床榻之上，镇伏敌人。万岁山又有"镇山"之称。那么，除了延春阁，元朝宫殿的旧址大致在哪儿呢？在如今的慈宁宫花园地下，曾考古发现元朝皇宫的部分遗址；1964年中科院考古所在紫禁城文华殿和武英殿勘探取土，证明文华殿、武英殿的东西平行线应该是元皇宫的金水河。紫禁城较元皇宫北缩近400米，南扩近500米，东西宫墙位置基本相同，总体面积略有增加。元皇宫南大门崇天门大致在紫禁城太和殿位置，北门厚载门在今景山公园少年宫南侧。①

文字难以描绘建造者的辛劳，后人也难以想象工程量之大。

直接建造紫禁城的是二三十万征发的民工和卫所官兵，如果算上周边参与者，紫禁城建设队伍总人数当超过百万。史载"以百万之众，终岁在官供役"。原始建材运抵京城后，皇城内外还建造了五座二次加工的工厂，采用场外加工的办法减轻紫禁城的压力。这五大厂分别是神木厂、大木厂、台基厂、墨窑厂和琉璃厂，持续向紫禁城输送半成品。它们的身影至今还留在北京城。

紫禁城的设计师是谁呢？这是围绕在紫禁城身上的诸多问题中的一个。

宋礼、陈珪等人是奉命指挥修造紫禁城的朝廷命官，不是设计师，更不是一线建造者。

有人提及紫禁城是太监阮安设计的。阮安来自交趾（今属越南），永乐初年选为阉童。他聪明能干，对中国传统营造法式有研究，有巧思，营建北京城时奉命设计城池、宫殿及百司府廨。史载，阮安"目量意营，悉中规制，工部奉行而已"，他受蛐蛐笼启发设计紫禁城角楼的故事是许多紫禁城建造故事中的常见版本。阮安对紫禁城设计贡献良多，但紫禁城的宏观布局并非他一人之力所能够设计的，还要受到朱棣个人意志和中国皇权礼制的深刻影响。阮安对具体宫殿的设计，也是汲取了传统营造法式的养分。阮安的贡献，集中在微观层面。

还有人说苏州蒯氏家族是紫禁城的设计师。北京城营建之初，苏州建筑师蒯思明带着儿子蒯福、孙子蒯祥离开了家乡吴县来到北京，成为紫禁城最初的建造者。当时，蒯思明已经是小有名气的皇家建筑师，参加过洪武年间南京皇宫的修建，成为朱棣欣赏的御用建筑师。其子蒯福担任紫禁城的"木工首"，类似于建筑工匠的首领。蒯福的家乡——太湖之滨的吴县香山盛产能工巧匠，技术精湛细致，自古有"江南木工巧匠皆出于香山"的俗语。蒯福组织了以老乡为主的建筑大军，建造了北京西宫、午门、奉天门、仁寿宫、万春宫、长春宫、景福宫、奉天殿，等等。这批"香山帮"苏州匠人，是修缮明清两朝紫禁城的主力。

---

① 孟凡人：《明北京皇城和紫禁城的形制布局》，载于《明史研究》第 8 辑。

护城河（筒子河）（张碧君 摄）

蒯福年迈还乡后，蒯祥子承父业，出任了木工首。蒯祥生于洪武末年，卒于成化十二年，在京40多年。紫禁城建成后，很快遭遇了多次严重火灾，三座大殿和后宫毁于一旦。蒯祥奉命复建这些重要建筑，成为正统、成化年间复建工程的主持者，还修建了长陵、献陵、裕陵等明前期帝王陵寝。他精通尺度计算，工程竣工后的实景与施工前的设计分毫不差，榫卯骨架细微相扣，获誉"蒯鲁班"。蒯祥还将江南建筑艺术渲染到了北京皇家府第，富丽堂皇的殿堂楼阁增添了许多温婉精致。

中国传统建筑文化源远流长，技艺丰富，积淀深厚。紫禁城工程为匠人、民工、兵丁们提供了实践的舞台。比如，工匠们根据北京冬夏季日影的角度，科学测算出"柱高一丈，出檐三尺"，即宫殿出檐为柱高的1/3，最能达到夏至前后屋檐遮阴、冬至前后室内充满阳光的理想效果。此外，厚重宽大的人字形顶，严丝合缝的砖石墙壁，再加上匠人们在屋顶木板基层之上分层铺墁的厚达30厘米的泥背层，使得紫禁城房屋冬暖夏凉。这些都是中国建筑智慧在紫禁城的体现。

蒯祥祖孙三代，几乎将毕生都奉献给了紫禁城，缔造了"香山帮"的传说。蒯氏家族是难以计数的能工巧匠的代表，他们是基层、一线的建设者，倾注心血将紫禁城建筑谱写入中国建筑史中。但是，他们也不是紫禁城的设计者。

中国数千年积淀的思想观念、旺盛的皇权礼制，才是紫禁城的规划师。

那些传承中华技艺、默默付出的无名工匠，才是紫禁城真正的创造者。

永乐十八年（1420）十一月，紫禁城城墙、左祖右社、主体建筑建成，标志着紫禁城正式登上历史舞台。

《大明会典》记载，紫禁城平面呈南北竖长方形，东西二百三十六点二丈（753米），南北三百零二点九五丈（961米），占地72万平方米，面积约等于内城面积的1/50；现存院落上百座，建筑980余座（其中90余座如今还保持明初的格局），房屋8707间，建筑面积163000平方米。[1]

广义的紫禁城，除了筒子河包围的城池之外，还包括北部的万岁山、东

---

[1] 数据出自孟凡人《明北京皇城和紫禁城的形制布局》。

南部的太庙、西南部的社稷坛，也包括与紫禁城功能、历史密切相关的西苑、东苑。

西苑在紫禁城之西，包括北海、中海、南海及其周边园林，为明朝初年在元朝大内太液池、琼华岛的基础上扩建而成。三海沿用皇家御池的古称，统称太液池。中海西侧有万寿宫建筑群，明朝嘉靖皇帝遇刺逃生后，晚年常居于万寿宫。晚清光绪皇帝曾长期幽居于中南海上的瀛台。万寿宫亦称"西内"。

东苑在皇城东南部、太庙之东，永乐年间为皇家"观击球射柳"的场地，明宣宗在此修建了斋居别馆。东苑也称"小南城""南内"。土木堡之变后，明英宗先为蒙古人俘虏，释放回国后软禁于东苑。明英宗复辟成功后，在此大兴土木，形成中、东、西三路宫殿和众多亭馆。南内遍植四方所贡奇花异木，空地种上瓜蔬，注水于瓮，宛若村舍。春暖花开时，在此宴请内阁儒臣，太监作陪。明清鼎革之际，南内成了摄政王多尔衮的府邸。多尔衮死后遭清算，王府改为普度寺，招待番僧喇嘛之用。南内偏西南部建有皇史宬，巨石大室，专门储存皇家档案，为现存无梁殿室建筑的珍贵标本。

1420年的那个冬天，姗姗来迟的紫禁城终于揭开了面纱。她将成为明清两代中华帝国皇冠上的明珠，光耀世界六百年的珍宝。

24位皇帝的"家"

从永乐十九年（1421）明成祖朱棣入住开始，到1924年宣统皇帝溥仪为国民军"请"出后宫为止，在长达504年的时间里，紫禁城住进了24位主人。其中明朝皇帝14位、清朝皇帝10位。

14位明朝皇帝分别是：明成祖永乐皇帝朱棣、明仁宗洪熙皇帝朱高炽、明宣宗宣德皇帝朱瞻基、明英宗正统（天顺）皇帝朱祁镇、明代宗景泰皇帝朱祁钰、明宪宗成化皇帝朱见深、明孝宗弘治皇帝朱祐樘、明武宗正德皇帝朱厚照、明世宗嘉靖皇帝朱厚熜、明穆宗隆庆皇帝朱载垕、明神宗万历皇帝朱翊钧、明光宗泰昌皇帝朱常洛、明熹宗天启皇帝朱由校、明思宗崇祯皇帝朱由检。其中，朱祁镇、朱祁钰是亲兄弟，朱厚照、朱厚熜是堂兄弟，朱由校、朱由检是亲兄弟，14位皇帝是11代人。

10位清朝皇帝分别是：清世祖顺治皇帝福临、清圣祖康熙皇帝玄烨、清世宗雍正皇帝胤禛、清高宗乾隆皇帝弘历、清仁宗嘉庆皇帝颙琰、清宣宗道光皇帝旻宁、清文宗咸丰皇帝奕詝、清穆宗同治皇帝载淳、清德宗光绪皇帝载湉、宣统皇帝溥仪。其中，载淳、载湉是堂兄弟，10位皇帝是9代人。紫禁城的24位主人跨越了凤阳朱氏和爱新觉罗两大家族、20代人。

紫禁城的每个主人平均在位21年。最长的是康熙皇帝的61年，其次是乾隆皇帝的60年，接着是万历皇帝的48年和嘉靖皇帝的45年。巧合的是，他们恰好是两对祖孙皇帝。乾隆皇帝以祖父康熙为偶像，不愿超过康熙的在位时间，于乾隆六十年除夕退位，之后以太上皇的名义继续担任了4年紫禁城的主人。如果以实际控制年份计算，乾隆皇帝是紫禁城在位时间最长的主人。此外，泰昌皇帝在位仅一个月就暴病而亡，是在位最短的皇帝；明仁宗在位一年驾崩，位居倒数第二。

唐以前，中国皇帝以谥号为尊称；唐以后，人们以庙号尊称皇帝。从明朝开始，几乎每位皇帝都只有一个年号，人们开始以年号代称皇帝。年号取代庙号在明清时期有个过程，早期仍以庙号为主，后期才普遍采用年号。紫禁城的缔造者朱棣，可以称永乐皇帝，但更常用的尊称还是明成祖。但到明朝末年，天启皇帝、崇祯皇帝的称呼就比明熹宗、明思宗要普遍得多了。清朝皇帝更是称年号而很少用庙号。

明清皇帝以紫禁城为家，他们的好恶给这座宫城涂抹上了不同的色彩，他们的作为在各处殿堂刻下了不同的印记——一如天下所有家庭的主人。

皇帝毕竟不是一般的一家之主。他盘踞在帝国金字塔的顶端，拥有无上的权力，享受无尽的荣光和全天下的供给。可是，责任与身份相伴随。皇帝驾驭天下，也在天下的驱使之下身不由己。紫禁城在方方面面保障和烘托着皇权，也强迫皇帝遵守这座城池的清规戒律，不能为所欲为。明清皇帝就像紫禁城的"高级囚徒"，戴着镣铐工作与生活。他们的一生只能奉献给紫禁城，没有退路，紫禁城既是他们的舞台，也是他们的囚笼。普天之下莫非王土，率土之滨莫非王臣，明清皇帝同时要维护普天之下的安宁、保障率土之滨的温饱，时刻处理任何突发事务，是一生都行走在钢丝上、睡卧在悬崖边的孤独贵族。

24位高级囚徒兼悬崖边的贵族中，既有雄才大略、好大喜功的雄主圣君，也有因循守旧、墨守成规的守成之人，还有举止失措、可悲可叹的亡国之君。不同的性格塑造不同的命运，不同的帝王都摆脱不了同一座紫禁城。

明成祖朱棣于永乐十九年一月在紫禁城举办了新春盛典，正式成为紫禁城的第一位主人。四月，紫禁城大火，君臣解读为是对朱棣不当行为的"天谴"——皇帝既为上天之子，自然要敬天畏地。这造成朱棣似乎不太喜欢居住在紫禁城，多次御驾亲征蒙古高原，并于三年后驾崩于榆木川（今内蒙古多伦西北）。朱棣创建了紫禁城，深知紫禁城的地位不在高大的砖瓦，而在皇权的稳固，在天朝威服四野的实力。紫禁城的兴衰与帝国的实力，关系犹如水与源、木与本。朱棣戎马倥偬的一生，给紫禁城奠定了最扎实的基础，尽管他驾崩之时紫禁城核心区域一片焦土。

明仁宗、明宣宗父子宽容温和、休养生息，父子俩都没有修复紫禁城，更没有新建宫室。在他们统治下，明朝逐步进入"仁宣之治"，政治制度和宫廷章程日趋成熟。之后继位的明英宗一心效法曾祖父明成祖，修复了紫禁城核心区，还多有营建。仁宣之治给明英宗的大兴土木奠定了物质基础，明英宗贸然御驾亲征遭遇的"土木堡之变"则将祖宗的江山社稷推上了下坡路。北京保卫战、夺门之变，以及明英宗明代宗兄弟相残的大戏紧随其后发生，紫禁城进入第一个多事之秋。

宫廷制度导演了明宪宗明孝宗父子相认的闹剧，也造就了明朝最后一位相对贤明且有所作为的皇帝——明孝宗朱祐樘。朱祐樘对紫禁城罕有营建，却开创了"弘治中兴"。其子明武宗正德皇帝朱厚照，是一个活泼率性的邻家男孩，只是与紫禁城的森严、僵硬格格不入。他不断撞击"家"的枷锁，却头破血流。紫禁城不能接受一个普通人当皇帝，坐在龙椅上的每个人都要拿出正常的人生和情感交换权势与地位。朱厚照用一生演绎了"不合格"的皇帝与日臻完美的宫廷制度迎头相撞、两败俱伤的悲剧。

明武宗无嗣，兴王朱厚熜以外藩入主大统，引发"大礼议之争"。紫禁城建筑格局受此影响，同时嘉靖皇帝崇道，嘉靖朝大规模扩建、创建宫苑。紫禁城的这一波建设高峰，似乎耗尽了明朝的国力，之后从隆庆朝到崇祯朝，紫禁城极少营建。嘉靖、万历祖孙二人是紫禁城的超级宅男，自我封闭在后宫超过半个世纪。在长达半个世纪的时间里，紫禁城没有主人极少露面，甚至无人出面主持典礼。可是，宫廷依然照常运转，制度的惯性在推动着紫禁城的运转。它甚至产生了独立的逻辑。嘉靖、万历祖孙俩恰好是与强大的宫廷制度格格不入，自我逃避。除了逃避，紫禁城的主人们既不能摆脱宫廷的束缚，更不妄想打破高墙。

崇祯十七年（清顺治元年、大顺永昌元年，1644）三月十九日李自成起义军攻入内城,崇祯皇帝朱由检在万岁山东侧自缢身亡。

永乐皇帝朱棣建造紫禁城,一大心愿是"天子守国门"。他的十世孙、崇祯皇帝朱由检自缢在祖宗堆砌的万岁山,给大明王朝画上了"君王死社稷"的句号。他们俩在冥冥之中遥相呼应。

李自成兵不血刃进入紫禁城,登上了最高的奉天殿(太和殿),俯视战利品,随后选择西南侧的武英殿处理政务。李自成选择入住一座偏殿,不知是否感觉到了危机四伏?四月,李自成率军东征吴三桂,大败于吴三桂与清朝的联军。二十九日,李自成在武英殿仓促登基称帝,却不愿意当这座辉煌宫城的主人,竟然在当天傍晚下令放火焚烧紫禁城及九门城楼!

李自成败军在紫禁城的熊熊火焰中,夺门而逃,退出北京。这场大火造成了紫禁城历史上最大的谜案:李自成烧毁了哪些宫殿?

南明史书《爝火录》记载:"是夕,焚宫殿及九门城楼……出宫时,用大炮打入诸殿。又令诸贼各寓皆放火。日晡火发,狂焰交奋……门楼既崩,城门之下皆火……日夕,各草场火起,光耀如同白昼,喊声、炮声彻夜不绝。"《朝鲜李朝实录》说紫禁城"宫殿悉皆烧尽,惟武英殿岿然独存,内外禁川玉

夕阳下的三大殿(张程 摄)

石桥亦宛然无缺。烧屋之燕，蔽天而飞"。根据他们的说法，紫禁城几乎毁于一旦。还有说法，除武英殿、建极殿（保和殿）、英华殿、南薰殿、皇极门（太和门）和四周角楼幸存外，其余建筑全部被毁。也有人认为，文官士大夫书写的史料，字里行间怀有对农民起义军的偏见与污蔑，夸大了李自成大火的灾难，其实这场大火烧毁的建筑有限，紫禁城的绝大部分相对完好地留存了下来。

穿越战火与烈焰的亲历者，于事后并没有留下火灾的第一手记录。所有对李自成大火的评估都是推测与猜想。当代研究者根据紫禁城各建筑物的用料、油彩的年代，倒推将近四百年前那场大火的灾难面积。嫔妃后宫的多处建筑保留着明代的油彩，伫立着明代特有的材料，可以证明李自成大火并没有摧毁后宫全部；前朝保和殿、中和殿两座大殿的梁架大多是清朝已不采用的楠木，梁架结构也是明代特色，可以证明那场大火也没有摧毁这两座大殿；其他清代重建的建筑如今已经无法判断其原型到底是毁于李自成大火，还是清朝的那几场火灾了。不过，这些证据已经足以下结论：李自成大火对紫禁城造成了严重的伤害，但完全烧毁的建筑并不多，多数建筑只是遭到不同程度的损伤，主体梁架尚存，少数建筑则完全幸免于难。

在这少数幸运的建筑中，武英殿是最突出的一座。李自成的这座寝宫，在两天后（五月初二）成了清朝睿亲王多尔衮的驻地。多尔衮率军占据北京，在武英殿处理政事。他否决了清朝将帅们劫掠紫禁城的提议，还力主清朝由盛京（沈阳）迁都北京。

九月十八日，顺治皇帝福临由盛京抵达北京，成为紫禁城新的主人。十月初一，六岁的福临在太和门诏告天下，宣称自己是整个中华帝国的皇帝。

福临对紫禁城的主要贡献是十几年如一日，断断续续修复残破的宫室。当时百废待举，财政困难，顺治皇帝无力全面修复紫禁城，部分宫殿改换用途，部分工程质量低劣，紫禁城进入三十余年制度混乱期，直到康熙中期才恢复制度严明。彼时，江山大定，康熙皇帝也进入了施政的旺盛期，到康熙三十四年左右紫禁城基本抹去了李自成大火的痕迹。

皇权乾纲独断程度越强，皇帝身上的枷锁就越多，坐在龙椅上的代价就越高昂。清朝紫禁城呼唤一个放弃个人空间和情感的超级工作狂，雍正皇帝恰好符合皇权要求，或许是最适合做紫禁城主人的人选。他没有给紫禁城留下宏伟建筑，却创制了新的集权专制的制度，强化了皇权对紫禁城的控制。

乾隆皇帝在紫禁城历史上的重要地位，仅次于缔造者朱棣和毁灭者李自成。他青年继位，迅速进入主人角色，在漫长的六十多年光阴中调整了紫禁城的格局，进行了大规模的扩建、改建，极大丰富了紫禁城的珍宝藏品。乾隆皇帝幸运地赶上了从康熙朝开始的百年盛世。康乾盛世助推紫禁城攀登上了成熟、璀璨的巅峰。乾隆的紫禁城，满汉融合、色彩艳丽、装饰华贵，堪称盛世华章、天朝冠冕。

乾隆皇帝或许是紫禁城最称职的主人，他好大喜功，且有好大喜功的能力。更重要的是，乾隆皇帝完全融入紫禁城及其宫廷制度，身体每一处、生命每一刻都在守护并完善它们。

乾隆皇帝的文治武功，透支了子孙后世的国力。在他晚年，帝国已经陷入不可逆转的衰落，厄运降落到了儿子嘉庆皇帝身上，并在孙子道光皇帝时期以中外战争的形式爆发出来。金字塔不再稳固，紫禁城自然光辉不再。乾隆朝以后，紫禁城皆为修修补补，甚至部分院落闲置不用、毁坏不修。而开始于雍正朝的北京西郊离宫苑囿经过百年耕耘，在清朝晚期规制完备，后来居上，大有与紫禁城分庭抗礼的架势。晚清帝后每年迁往圆明园、颐和园居住、听政长达半年以上。

1912年2月，爱新觉罗家族放弃了江山社稷。与之配套的《清室优待条例》允许退位的溥仪留居紫禁城后宫，并继续拥有京郊的离宫别院，直到1924年冯玉祥国民军驱逐溥仪出宫为止。1916年，袁世凯篡国复辟，在前朝的太和殿当了短暂的83天皇帝。当时的紫禁城，前后两帝并存。一年后的1917年，张勋拥戴溥仪复辟。紫禁城在之后的12天内，又有了一个君临天下的皇帝。皖系段祺瑞讨伐张勋，讨伐军飞机低空掠过紫禁城，投下了三枚小炸弹，炸伤了紫禁城东六宫的延禧宫。这是东亚历史上的第一次空袭轰炸，竟然在古老的紫禁城上演。

溥仪退出紫禁城后，民国政府成立"清室善后委员会"，接管皇宫。皇家禁脔开始向黎民百姓开放。1925年10月10日，超过两万名为生计奔波的普通人涌进了500多岁的紫禁城。紫禁城从皇帝的"家"变成老百姓的博物馆。在这一天，紫禁城也有了新的名字——故宫。"故宫博物院"正式成立，成为管理紫禁城的专职专责部门。

抗日战争全面爆发前夕，故宫博物院于1933年启动文物南迁行动。人们在数月间遴选出文物、图书、档案一万多箱，分五批南运避敌。此后十多年，紫禁城珍宝在上海、南京、洛阳和西南等地开始了传奇般的辗转流离。众多工作人员抛家舍业，自我牺牲，守护着紫禁城流出的民族瑰宝。

1949年北平和平解放时，紫禁城破败萧瑟，多处宫殿倒塌，垃圾废料成堆。幸运的是，随着中国综合国力的提升和文化事业的发展，紫禁城在最近几十年迎来了全面发展，不仅重现了昔日的皇家品相，更成为游人如织的中国文化名片。

1961年，紫禁城毫无疑义地成为第一批全国重点文物保护单位。如今，故宫保存的文物约占全国文物的六分之一，是中国最大的博物馆。

1987年，紫禁城被联合国教科文组织列为"世界文化遗产"。紫禁城是中国乃至全世界现存最大的宫殿、最大的木制建筑群。

四门与角楼

  紫禁城刚刚诞生，波斯帖木儿王朝访华使团于永乐十八年（1420）十一月初十抵达北京，向明成祖朱棣递交国书，呈献波斯国王米尔咱·沙哈鲁赠送给中国皇帝的礼品。使团成员盖耶速丁留下了一本日记体的《沙哈鲁遣使中国记》，其中一半以上篇幅详细记载了在北京的所见所闻。这是现存的关于紫禁城的最早的信史记录。[①]

  使团自南向北，沿着正阳门、大明门、承天门（天安门）、端门，一路向紫禁城走去。

  这一道直路，就是北京的中轴线。核心与中轴的概念，在中华民族诞生之初就牢固植入民族的血液之中。古人认为有一条贯穿宇宙的中轴，日月星辰都围绕它运行。中轴线如同中国人安身立命的思想信念，人无思想信念则不立，宇宙无中轴则天崩地裂。中国，中央帝国，天下的中心，中国人定贯穿南北的子午线为天下的中轴线。首都北京占据这条中轴线的北极，如同天上的北极星

---

① 本书有关盖耶速丁的材料，都转引自杨乃济的《一个波斯使臣所见到的紫禁城诞生与三大殿火灾》，载于《紫禁城》1986年第2期。

固定在宇宙中轴的北极一样,岿然不动。北极星动则天庭混乱,北京沦陷则江山社稷动摇。从内城正南门正阳门,经大明门穿越紫禁城直到皇城北门地安门的南北直线,就是紫禁城的中轴、北京城的中轴,也是天下的基准线。

大明门和长安街上的长安左门、长安右门,围成了一个"T"字形的广场,范围大体是现在天安门广场加天安门东西地铁站之间的地区。这块广场主要为紫禁城出入、颁旨秋审等重大政事所用,因此有人将它归为皇城的一部分。但主流意见还是以广场北部正中、正对大明门的承天门(天安门)为皇城的正门。

天安门是明清两代最隆重、最煊赫的皇城门户,是帝国中轴线的重要节点。浩浩荡荡的御驾队伍,冬至前往南郊天坛祭天,夏至去北郊地坛祭方泽,孟春到先农坛亲耕祈谷,都必须由天安门出入。御驾亲征或大将出征,皇帝选择天安门前祭路、祭旗,宴送征人。科举抡才大典、皇帝大婚娶后、大军凯旋献俘,还有就是外国使团朝贡入朝,也由天安门进出。天安门代表着高规格的礼遇。

盖耶速丁跟随使团,有幸进入了天安门。彼时的皇城,城池周围仍在营建,呈现在盖耶速丁面前的是十万根粗壮的竹竿搭成的架子,还在进行最后的修缮。

从大明门到午门,两旁的衙署、墙垣围成一个南北狭长的广场。天安门前,广场两侧是灰黑色的千步廊,连绵不绝;天安门后两侧还是连绵不绝的围房,规制统一,似乎一眼望不到头。行走在这条四五里长的砖石路上,肃穆、庄重外加些许压抑,涌上心头。波斯使团越向前走越不敢有丝毫松懈倦怠。他们不知道,逐次通过的大明门、承天门、端门是皇城三大中门,日常只有皇帝卤簿乘舆、皇太后慈驾、皇后大婚凤舆才有资格从三大中门逐门通过。

跋涉完漫长、逼仄的三大城门,一座高大的城楼耸立在前路。紫禁城到了!

这座城楼就是午门,城楼鲜亮巍峨,是方正规整的紫禁城城墙上最重要、最绚丽的建筑。事实上,城墙由筒子河环绕。筒子河宽52米,周长3840米,水深5米,断面呈虽口形,河底夯筑灰土,两边用长1.2~2米的花岗岩条石灌白灰浆砌陡直的驳岸。岸上有护河矮墙。城墙四面各开一门,正南门是紫禁城的正

紫禁城的正门——午门（张程 摄）

门——午门，北门初名玄武门，取古代"四神"中的玄武，代表北方，清代避康熙皇帝名讳改名神武门。东西城墙各开东华门、西华门，位置不是正中，而在东西城墙南部。四门前没有桥梁跨越护城河，而是平坦的砖石路。神武门、东华门、西华门路面下各有涵洞连通河水，午门前土地完整，没有涵洞。因此，护城河并不是贯通的。

四座城门的功能各有分工。午门最正式，是皇帝的御用门户，进出重要仪仗，文武百官遇到隆重大事才能进出午门；东华门和西华门才是文武百官出入的门户，也是帝后往来东西苑的门户，随扈的妃嫔和宫女可以出入，否则即便贵妃也不能进出东西华门；神武门主要供后妃、秀女出入宫禁之用，也是工匠、差役出入的主要门户。皇后行亲蚕礼，由神武门进出。皇帝只有从离宫别院回銮，和侍奉皇太后出入宫禁时才走神武门。皇帝寻常出宫，从午门出入，后妃们单走神武门。不同场合行走哪个城门，不是行走方便的问题，而是重大政治问题。明武宗驾崩后，兴王朱厚熜兄终弟及，从湖北安陆赶到北京准备继位。礼部准备迎接朱厚熜入东华门，居文华殿。这不是新皇帝入宫的路径，而是迎接皇太子的礼仪。朱厚熜坚持："遗诏以我嗣皇帝位，非皇子也。"双方僵持不下，最后是皇太后令群臣上笺劝进，朱厚熜从大明门、午门的三大中门进宫，入奉天殿即位。

四座城门都建立在人工增扩的地基之上，底部为汉白玉须弥座①，大红色城台，城台辟门洞三券，台上建有城楼。城楼都是重檐庑殿顶，上覆黄琉璃瓦，四出围廊，汉白玉栏杆。城台内侧都有左右马道（蹬道）与地面相连，马道宽达数米，足以行车跑马。

四门中最为高峻雄伟、气势威严的，当属午门。

紫禁城正门因为居中向阳，位当子午，得名午门。午门高37.95米，正面开有"一门三道"，并置暗阙，实际上是"明三暗五"。古代宫城宫门起初是一门三道，从唐朝长安城开始扩为一门五道。午门在正面左右二门之外各开辟了一座掖门，称为左掖门、右掖门，形成一门五道。

午门之所以开辟多个门道，是礼制的需要。不同身份地位的群体，出入不同的门道。午门正门及穿越其间的中轴线上的御道，是皇帝专属道路。其他人除了皇后大婚、进士传胪等极少情况，不得踩踏一步。左右门道和左右掖门，是宗室王公、文武百官们的通道。午门因为是大型典礼的必经之地，出入人群众多，所以开有一门五道。一门三道的规格，中道依然是御道，旁门一般按照文左武右的标准进出。对于单门，则通过细分路面来符合礼制。比如紫禁城内内右门、遵义门等单门建筑，都铺有三路砖、两边栽牙子。皇帝从中道进出，王公百官走两边，宫人、杂役贴着门边走。此外，单门往往配有影壁、屏风，后者除了遮挡外部视线外，还将入门的人员分流两侧，间接起到了多门道的效果。

午门城台基本保留着明初建筑，是一个"倒凹字型"的墩台。墩台左右两侧向前突出，形成双阙。墩台正中建有城楼，面阔9间（约60米），进深5间（约25米），建筑面积约1572平方米，符合"九五之尊"之意。东华门、西华门规制更低，面阔5间，进深3间；神武门规制还要低，面阔5间，进深才1间。不过，四座城楼都是重檐庑殿顶，覆黄琉璃瓦。现存的建筑都是清代重建的。

---

① 须弥座原为佛像的基座。"须弥"为佛教用语，寓意"宇宙的中心"。建筑基础设计为须弥座，寄希望于建筑稳固、长久。

远观深夜紧闭着的午门（郝磊 摄）

午门城楼东西各出明廊三间，墩台转角处建有方形、重檐攒尖顶的亭子，一为钟亭，一为鼓亭，鸣钟敲鼓指挥地面进出和仪式。前出的双阙，在南端又各建有方形、重檐攒尖顶的亭子，称为东西两观。两观与钟鼓二亭之间有13间阁道相连。午门城楼有五座主要建筑，主次分明，如飞鸟展翅，俗称"五凤楼"或"雁翅楼"。

午门城楼是中国现存最完好、规制最高的宫城楼阙建筑。

明清文武百官在午门前广场待朝。每年腊月初一，朝廷颁布第二年历书的"颁朔"礼，在午门举行；大军凯旋后向皇帝敬献战俘的"献俘礼"，在午门举行；明代每年端午节，皇帝向朝臣发给粽子，朝臣吃粽子，也在午门前进行。此外，明代著名的廷杖也在午门前广场外侧行刑。但是"推出午门斩首"不是在午门行刑，明代死刑在内城西市执行，清代死刑在菜市口行刑。

与午门相呼应的是紫禁城北门神武门，神武门类似于小一号的午门。高度、面阔、进深都低于午门。

神武门城楼置更鼓，用以起更报时。每天黄昏后，神武门鸣钟108响，然后敲鼓"起更"，也就是初更开始。之后，每一更神武门城楼都敲钟击鼓，启明时再鸣钟报晓。神武门城楼类似钟鼓楼，它与地安门北的钟楼、鼓楼，并称三楼。北京城在三楼的晨钟暮鼓中开始一天的作息。负责天象、历法的钦天监每天都有一名博士在神武门轮值，保障计时准确。

神武门与护城河之间狭长的东西空地上，明代设有"内市"，每月逢四开市营业，京城商贾们带来琳琅满目的商品，供宫人和官员们采购。市场的力量，通过这块不大的场地，持续渗透入紫禁城，塑造了居民的日常生活。清代也有内市，慈禧太后居住西苑时，下令在北海团城旁，开设市场，供销百货。

除了城门，紫禁城垣的另一大明星是四隅的角楼。

四座角楼都坐落在须弥座上，周边环以汉白玉栏杆，中间耸立着方亭，面阔进深各3间，四边分别突出抱厦，进深1间，朝向城外的两面抱厦较浅、面向城内的两面较深，因此角楼平面轮廓大致是曲尺型的。

角楼的构造繁复而精巧。从地面到宝顶，角楼由多个歇山式屋顶叠加而成，各覆盖黄琉璃瓦。最高层楼檐为十字相交、四面显山的歇山顶，正脊交叉处放置铜鎏金宝顶。整个建筑檐角曲折多变，翼角飞扬，一共有28个翼角。角楼一共有72条脊，其构造中线与空间中线并不在一个角度。神奇的是，建筑采取减柱造法，室内省略了四根立柱，空间面积大增。房屋构架采用扒梁式做法，檐下梁头不外露，更加突出装饰效果。人们传说角楼是太监阮安从京城的蝈蝈笼得到的灵感，或许就因为角楼非常像一圈秸秆编织成的、精巧玲珑的工艺品。蝈蝈笼也没有突出的梁柱。角楼的装饰可远比蝈蝈笼精美典雅，金色与

护城河与角楼（张碧君 摄）

青绿交错的彩画、三交六椀菱花的精致门窗，再以波光粼粼的护城河或者金碧辉煌的宏伟宫城为背景，完全是一道人间胜景。

角楼的原始功能是瞭望塔，承担紫禁城的警戒任务。紫禁城的一大神奇之处就是给所有的建筑在功能性之外附加了政治与艺术的光芒。角楼就是一大例子。

城垣角楼，在600年后成为紫禁城最热门的打卡地。

角楼近景（郭华娟 摄）

皇权照耀下的宫室

波斯使团骑马来到午门前。紫禁城四门都有"下马碑",盖耶速丁等人被要求下马,徒步穿越午门悠长的门洞。根据盖耶速丁的记载,门洞尽头站着十头大象,左右各五头,长长的象鼻伸向半空。使臣们穿过象鼻,就正式迈入了皇宫。

紫禁城是皇权的栖息地,权力弥漫在这里的每一处空间、渗透进这里的每一道砖缝。无论是建筑、装饰,还是用器、吃穿,都是权力的载体,明尊卑爵秩等级,定高低上下身份。

古代中国的宫殿,融各种权力载体于一身,集中实践传统政治观念和制度,夸耀无上的皇权和昌盛的礼制。紫禁城又集历朝宫殿制度和成就于一身,当属精华中的精华。

紫禁城的黄瓦红墙、彩画护栏,乃至雕刻、草木都是皇权的物化、制度的载体。

前三节已经提到了庑殿顶、琉璃瓦、开阔进深等诸多建筑样式,它们蕴含哪些深层的意义?还有哪些建筑样式,同样彰显尊卑贵贱?建筑样式和规格,又是如何表现礼制的?

在进入紫禁城，徜徉各处宫苑之前，我们简要回顾一下明清宫殿建筑的规制。

紫禁城最明显的建筑规制是屋顶。最高等级的屋顶是"庑殿顶"：屋顶最上方是一条正脊，正脊两端各有两条坡脊斜着延伸至屋檐四角。庑殿顶一共是五条屋脊，因此也叫"五背脊"建筑。庑殿顶只用于殿堂建筑，是皇权的专属。第二等的屋顶是歇山顶：上半部是一条正脊加前后各两条垂直向下的坡脊，下半部是类似庑殿顶的四条斜坡脊。歇山顶有九条屋脊，是朝廷衙署的建筑规制。第三等的屋顶是悬山顶：它是歇山顶的上半部，两侧突出于山墙，多用于民居、仓库。第四等的屋顶是攒尖顶：一个突出的尖顶取代了正脊，屋檐的各角上延攒于尖顶。攒尖顶又根据平面的不同，分为圆攒尖、四角攒间、三角攒尖及八角攒尖等，基本用于亭台楼阁。最著名的攒尖顶建筑是天坛。第五等屋顶是硬山顶：屋顶两侧与山墙等齐的悬山顶。第六等屋顶是盝①顶：顶部是一个四条正脊围成的平顶，下面再接庑殿顶。井亭及现代许多仿古建筑的屋顶采取这种形式。最低级的屋顶规制是卷棚顶：顾名思义，卷棚顶没有中间的正脊，屋顶是一个弧形的棚顶。终日为生计奔波的百姓，只能住卷棚顶民居。

古人又用第二重屋檐来增加屋顶的规制，重檐顶等级高于单檐顶。第二重檐通常比上一重略突出。综上，传统建筑屋顶的规制由高到低分别为：重檐庑殿顶，重檐歇山顶，重檐攒尖顶，单檐庑殿顶，单檐歇山顶，单檐攒尖顶，悬山顶，硬山顶，四角攒尖顶，盝顶，卷棚顶。紫禁城只有9座建筑享有最高的重檐庑殿顶，4座是紫禁城的四门，其余5座是城内的重要建筑：太和殿（奉天殿、金銮殿）、乾清宫、坤宁宫、奉先殿、宁寿宫皇极殿。

紫禁城建筑的第二个规制是屋顶的脊兽和角兽，通常由琉璃塑造。这些琉璃瓦构件的出现，充分体现了中国传统建筑"礼用合一"：将实用性与礼制合二为一。屋脊作为屋顶突出物，其上的瓦件容易在自重作用下逐渐下滑，同时雨水渗入。为了防止瓦件溜滑，工匠就用钉子固定脊背的瓦件。但是，固定的钉子裸露在外，既不美观，而且容易锈蚀，同样容易导致雨水沿着锈蚀处渗入屋顶。聪明的古代工匠就给钉子戴了"帽子"：一个个琉璃小兽的造型。小

---

① 盝，lù，古代的一种竹匣。

远观端门。端门在天安门与午门之间（孙珊珊 摄）

兽保护了钉子，也增加了屋脊的重量，相应增加了屋脊上下摩擦力，有效防止了瓦片下滑。小兽逐渐与屋脊的瓦件塑造成一个整体。建筑学家梁思成、林徽因曾评价屋顶脊兽"使本来极无趣笨拙的实际部分，成为整个建筑物美丽的冠冕"。自然，美丽的冠冕只有宫殿才有可能享有。

脊兽为正脊上的小兽，最突出的形象是龙吻。角兽是四周屋脊的小兽，按照单数（阳数）1、3、5、7、9排列，角兽数目越多，建筑等级越高。紫禁城太和殿是个例外，作为最隆重的皇权象征，太和殿有角兽10个。角兽的具体形象与含义，我们留待介绍太和殿时详说。乾清宫是皇帝寝宫，角兽有9个；坤宁宫是皇后寝宫，角兽就降为7个；妃子住所，角兽再降为5个；次要角门的角兽最少，只有1个。

紫禁城建筑的第三个规制是台基。基本原则是级数越多，等级越高；汉白玉材质高于其他材料；有围栏的大于无围栏的。最高级的台基是几层须弥座叠加、上带汉白玉围栏，一般用于高级殿堂和敕建寺庙正殿。紫禁城三大殿就建立在高达数十米、三层汉白玉须弥座、围栏雕龙刻凤的高台之上。《大清会典》规定：公侯以下、三品以上，建筑台基准高二尺；四品以下到士民，准高一尺。

第四个规制是踏道，其中最常见的是台阶。最低级的台阶由石头从大到小、由下至上叠砌而成，一面临门三面行人，用于一般房舍出入口及重要建筑的旁门侧道。第二级台阶由长宽一致的石条砌成，左右两边垂直铺设长条石块，一面临门一面行走，另两面闲置，也叫作"垂带台阶"。第三级台阶在垂带台阶的两侧加上栏杆，用于比较高级的建筑。最高级的台阶叫斜道，也叫辇道或御路，坡度平缓可以行车。斜道根据坡面材质又细分为两种，一种是表面光滑或者铺设印花方砖，一种用砖石露棱垒砌而成。高级殿堂之前往往三阶并列，中间的斜道为皇帝专有，两旁供大臣进退。殿堂立于高台之上，加之斜道坡度平缓，长度往往很长，就给工匠们留出了丰富的创作空间，台阶与栏杆雕龙刻凤、装云饰浪，成为又一个"礼用合一"的例子。

　　第五个规制是面阔和进深的开间。面阔是建筑物横向宽度，进深是纵向厚度。开间指的是4根柱子围成的空间。建筑物的开间通常是单数，开间越多等级越高。面阔9间、进深5间通常是最高等级，为皇帝专用。明代紫禁城午门和奉天殿就是九五开间。明朝规定，公侯府第，大门面阔3间，前厅、中堂、后堂各

冬天的台基（李浩然 摄）

7间；三品到五品官员厅堂7间；百姓的正房面阔不能超过3间。① 中国人用"高门大户"来形容上层家庭，就是建立在礼制基础之上的。

第六个规制是建筑斗拱。斗拱是中国特有的传统建筑构件，由方形的斗、矩形的拱和斜昂组成，相当于屋顶与梁柱的过渡结构，减轻屋顶的部分荷载，降低屋内梁柱的压力。判断斗拱等级的原则是有斗拱的高于无斗拱的，斗拱多的高于斗拱少的，层次多的高于层次少的。

第七个规制是装饰彩画。这又是一个礼用合一的构件，彩画在装饰房屋的同时，也给木材增加了

御道中间的云龙浮雕（孙珊珊 摄）

保护层，防潮防虫。明清彩画的等级由高到低为和玺彩画、旋子彩画、苏式彩画。重要殿宇采用和玺彩画，和玺彩画又可分为金龙和玺、金凤和玺、龙凤和玺、龙草和玺等。全部绘龙的是金龙和玺，三大殿描绘的就是金龙和玺；金凤凰彩画为金凤和玺，多绘在皇家次要建筑上，比如月坛、地坛；龙凤相间图案的龙凤和玺一般画在寝宫上，寓意龙凤呈祥；龙草相间的为龙草和玺，绘于敕建寺庙的中轴建筑上。和玺彩画的色彩特点是在明间和梢间上蓝下绿，次间上绿下蓝。旋子彩画，因藻头绘有旋花图案而得名，突出特点是绘有各种几何对称的花朵。苏式彩画注重写实，内容有云冰纹、葡萄、莲花、牡丹、芍药、桃子、佛手、仙人、蝙蝠、展蝶、福寿鼎、砚、书画等，用在园林建筑上。

第八个规制是门窗。紫禁城的重要宫殿仅在正面（南立面）开凿门窗，背

---

① 传统建筑居中的开间为明间，最两端的房间为梢间，明间和梢间之间的房间为次间，如有多个次间由内而外分别为一次间、二次间、三次间等。

面（北立面）除了正中开门（隔扇门），其余墙体封闭。因为宫殿坐北朝南，南部多门窗有利于夏天采暖；北部大体封闭，有利于冬天御寒。正面的宫门是实榻门，类似于左右两扇的推拉门；背面的宫门一般为隔扇门，主要由抹头、隔芯、裙板组成。隔芯的纹饰最能体现工匠的艺术水准和建筑的等级。"三交六椀菱花"寓意天地生万物，"斜交方格"寓意财源滚滚，"直方格"寓意公平正直，"古老钱菱花"寓意招财进宝，又是礼用合一的例子。紫禁城的窗户一般为槛窗：安装在矮墙上的窗。槛窗类似于没有裙板的短隔扇，外形和开启方式与隔扇门相同。

实榻门使用的坚厚、宽大的木板，通常用好几块木板拼接而成，然后在木板里穿木带，最后钉上钉子，防止木板散落。钉子外露，有碍美观，工匠们就将钉帽打成泡头状，涂抹成金黄色，称为门钉。这又是一项礼用合一的创制。门钉的最高等级是，每扇门9排、每排9颗，一共81颗。紫禁城午门、神武门、西华门每扇大门都是九九八十一的铜铸鎏金门钉。东华门及其侧门，午门左右掖门的每扇门钉只有8排，每排9颗，共72颗。清朝规定亲王府正门面阔5间，门钉纵九横七；郡王以下至辅国公府邸，门钉纵横皆七；侯爵以下至男爵为五排五颗。

紫禁城建筑的第九个规制是用色。

颜色是明尊卑贵贱的醒目标准。从隋至明，官员通过官服颜色区分品级。中国人对颜色的认知，从尊到卑一般为黄（金）、赤（红）、青、蓝、黑、灰。天玄地黄，黄色是大地的颜色，是最正统、最美丽的颜色，从隋朝开始成为皇帝的专用色。紫禁城的屋顶满铺各色琉璃瓦，大多数是黄色。皇帝服饰、御用品也大量采用黄色；红色也是紫禁城的主色之一。红色，给人温暖、充实的感觉，是中国人公认的喜庆色。紫禁城的墙体、支柱、门窗采用红色。柱子支撑建筑，墙体保护房屋，属于建筑的主要构件，红色寄托了稳定建筑、护卫皇家的期望。古代文学作品中形容宫廷的"丹楹""朱阙""丹樨""朱榱"等词，也证明了红色在宫城的使用之广；屋檐装饰常用青绿色。青色是中国特有的颜色，属于蓝绿之间的过渡色，给人以宁静、辽阔之感，可以中和屋顶的厚重感，并且增强建筑的空间感；紫禁城的台基和栏板都是白色的，基本采用汉白玉材料。白色代表纯洁高雅，增强了建筑本身的高贵典雅气息。同时，白色是百搭色，白台基可以与黄顶红墙形成鲜明对比，烘托出主体建筑的厚重尊贵；紫禁城室外地面为灰色，室内地面多为灰黑色。灰色是砖的颜色，黑色是室内地面铺设时泼洒的黑矾水造成的。灰黑色是最低调的颜色，可以与各种颜色相融合，达到良好的补色效果。此外，紫禁城的墙壁和花园中还装饰有蓝、紫、黑、翠以及孔雀绿、宝石蓝等五彩缤纷的琉璃，极大丰富了宫城的色彩，给人以炫彩夺目之感。

身份是认知中国传统社会的一大关键词，身份上附着着权利与义务、担当与作为。社会的方方面面都在明确与突显不同人群的身份。上述九项建筑规制，彰显皇权尊荣的同时也在时刻提醒着帝王的责任与担当。

黄金屋顶、青绿梁枋、朱红墙柱、赤红门窗、白色栏杆和低沉灰黑的地面，配以硕大的斗拱、精细的藻井、连绵的过道和点缀其间的建筑小品，构成了紫禁城的物化世界。

阳光照在门窗上（张碧君、张程 摄）

紫禁城『户型图』

Biography of the Forbidden City

故宫传

宫殿布局三原则

步出幽深的午门门洞，眼前豁然开朗，蓝天白云之下矗立着高大的太和门。紫禁城的世界呈现在了眼前。完成了之前数里逼仄沉重的跋涉的人们，开始出现了新的疑问：

这座有着数以千计建筑的宏大宫城，是如何布局的？眼花缭乱的宫殿，是否存在一个简单的认知记忆规律？

布局，也是礼制。古代人不能随心所欲地布置建筑格局，紫禁城就诞生在层层叠叠的规章制度之上。简单而言，紫禁城宫殿布局遵循"一二三"三大原则。

一是"一条中轴线"。中轴线上集中了紫禁城最重要的建筑，是建筑布局的中心线。

紫禁城的中轴线，也是北京城的中轴线和中华帝国的中轴线，三线合一。这条线在宫城内部穿越的建筑自南而北分别为：午门、奉天门（太和门）、奉天殿（太和殿）、华盖殿（中和殿）、谨身殿（保和殿）、乾清门、乾清宫、交泰殿、坤宁宫、坤宁门、御花园、神武门。除了几座宫门之外，中轴线上建筑可以归为三类：三大殿、后三宫、御花园，是紫禁城最重要的建筑。中轴线出午门与端门、大明门相连，出神武门与地安门、钟鼓楼相连，汇入北京城的中轴线。

中轴线原则对于具体建筑群的微观考察依然有效。紫禁城乃至中国传统建筑，都有一条中轴线，大殿正房建在中轴线上，其他建筑分布两侧。紫禁城所有宫院都是四合院形式，主房坐北朝南，和南侧的正门、北侧的后殿组成南北向中轴线。中轴线左右两侧有左右配殿或厢房，面向主房而立。耳房、廊房等再次一级的建筑更是围绕中轴线排列。大多数院落都左右对称。

由中轴线大原则引申的左右对称小原则，方便我们认知、记忆紫禁城的宫室。比如，有东配殿必有西配殿，有内左门自然有内右门，有东六宫就有西六宫；文左武右，文华殿在东边，在中轴线西边就有武英殿与之相对称，两者与中轴线的垂直距离相等，建筑规制相同。前述的东华门、西华门也是严格左右对称的。

二是"前朝后寝两大功能区"。《周礼》奠定了中国传统建筑"前朝后市，左祖右社"的大原则，历代皇城也遵循此项原则建造。天下官衙无不前部办公，后为住宅；百姓住宅也无不前院会客，后院居住，是"前朝后寝"原则的体现。承天门经端门到午门一线，东部为供奉列祖列宗的太庙，右为祭祀江山五谷的社稷坛，则是遵循"左祖右社"的原则。

紫禁城中轴线上，太和殿、中和殿、保和殿称"三大殿"，规划为朝廷举办大典、皇帝视朝理政的场所，属于治国理政的"前朝"；乾清宫、交泰殿、坤宁宫称"后三宫"，是帝后生活起居的"后寝"，或称"内廷""后宫"。两者形象阐述了何为前朝后寝。

前朝与后寝的划分界限，是三大殿和后三宫之间的乾清门广场。就纵向距离计算，前朝直线将近600米，后寝纵深才300米左右。紫禁城设计的治政面积约为生活面积的两倍。可这仅仅是规划设计，在明清实践中后寝大幅度地"南侵"，皇太后养老宫苑、皇子起居场所都建筑在乾清门广场之南。后寝面积远远高于前朝。爱新觉罗家族入主紫禁城后，建筑群的朝政、起居功能区分模糊交叉，难以泾渭分明。这是实践对规划的更改。

前朝后寝规划，隐含着"家国一体"的政治理念。紫禁城既是皇帝的家，也是皇帝的办公室。皇帝之所以能够在家SOHO，则是因为皇帝既是皇室家族的

从中右门到后右门一线（孙珊珊 摄）

家长，也是整个帝国的大家长，天下百姓都是他的子民。中国式皇权吸取了先秦宗法制的养分，君王是天下大宗，国家就是在宗族的繁衍裂变之下发展壮大的，全国都遵奉君王为宗主；皇权又建立在统治家族几代人的奋斗努力之下，宗室成员是帝国的最高统治层，皇家与统治层高度重合，皇帝的家事往往就是国事，国事艰深挖掘之后往往有家事的影子。家国一体是家国结构和权力实践两方面合力发展的结果。

三是紫禁城可以纵向分为"左中右三路"。"中"就是中轴线建筑构成的院落，三大殿广场、乾清门广场、后三宫院落、御花园构成了紫禁城的中路。中路是中轴线的扩大。中路东西两侧就是东路、西路。

东西两路又分内东路、外东路和内西路、外西路。之所以再分内外是因为中路院落前宽后窄，后三宫的宽度比三大殿小100余米。后三宫两侧规划了整齐划一、左右对称的东六宫、西六宫。以东六宫为中心，包括前方的奉先殿、毓庆宫、斋宫，后方的乾东五所，共同组成了内东路。以西六宫为中心，包括前方的养心殿和后方的乾西五所，共同组成了内西路。当然，随着后期的修缮改扩，原本规整的内东路、内西路不再整齐划一，功能也发生了变动。

内东路外侧就是贯穿紫禁城东部的外东路，自南至北大体有内阁、文华殿、箭亭、南三所、宁寿宫。内西路外侧则是贯穿紫禁城西部的外西路，自南至北大体有南薰殿、武英殿、内务府、慈宁宫、寿安宫、英华殿。离中轴线越远，建筑的重要性越次。当然了，如今上述建筑都是清朝的模样，左右对称的布局不是太明显了。但是在永乐年间初创时，东西两路建筑应该是高度对称的。

中轴线对称、前朝后寝分区、左中右三路布局，这三大原则是中国传统建筑营建的法则，在紫禁城布局中得到了充分体现。它们对认知今日的紫禁城，依然具有强大的指导意义。

紫禁城是之前数千年礼法和建筑理念精酿而生的杰作。它的真正建造者是中华文化与皇权政治。在明朝初期，任何一个接手建造任务的人，都会呈现出一座大致相同的伟大宫城。

金銮殿及其广场

来自波斯的盖耶速丁想必不知道中国传统建筑的理念与布局，他笔下的初入紫禁城的景象是：

> 从第一道门进入后，立即来到一个院子，长三百腕尺（古波斯计量单位），宽两百五十腕尺。在那个院子的前部，筑有一座三腕尺高的台基，上立高五十腕尺的柱子，其中是一座长六十腕尺、宽四十腕尺的大殿。在它后面有三座门，中间大些，左右两门小些。中间供皇帝进出之用，别人不许通过。

波斯人分不清中国的门和殿。盖耶速丁描述的"大殿"其实是当时的奉天门（太和门）。奉天门是一座大到被人怀疑是宫殿的大门，是紫禁城内最大的宫门，也是前朝的正门。永乐十八年建成时称奉天门，嘉靖四十一年改为皇极门，清朝顺治二年改为太和门，使用至今。

太和门前有深130米、宽200米东西横长的广场，中央用巨石板铺墁甬道成御道，左右磨砖对缝海墁砖地，空旷硕大的广场更加烘托太和门的伟岸威严。自古宫阙森严，早在周朝便有皇宫中轴线"五重大门"的礼制。太和门就是五重大门的最后一道。第一重大门是大明门，第二重为皇城正门承天门，第三重为端门，相当于紫禁城的前门，第四重为午门，紫禁城的正门。这一路行人稀少，空间狭长，来到太和门前时，空间突变、天晴地朗，人们豁然开朗之余，目光无不投向前方的太和门建筑群，遥望门后重重宫殿，不自觉地整容肃静，恭敬地步入广场。

内金水河以平缓的"凹"字形大约从中部横向穿越广场，河上一字排开五座单孔拱券式汉白玉桥，统称内金水桥。中间的主桥通御道，桥面最宽、长度最长、规制最高，造型秀丽、装饰华贵，两侧望柱雕龙刻云，其余四座宾桥分列两旁，规制降低，望柱雕刻火焰图案。主桥为御用，宾桥供王公百官通行。跨过内金水河，就不能通向外东路、外西路，只能一路向前，前往金銮殿。五座内金水桥仿佛一道无形的门户，踏上它就意味着面圣之路。过了内金水桥，宗室百官有任何不慎不谨之处，都会因"失仪不谨"而受罚。

内金水河及其桥梁的位置，是经过精细测量的，完全合乎人们的最佳水平视域60°夹角。从午门中门门道北望，太和门及其侧门正好纳入最佳视域，五座内金水桥恰好置于夹角之中。走过金水桥，侧门从最佳视域中完全消失，人们眼中清晰可见的就是太和门主体建筑。如此科学得体的布置，进一步突出了太和门前朝门户的地位。①

太和门面阔9间，进深4间。进深间数之所以为偶数，是因为此处毕竟是大门，前后各有两间宽度。太和门高23.8米，上覆黄琉璃瓦，重檐歇山顶，梁枋施以和玺彩画，下为白石须弥座，勾栏环立，云头望柱，螭首挑出，台基石陛前后各三出，左右各一出。

门前台基陈列铜狮一对，铜鼎四只，均为明代铸造铜器。一对铜狮高约4.36米，是我国现存体量最大的铜狮。铜狮工艺细腻，通身光洁，铜座纹饰精美，应该是整体铸造而成的。考虑到庞大的体积，铜狮铸造难度相当大。与一般铜狮不同，太和门前的铜狮耳朵上竖，似乎六百年来一直保持警惕。狮子蹲在同样体量巨大的汉白玉须弥座之上，基座四周刻有龙、云、莲花瓣、花绶带等精美图案。铜狮东西各为雄雌，东侧雄狮，头饰鬈鬃，颈悬响铃，两眼瞪视前方，右脚踩踏绣球，寓意江山一统；西侧的雌狮略微低头，左脚抚摸幼狮，

---

① 许以林：《紫禁城内的河与桥》，载于《紫禁城》1982年第5期。

太和门（孙珊珊 摄）

太和门前右侧的雄狮子（郝磊 摄）

寓意子嗣昌盛。

雌雄铜狮头顶都有一个个卷毛螺旋，俗称"疙瘩烫"。真实的狮子毛发柔顺，头部没有发旋，古代大门前的狮子出现疙瘩烫，是等级规制的表现之一。疙瘩烫的数目多少与建筑等级高低直接相关。一品官衙正门前，石狮头上刻13个疙瘩，一品以下，每降一级递减1个疙瘩，四品10个疙瘩，五六品都是9个疙瘩，七品以下衙署门前则不许摆放狮子。而紫禁城内铜狮子头上的疙瘩烫足足有45个，彰显皇帝的"九五之尊"。①

碍于体制规定，太和门极少开启，专供皇帝、皇后大典时进出紫禁城所用。王公大臣从东西角门进出，西角门为贞度门，又称前右门；东角门为昭德门，又称前左门。三门建筑相连是一组完整的建筑群，并且与东西两侧排列整齐的廊房，构成了太和门广场。广场东西廊房又称东西朝房。明代东西朝房共40间，在协和门、熙和门南北各10间，清代将朝房进深改小、间数增多，现存四处朝房各13间。明清时期外朝衙署派驻紫禁城的机关或者内外联系部门大多集中于此，是朝臣势力在紫禁城中的据点与力量宣示。东朝房在明代是实录馆、玉牒馆和起居注馆的办公场所，在清代改作稽察钦奉上谕事件处和诰敕房。西朝房在明代为会典馆，清代则为翻书房、起居注馆。两侧北端靠近三大门部分，在清朝是宫廷侍卫的办事处。

两侧朝房中间、内金水河南侧各有协和门（左顺门、会极门）和熙和门（右顺门、归极门）。两门东西对峙，面阔5间，进深2间，大门内外各1间，上为黄琉璃瓦单檐歇山顶，下为青砖台基。台基高近3米，朝向广场一侧铺设长达18米、坡度极缓的砖石"礓嚓"，即锯齿形坡道，锯齿高约1厘米，锯齿间距约12厘米；两端有汉白玉护栏。协和门和熙和门礓嚓是紫禁城内规模最大的一对。大门两端建有顺山炕或门房，为值守人员用房。

盖耶速丁等人穿过太和门，来到了第二个院子：奉天殿（太和殿）广场。广场更加宽旷辽阔，太和门向北长宽各达200多米的宽广区域空无一物，刚刚惊叹于三大门的雄伟精美的人们，行走在空空的广场上，自觉渺小，更添敬畏皇权之心。

奉天殿广场是紫禁城的中心，也是法定的帝国行政中心。帝国权力金字塔的攀登者，跋涉至此，在形式上接近了金字塔的顶点。三大殿矗立在广场上，是法定的最高施政场所。

太和殿、中和殿、保和殿三大殿建在汉白玉须弥座大台基上，南北依次为太和殿、中和殿、保和殿。台基三层重叠，俗称"三台"。此处是紫禁城中地基最厚的区域。三台人工夯层厚达16米以上，从丹墀地面算起也深达8米有余。

---

① 周乾：《故宫兽像负载的文化与历史》，载于《决策探索》2019年第4期。

可见在夯实地基之时，这块区域就规划为紫禁城的"重中之重"。三台加南部突出的月台，整个平面呈倒"土"字形。每层环绕有精雕细刻的汉白玉透雕栏杆、云龙翔凤望柱、排水龙头，各有1000多个。三台石阶雕有蟠龙，其中御道衬托以海浪流云。①

三台冬景（郭华娟 摄）

三大殿的名字精挑细选，饱含深意。明初，三大殿名为奉天、华盖、谨身。奉天殿作为紫禁城的主殿，取奉天承运之意，宣告地上的皇帝上承天意，下牧黎民。华盖是天帝居所紫微垣中的一组星辰，共十六颗，犹如伞盖护卫在帝星上方。华盖殿是主殿身后的护卫偏殿，得名华盖，对应银河天象。谨身殿，则是命名者朱棣提醒子孙帝王谨言慎行，时刻反省。嘉靖后期三大殿重建

---

① 紫禁城重要宫殿，如太和殿、保和殿、乾清宫等建筑的平面都是长为 9 间、宽为 5 间的布局方式，来体现"九五至尊"的思想。前朝三大殿"土"字形大台基在平面布局上也有"九五至尊"的概念。台基南北长 232 米，东西宽 130 米，二者之比刚好为 9∶5。见周乾：《紫禁城数字趣话》，载于《科技日报》2019 年 8 月 30 日。

竣工，嘉靖皇帝改名为皇极、中极、建极。极，原义为屋脊之栋，引申为治国的准则。新的殿名寄托着嘉靖皇帝用宫殿申明皇权、昭告天下的雄心。嘉靖皇帝很喜欢用"极"字，还将奉天门改名皇极门，左顺门与右顺门更名为会极门与归极门。

清朝定鼎中原，万象更新，三大殿区域于顺治二年进行第二次大规模更名。彼时的满族权贵清醒地认识到庞大的中华帝国是建立在千差万别的民族与地域之上的，成功的统治需要圆融和谐之道，对于区区百万人口的满族来说尤其要"和合天下"。"和"字取代了"极"字，三大殿改名为太和殿、中和殿、保和殿。太和殿得名自《周易》："乾道变化，各正性命，保合大和，乃利贞。""大"和"太"通假。中和殿得名自《礼记》："中也者，天下之大本也；和也者，天下之达道也。"保和殿的名字也取自"保合大和"。和谐思想，是中国传统文化的核心之一，满人入关即高扬和合大旗，对全国的统治就成功了一半。

所有的铺垫都是为了烘托主角的出场。

走过五重门、四周墙、三大殿广场，明清帝国的成功者们便来到了紫禁城的中央，这里耸立着城池之中最大、最高、最重要、规制最尊的建筑——太和殿。

太和殿是皇宫的正殿，也就是俗称的"金銮殿"。金銮殿原为盛唐宫廷的殿名，李白诗云"承恩初入银台门，著书独在金銮殿"，后来成为俗世荣华富贵至极的象征。

太和殿黄琉璃瓦重檐庑殿顶、金龙和玺彩画、面阔11间进深5间，都是最高等级的规制。建筑长64米，宽37米，建筑面积2377平方米，高26.92米，连同台基通高35.05米，是现存体量最大的单体木结构建筑。现存的太和殿是康熙三十四年（1695）重建的版本，相比永乐年间的规模已经大大缩减，尤其是高度仅为初建时的一半左右。现在三大殿与三台比例失调，台大殿小，大殿与台面位置不对称，从反面证明了与之搭配的大殿最初规模要比现在高大。康熙年间缩建大殿，应该主要是受限于当时的财力和巨木良材的匮乏。尤其是木材的匮乏，导致面阔从9间增加为11间，相应缩小了间距。

在重檐庑殿顶的正脊两端，安有两个高3.4米、重约4.3吨的庞然大物，也就

太和殿金碧辉煌（张碧君 摄）

是龙吻。这是中国现存最大的龙吻。这对龙吻是紫禁城的制高点，仅安装仪式就是一场官民云集的盛大典礼，自带主角光环。

太和殿的四条角脊的镇瓦尖端，装饰着骑凤仙人。仙人相传是战国齐湣王，战败后为各国驱逐，走投无路之时，一只凤凰落到跟前，齐湣王飞身跨上凤凰飞升而去，绝处逢生。宫殿建筑角脊最顶端装饰仙人骑凤，期望逢凶化吉。仙人身后跟随着最高规制的10个脊兽，依次为龙、凤、狮子、海马、天马、狎鱼、狻猊、獬豸、斗牛、行什。龙象征真龙天子，狮子代表皇家威严，天马寓意上天入海、畅达四方，海马是传统的祥瑞；狎鱼为龙首鱼尾、前足有爪、后背有脊的祥瑞，能够喷水灭火；狻猊是传说之中的龙之九子之一，形似狮子，喜烟好静，吞云吐雾，是宫廷建筑和香炉的常见形象；狎鱼是传说中的海中异兽，与狻猊搭配可以兴云作雨、灭火防灾；獬豸是象征公正的祥瑞，寓意施政的公平正义；斗牛是传说中的一种虬龙，牛头龙身，身有鱼鳞，尾巴类似鱼鳍，也是一种兴云作雨、镇火防灾的瑞兽；行什是一种带有翅膀的猴子，背后有双翼，手持金刚宝杵，传说它的宝杵有降魔的功效。民间雷公的形象就

太和殿上的脊兽和骑凤仙人（郭华娟 摄）

是它。行什作为角兽的压阵角色，寄希望它能够降魔防雷。需要指出的是，天下行什仅此一处，只有太和殿才有资格享有这个瑞兽。这是因为角兽也是建筑规制，有着严格的等级规定，只有皇宫的正殿才能十样齐全。中和殿有7个、保和殿是9个，天安门上也是9个，建筑依等级减去排序靠后的角兽。

太和殿前的宽阔平台，称为"丹陛"，俗称"月台"。大朝会之时，臣子在丹陛之下两侧排列，"陛下"逐渐演变为臣子对帝王的尊称。太和殿月台上陈设日晷、嘉量各一，铜龟、铜鹤各一对，铜鼎18座。龟鹤为象征长寿的祥瑞，寄托对帝王的祝福；日晷是计时工具，嘉量是标准量器，象征皇权，只有一统天下之人才能规定天下时间与重量的标准。

太和殿的装饰繁复华贵，依然处处是最高等级规制。殿檐下簇拥着密集的斗栱，梁枋上全是和玺彩画；门窗上部菱花格纹，下部浮雕云龙，接榫处安有镌刻龙纹的鎏金铜叶，整体望去如新艳的赤红海洋中镶嵌着片片金黄，支撑着上部仿佛蓝绿色天地的檐梁。

太和殿内是一个龙的海洋。作为天子的象征，大小不一、各式各样的13433条金龙盘踞在殿内各处。72根巨大的柱子支撑着大殿，中轴线上的6根柱子最为高大和突出，通体包裹近乎纯正的金箔，庞大的蟠龙就萦绕、栖息在金闪闪的大柱之上。这6根金柱又把人的目光引向大殿中轴线后方的九龙金漆宝座——它就是平凡人仰望、野心家觊觎的龙椅。

龙椅坐落在七层高台之上、七扇云龙纹髹金漆大屏风之前，椅圈上缠绕着13条金龙，椅背正中央昂首翘立着一条大龙，届时托举着人间帝王的身躯。龙椅非凡间之物，没有四条腿，而是放置在须弥底座上，须弥座通体满髹金漆，束腰处透雕双龙戏珠。龙椅周边的梁、枋上的群龙彩画，全用沥粉贴金。金箔采用深浅两色，图案效果更加鲜明。整座龙椅及其周围，组成了一个金碧辉煌的小世界。

宝座上方天花正中隆起一座盘龙藻井①，藻井正中盘踞着一条巨大的金漆蟠龙，更显出"金銮殿"的华贵。金漆蟠龙龙头下探，口衔宝珠。龙口宝珠通常由水银制成亮晶晶的圆球，称为"轩辕镜"，悬挂在龙椅宝座之上。此镜据说是华夏先祖"轩辕氏"所制，可以分辨真假天子。它就是一面"照妖镜"。历朝端坐金銮殿藻井轩辕镜之下的，都是真龙天子。但是，紫禁城太和殿的龙椅宝座并非在轩辕镜正下方，而是靠后了三米。传说1916年袁世凯篡国称帝时，在太和殿举办登基大典。袁世凯对自己的真龙天子身份颇不自信，下令将龙椅后移三米摆放。即便如此，袁世凯依然不敢端坐龙椅，而是扶立在椅旁完成了登基典礼。

盖耶速丁并不了解太和殿种种规制的深意，他的双眼完全为太和殿的地板所吸引：

> 它的整个地板是用大块光滑瓷砖铺成的，其色泽极似白大理石。它的面积长宽为二百或三百腕尺。地板瓷砖的接头丝毫不显偏斜弯曲，致使人们以为它是用笔画出来的。石块镶有中国的龙和凤，光泽如玉石，使人惊叹。

---

① 藻井并不是衡量建筑规制的标准。就紫禁城而言，前朝核心建筑中只有太和殿有藻井；内廷核心建筑中仅有交泰殿、养心殿以及斋宫有藻井。它一般出现在礼制建筑（太和殿、交泰殿）、宗教祭祀建筑（钦安殿、英华殿）、园林景亭（延春阁）中。

余晖下的云龙浮雕全景(张碧君 摄)

太和殿内用"金砖"铺地，共铺二尺见方的大金砖4718块。

紫禁城重要建筑的地面均铺墁着苏州输送的方砖，根据建筑体量的不同，方砖尺寸也不相同，有尺二、尺四、尺七、二尺、二尺二等规格。尺二砖多用于体量较小的房屋地面，尺四砖多用于普通规格殿堂，尺七至二尺二的方砖则用于重要宫殿建筑。只有这些用于重要建筑的方砖，做工精良，才被称为金砖。紫禁城铺墁金砖的建筑有：太和门、太和殿、中和殿、保和殿、乾清宫、养心殿、宁寿宫、奉先殿、太极殿、长春宫、体元殿、敬胜斋、敬怡轩、隆宗门、景运门等。

金砖的铺墁方法与普通方砖类似，但工艺更加严格考究，还增加了最为重要的"泼墨钻生"工序。将红木、黑矾、烟子等材料熬制成"黑矾水"，在其温热之时分两次泼洒或涂刷在已经铺地的金砖之上，待地面完全干透后，再倒上厚厚的桐油，将桐油灌入砖孔中，又将生石灰掺入青灰中，混合成与砖相近的颜色，再把灰撒在地面上，两三天后刮去多余的灰粉，称为"钻生"。钻生完成后，进行"烫蜡"，即将石蜡烤化后均匀地淌在砖面上，待蜡皮完全凝固后，用烤热的软布反复揉擦至光亮。最后，用软布沾香油反复擦拭地面。经过这一套泼墨钻生工艺铺墁的金砖地面，坚硬无比，滑润如玉。当然，整套工艺耗时、耗力、耗财，也就是紫禁城能够普及开来，其他人家根本无力执行如此高成本的工艺。无须计较成本的雄厚财力，加上严苛的选土、制作、铺墁工序，最终造就了光亮炫目、沉稳厚重的宫殿地面。古代工匠的勤劳智慧，完美演绎了明清皇家的尊荣与光芒。部分金砖，自铺就之日起横跨了600载，至今光洁如新。[1]

盖耶速丁在光滑如镜的太和殿，接受了明成祖朱棣的接见，完成了外交使命：

> 殿内放着一个每边各为四腕尺的御座。这个御座的四围是栏杆，而且铺上黄锦缎，整个用金绣成龙凤的图像及其它中国图案。一把金椅放在御座上，其左右分排站着中国官员。那些手捧木牌的官员中，有一个人上前，跪着用中国话读一篇介绍使臣情况的奏文，其大意是

---

[1] 周乾：《来之不易的紫禁城"金砖"》，载于《科技日报》2019年6月28日。

说，使节来自一个遥远的国家，携带谨献给皇帝的礼物。使臣们下拜，但没有以他们的前额接触地面。然后双手高举，他们上呈国书。一个太监接过国书。永乐皇帝向使臣询问波斯国王的情况，问他们国家中谷物的贵贱。使臣回答说谷贱粮丰。

除了接见使团、缔结邦交外，太和殿的本职是政务大殿。每月定期的大朝会是太和殿创建的主要功能。皇帝在此召集群臣商议天下大政。太和殿还是重大典礼的举办地，24位皇帝的登基即位、皇帝大婚、册立皇后等人生大事在此举行，拜将出征等大典也在此举行。此外，每年万寿节、元旦、冬至俗称"三节"，皇帝在太和殿接受王公大臣的朝贺，并赐宴群臣。清朝科举考试的"传胪"仪式（名次公布仪式）也在太和殿举行。康熙六年的状元缪彤回忆仪式当天天气微寒，五鼓时分各位进士就跪在太和殿前等候传胪。之前官民盛传的状元是某某人，所以当传胪开始，台基上喊第一甲第一名缪彤出列时，缪彤跪在地上岿然不动。每喊一次名字，太和殿广场就奏乐一番，缪彤以为听错了，就是不敢出列。最后还是现场礼部官员看不下去了，过来强拉着缪彤出来。传胪当日，科举一甲三名可以行走御道，从午门中道出宫。这是皇权对科举才俊的特恩，也是全天下读书人梦境中的高光时刻。

由于太和殿的职能并非常设事务，在600年中的绝大多数光阴，太和殿的大门每年开闭次数屈指可数。

太和殿的最后一次人群云集的盛大典礼是1945年的10月10日，十万多人拥挤在太和殿、午门一带，人群汹涌前来观看抗战受降仪式。中国军民当日在太和殿前台接受了华北日军的投降。全面抗战爆发于北京城郊，又在列祖列宗的注目之下迎来了最终的全胜。

太和殿之后、三台腰部是正方形的中和殿，面阔开间各3间，四周出廊各1间。中和殿单檐四角攒尖顶，铜胎鎏金宝顶，四面无墙只有隔扇，殿中设有皇帝宝座。它是明清帝王参加重大典礼前的暂歇和整理场所。比如，太和殿大典前，皇帝先在中和殿接受锦衣卫、内务府、太监等执事官员的朝拜——大典开始后，这些官员将不能参加跪拜。又比如，皇帝亲祭前一日，也在中和殿预览祝文，查验贡品、用具等。

三台后部是外朝最后一座大殿——保和殿，面阔9间，进深5间，黄琉璃瓦重檐歇山顶，从地平面到宫殿正脊高29.5米，殿中设雕镂金漆宝座。

保和殿最著名的是殿后下台基的御路中间那一整块艾叶青石，重300多吨，是宫内最大的石材。巨石上雕9条云龙和云海等图案，规模巨大且图案生动，堪称国宝。保和殿在明朝是皇帝大典前的更衣处，册立皇后、皇太子时，皇帝也在保和殿受贺。在清朝，每年除夕、正月十五，皇帝于保和殿赐宴外藩、王公及一二品高官；每年岁末，宗人府、吏部在保和殿填写宗室及世袭官职人员的黄册，相当于帝国世袭名单的年度整理。乾隆后期开始，科举殿试从太和殿转移到保和殿举行，顶尖的读书种子们在此排定最后的科举名次。此外，清朝前期因为寝宫毁于大火，皇帝以保和殿为寝宫。顺治皇帝住在于保和殿基础上重修的"位育宫"，一住十年；康熙皇帝将位育宫改名"清宁宫"，居住了八年，其间因为三大殿重修迁居过武英殿，后三宫重建完成后才入住正式寝宫乾清宫。

保和殿另一项重要功能是接受玉牒。玉牒是皇族的族谱。清朝平均每十年编修一次族谱。修成后，皇帝驾临保和殿接受、审阅玉牒，再前往太和殿接受

交泰殿内景，一共陈设着25方皇帝印玺（孙珊珊 摄）

王公大臣的庆贺。清朝玉牒分皇帝、宗室（直系）、觉罗（旁系）三类编修，藏于皇史宬，是现存最完整的皇族族谱，也是世界上规模最大的家谱。

三大殿外匾额，形如大斗，称为"斗匾"。清代的斗匾比明代多出了一排满文。民国时期，紫禁城前朝和端门的斗匾去除了满文，原有的汉字移到中间位置，其他地方依旧满汉双语。明代的匾额和对联，已经没有实物遗存，也没有文献佐证。现存最早的宫殿匾额，是顺治皇帝给乾清宫题写的"正大光明"匾。之后，康熙皇帝给交泰殿题写了"无为"匾，为乾清宫题写"克宽克仁，皇建其有极；惟精惟一，道积于厥躬"对联。

前朝的三大殿殿内，到乾隆皇帝时期都没有匾联。这给"书法大家"乾隆皇帝提供了宽广的创作空间。乾隆皇帝为太和殿题写了匾额"建极绥猷"，寓意天子既要顺应上天，建立人间的公正法则，又要安抚民众，建立清明世界。一年中只有冬至日，阳光正好反射到"建极绥猷"匾额上。太和殿楹联是：

帝命式于九围，兹惟艰哉，奈何弗敬；

天心佑夫一德，永言保之，遹求厥宁。

中和殿的匾额是"允执厥中"，传说为三代圣君传授的心法，意为追求中正之道，既是中国人追的为人处世道理，也是统治者应该奉行的法则。中和殿楹联是：

时乘六龙以御天，所其无逸；

用敷五福而锡极，彰厥有常。

乾隆皇帝为保和殿御题匾额为"皇建有极"，提醒统治者不能为所欲为，要遵循普适性法则。保和殿楹联为：

祖训昭垂，我后嗣子孙尚克钦承有永；

天心降鉴，惟万方臣庶当思容保无疆。

至此，三大殿的匾联配置完备，一直悬挂至今。这些取材四书五经的匾联，标志着经过一百年的演变，儒家政治理念已经深入爱新觉罗家族的内心。孔老夫子的仁义之道，通过工整精致的文字，穿透两千多年的尘埃，宣示着旺盛的生命力和在帝国的核心政治地位。

三大殿建筑群南北深437米，东西宽234米，占地面积约8.5万平方米，约占紫禁城总面积的12%，是宫城内最大的庭院。前方太和门广场占地面积约3.6万

三大殿东北段廊房（廊房之间有厚墙相隔），是清朝的皇家仓库（郭华娟 摄）

平方米。两者合计共12万平方米，约占紫禁城总面积的1/6。①

太和殿广场面积达3万平方米，可以容纳一两万人朝会。大朝会之日，广场东西两侧，陈设着旌旗、伞盖等卤簿仪仗；广场砌嵌两行白石块，每隔3尺左右砌嵌一块1尺见方的白石，叫仪仗墩。仪仗人员就站班在仪仗墩上。

广场东西两侧各有廊房33间，主要用作存放皮革、瓷器、金银、茶叶和衣服等的仓库。东庑有四座库房：缎库，收发皇家的龙蟒缎匹、绸绢、布匹、棉花等物品；甲库，收贮盔甲、枪刀、旗囊、器械等物品；北鞍库，存放御用鞍辔、伞盖、帐房、凉棚等物品；南鞍库，存放官用鞍辔、皮张、雨缨、绦带等。西庑有五座库房：银库，收存金银、珠玉、珊瑚、琥珀等；皮库，收存狐皮、貂皮等皮张及羽缎、象牙、犀角等；瓷库，收存金银器皿及古铜、珐琅、官窑瓷器等；衣库，清代收存侍卫处领用的毛皮和朝服、蟒袍，女官领用的蟒袍、裙裙，萨满祭祀领用貂褂等衣物；茶库，收存人参、茶叶、香纸、绒线、

---

① 孟凡人：《明北京皇城和紫禁城的形制布局》，载于《明史研究》第 8 辑。

红缨、颜料等物品。仓储区域最怕火灾，恰恰火魔多次光临该区域。最后一起大火爆发于光绪十四年十二月十五日深夜。贞度门守夜官兵将油灯挂在檐柱上后睡熟，油灯烧着墙柱，加上当夜风大，火势一发不可收拾，蔓延到附近连接的诸多库房，两天之后才被扑灭。贞度、太和、昭德三门及附近库房化为灰烬。当时为光绪皇帝大婚预备的服饰、礼器等毁于一旦，库存诸多珍宝也化为焦土，损失惨重，且直接影响了光绪大婚。最后是能工巧匠用彩纸扎了一个几可乱真的太和殿三大门，才勉强保障了大婚举行。

太和殿广场东西廊房正中位置有文武双楼，文东武西。东侧的文楼面西而立，嘉靖年间改称文昭阁，清初定名体仁阁。康熙皇帝曾在体仁阁举行博学鸿词科考试，延揽人才、安抚人心；乾隆朝以后体仁阁成为内务府的缎库。体仁阁黄色琉璃瓦庑殿顶，上下两层，两层之间设腰檐；下层面阔9间，进深3间，高25米，底部为高大的青砖崇基。西侧的武楼，面东而立，中间改名武成阁，清初定名弘义阁。这里是清代内务府的银库，宫廷筵宴所用金银器皿收存此处。作为太和殿的两厢配殿，弘义阁与体仁阁完全对称，建筑规制相同。二阁高度相当于太和殿的7/10，体量和规制都高于四周廊庑的其他建筑。

永乐年间紫禁城初建时，太和殿两侧及东西廊庑都是连绵不绝的廊房。这些木结构房屋成为历次火灾的牺牲品。清朝将部分廊房改为厚墙，人为隔断了火势蔓延，降低了火患。

三大殿广场的四周廊庑四角，各建有一座"崇楼"，黄琉璃瓦重檐歇山顶，封闭幽暗，也是清代内务府的库房。崇字本意是高，崇楼规划之初是瞭望楼，警戒三大殿区域。

在四座崇楼框定的区域内，有殿宇式大门九座。它们共同的特点是崇基底部，二十四气石栏柱头，黄琉璃瓦歇山顶，大门的两山设顺山炕或门房。九门分别是太和门、昭德门、贞度门三座正门，太和殿左右的中左门、中右门两座侧门，保和殿的后左门、后右门两座侧门，以及体仁阁北侧的左翼门和弘义阁北侧的右翼门。除左右翼门外，其他三组门户将前朝划分为三进院落，南为太和门广场，中为太和殿广场，北为中和殿、保和殿庭院，三大殿通过中左门、中右门相通。由于东西廊庑整齐划一，加上三台地跨两院、居中高耸，且三大殿大小高低错落，几乎没有两进院落的视觉感。三大殿浑然一体，不可分割。

盖耶速丁在朝觐之后的一个夜晚，参加了在新落成的宏伟宫殿的盛宴：

那天晚上，在那座大城中，每人都用火炬、蜡和灯把屋舍和店铺照得通亮，使你以为太阳已经升起。当晚寒气大减。来自契丹、吐蕃、女真和沿海各地的十余万人涌入了紫禁城。还有一支二十万人的队伍，手拿刀、锤、戟、枪、杖、矛、战斧和其他武器，守在宫苑四处。约有两千人手里拿着五颜六色和各种形状的中国扇子，每把有一张盾大小，挂在他们肩上。演员和童子表演更新的节目，他们穿戴着无法详细描写的衣袍和冠冕。要恰当描述那座宫殿也非笔墨所能办到。这个盛会一直延续到日中祈祷结束。

崇楼（郭华娟 摄）

后三宫 / 御花园

乾清门,后寝的正门,是一处奇妙的地方。明清帝王进了这道门就是回家,走出这道门则要上朝理政,门内是家人,门外隐藏着竞争者;门内是生活,门外是永远不绝的工作。

乾清门是紫禁城"家国一体"的明证。

家国一体,不仅是帝王家族"家天下"的权势与威严的彰显,更是家族命运与国运国势牢固绑定、个人命运与政治纠缠不清的无奈。家和国仅有一门之隔,而且这道门完全不能阻挡汹涌的天下纷争。凡人还有躲避纷争的清净之地,皇帝则躲无可躲,一切都置于万众瞩目的紫禁城台上。皇帝是生活在聚光灯下没有退路的可怜人,生活幸福与否本质上取决于皇权的巩固与否,决定于前朝政治的清明与否。政治失败之日,就是皇权的末日。

1644年的春天,崇祯皇帝朱由检离开空荡荡的朝堂,迈过这道乾清门,回到家中书写了遗诏,逼死了周皇后,手刃了爱女,万念俱灰之下在一棵歪脖子树上吊死了自己。

如今的乾清门,保留了朱由检时期的基本架构,面阔5间,进深3间,高约16米,单檐歇山屋顶,绘金龙和玺彩画;底部为高1.5米的汉白玉石须弥座,

乾清门前的一对鎏金铜狮。耳朵下垂，眉毛遮眼，仿佛寓意后宫不得干政，不听不看（郭华娟 摄）

周围雕栏环绕。门前台阶三出三阶，中为云龙石雕御路，两侧陈设一对鎏金铜狮。乾清门开有三门，大门两梢间为青砖槛墙。正门为皇帝御用，非大典不开。明朝乾清门开启还较为频繁，清朝皇帝移寝宫于养心殿，乾清门正门就极少开启了。明朝王公大臣无特殊情况，不得进入后寝；清朝王公大臣入后宫限制较为宽松，无论是养心殿召见奏对还是南书房、上书房等官员出入，都只能走乾清门右门。（事实上，从乾清门进出养心殿，是舍近求远。清朝只有七十高龄以上的大臣出入养心殿，才能经由养心殿前面的内右门。）

乾清门区域最鲜艳醒目的，也是如今游人打卡的网红建筑，是两侧的八字琉璃影壁。橘红色影壁高8米，长近10米，壁心及岔角装饰有琉璃花，造型逼真，色彩绚丽，在阳光照耀之下流光溢彩。紫禁城中有多处琉璃影壁，乾清门前是最漂亮的一处。

乾清门内就是后三宫，这是类似于三大殿庭院的一个封闭庭院，南北深218米，东西宽118米，规模仅为三大殿的四分之一强。后三宫建于高2.5米的工字形台基上，前宽后窄，加上与乾清门连接的甬道，整座台基呈现一个狭长的倒

"土"字形；四周廊房环绕，无殿阁和崇楼。

宫城内的台基甬道是皇帝与贵戚的专道，宫人差役是无权登临行走的。那下人们的通行需求如何解决？乾清宫前台基，还有前朝三大殿的台基厚处都有东西向涵洞，专为宫人差役通行之用。与帝后王公们南北畅行宫城不同，下人们只能从两翼侧门和台基涵洞穿行紫禁城的中轴区域。

乾清宫建于台基前部，黄琉璃瓦重檐庑殿顶，前后出檐廊，面阔9间，进深5间，建筑面积约1400平方米，中间三间为大殿，东西两次间为暖阁[①]，后檐设仙楼[②]，东西梢间建成过道，再两侧为宫墙。殿前台基左右分别陈设铜龟、铜鹤，日晷、嘉量，前设鎏金香炉4座。清朝顺治皇帝在台基东西两侧各造立一座雕刻精美的三层石台，台上立有一座通体镏金的"微型宫殿"，东为江山殿，西为社稷殿。这是紫禁城最小的宫殿，更像是放置在石台上的景观。江山与社稷放置在皇帝卧榻之前，寓意鲜明，顺治皇帝提醒子孙要以江山为念，社稷为重。乾清宫在历史上多次毁于火灾，现存建筑是嘉庆三年最后一次重建的架构。明代的乾清宫两旁的斜廊和后部的穿堂，也许出于消防考虑而拆除了。

乾清宫是内廷的正殿，大殿正中设有龙椅宝座，明朝在大殿悬"敬天法祖"匾，后为李自成农民军捣毁。后顺治皇帝御书"正大光明"匾，成为清代紫禁城的一大标志。

周代有天子"六寝六宫"之制：春季住东北寝宫，夏季住东南寝宫，秋季住西南寝宫，冬季住西北寝宫，六月住中央寝宫，再加上中央寝宫之前的路寝，天子一共有六座宫殿。天子和王后寝宫独立，并不同居一处。王后也有与天子六寝布局相同的六宫。六寝在前，六宫在后。明朝规划乾清宫为皇帝寝宫，为符合六寝之制，将后部修建为暖阁，凡九间，上下两层，共置卧床27张。皇帝可以选择随意一床居寝。据说这么设计是为了防止刺客行刺，保障皇帝的安全。但是考虑到皇帝就寝时众多的服侍人员，皇帝每晚的居住所很容易暴露。暖阁设计并不能保障明朝皇帝的安全。清朝重建乾清宫，取消了明朝的

[①] 清代暖阁是指明间左右的房间，明代的暖阁指的是楼阁，形制为上下两层。见王子林《乾清宫的二十七张床》，载于《紫禁城》2012年第11期。

[②] 仙楼，在建筑室内装修隔成的二层阁楼，因为常常用来供奉神佛，故称仙楼。

铜鹤、铜龟、嘉量、日晷（郭华娟 摄）

27床设计，将正中三间改为南北通透的大殿，并将宝座后移。

14位明朝皇帝曾居住乾清宫，以之为寝宫。乾清宫是明朝皇帝起居与理政的中心，尤其是在皇帝幽居其中时，乾清宫便成了大明帝国的权力黑洞。明朝末年三案：梃击案、红丸案、移宫案，后两大案都发生在乾清宫，而且集中在万历四十八年（1620年）的七八月间。

七月万历皇帝驾崩，明光宗朱常洛继位，成为乾清宫的新主人。长期压抑苦闷的生活突然打破，朱常洛开始放纵自己，使得本就羸弱的身体不堪重负。他寄希望于丹药，服用了大臣进献的红丸后一命呜呼，酿成"红丸案"。此案是明朝末期错综复杂的高层斗争的又一次集中爆发。朱常洛在位不足一个月。他入主乾清宫时，让宠爱的李选侍照管皇长子朱由校搬进了乾清宫。朱常洛驾崩后，李选侍在宦官势力的支持下霸占乾清宫，拒绝移往安置前朝妃嫔的偏宫，引发了"移宫案"。

移宫案期间，群情激昂的朝臣两次破例，冲入了乾清门。第一回合，李选侍要求引用万历朝早期，万历皇帝生母李太后居住乾清宫照顾小皇帝的旧例，留居乾清宫。乾清宫是皇帝寝宫，帝后不同居，原则上乾清宫是没有女主人的。李选侍的提议包裹着当皇太后、把持朝政的野心。大臣们以参拜朱常洛遗体为由，冲进乾清门，高唱国不可一日无君，抢得了皇太子朱由校，移往外东路的慈庆宫。第二回合是朝臣们与李选侍争夺乾清宫。在公开宣布的新皇帝登基前一日，李选侍依然霸占着乾清宫。朝臣们再次冲入乾清门，义正词严地驳斥李选侍的无理取闹。文人士大夫骂起人来，不吐一个脏字，却引经据典、长篇大论，李选侍给了对手面对面辩论的机会，就已经输了，最终不得不移到外东路北部的仁寿殿哕鸾宫。在移宫案中，都给事中杨涟、御史左光斗正气凛然，声名鹊起，成了晚明士人的楷模。

明代乾清宫毁于李自成大火，清朝入关之初重修的乾清宫不仅规制缩减，而且工程质量堪忧，甚至发生漏雨这种低级事故。顺治皇帝在位育宫（保和殿）居住了十年，人生最后五年才入住重修的乾清宫；康熙皇帝继位之初即入住清宁宫（保和殿），并将乾清宫推倒重修，八年以后才迁进第二次重修的乾清宫。此时的康熙皇帝已经是成熟老练且雄心勃勃的政治家，在此后的53年以乾清宫为中心，纵横捭阖，攻坚克难，开启了"康乾盛世"。乾清宫及其东西暖阁，成为康熙皇帝听政、受贺、赐宴、召对群臣的施政场合，名实相符的帝国权力核心。

辅助皇帝施政的日常办事机构，在这个时期陆续迁入乾清宫周围的廊庑，分别有上书房（皇子读书处）、南书房（皇帝文学侍从、顾问机构）、内奏事处、批本处、祀孔处、御药房、御茶房、端凝殿（皇帝的衣帽间，储存常用冠袍衣物）、懋勤殿（皇帝书房）等。乾清宫东西廊庑南端分别开辟日精门、月华门，东廊后有昭仁殿，西廊后有弘德殿。即便日后雍正皇帝以养心殿为寝宫，乾清宫依然保留了召见臣工、处理奏章、接见藩属和岁时受贺、举行宴筵的重要功能。康熙皇帝、乾隆皇帝在晚年分别于乾清宫广场设千叟宴，与民同乐，宣扬盛世。乾隆五十年的千叟宴规模空前，赴宴者超过3000人，席设800桌，布满乾清宫的廊下、月台、甬道、两侧庭院。新春佳节，乾清宫前往往张灯数万盏,竖立数丈高的天灯两座,以示升平景象。应该说,清朝乾清宫的职能虽然有所变化,但一直是高频使用的。

皇帝在乾清宫日夜操劳,皇后则在身后的坤宁宫扮演贤内助的角色。

"坤宁"与"乾清"对仗工整,浑然一体。乾与坤相对,寓意天下;"清宁"是爱新觉罗家族在奉天崛起时期寝宫的名字,寓意山河清晏、天下安宁,也带有不忘初心的意思。

皇帝是紫禁城的主人,皇后却是后宫的主宰。"后"不仅是君王唯一的嫡妻,还是天下之母,在礼制上可以比君王并尊。自周礼起,王后就有统帅六宫的权力,是妃嫔的主人。妃嫔即便再受宠,与皇后也有天壤之别。客观而言,随着明清君主集权的加强,帝王应对前朝政务和复杂人事已然身心俱疲,没有多少精力与时间主持后宫另一套烦琐沉重的事务,处理后宫女子之间的家长里短,他们确实也需要有"皇后"这样的角色充当代理人。

雍正皇帝胤禛、乾隆皇帝弘历父子在死后两百多年,成为清宫感情戏的绝对主角,仿佛父子俩很大一部分人生是调停后妃们争风吃醋。事实上,雍正、乾隆二人都是臻于完美的皇权机器,几乎全身心投入前朝政务,几乎不怎么介入后宫事务。坤宁宫才是皇后(无后时则是皇贵妃)权衡后宫、执行法纪的场所。其他皇帝也类似。

现存坤宁宫为清代建筑,黄琉璃瓦重檐庑殿顶,面阔9间,进深5间,属于最高规制。坤宁宫在明朝是皇后的寝宫,无后时则闲置,不许任何妃嫔入内,进入清朝后功能大变。皇后不再以坤宁宫为寝宫,只有在执行皇后重大权力之时才返回坤宁宫。帝后大婚之时,以坤宁宫最东侧的两间东暖阁为洞房,并在此住二日,然后移居别宫。

坤宁宫在清朝主要用作祭祀萨满神。萨满教是东北地区通古斯语系少数民族的宗教,"萨满"一词是通古斯语"巫师"的意思。满族先民早在渔猎时代就信仰萨满教,入关后爱新觉罗家族以非常重要的坤宁宫为萨满教的祭殿,可见对民族宗教的重视。

坤宁宫中央四间为神堂,宫殿大门开在东次间,并改隔扇门为木板门、隔扇窗为吊搭窗。神堂内按满族习俗,在北西南三面设立万字坑,俗称"口袋居"。北墙东侧设煮祭肉的大锅和肉案,宫前月台东侧立4米高的祭神杆。每年正月初二及春秋两季，坤宁宫都要举行大祀，用大锅煮胙肉。届时，皇帝坐在南炕，内外藩王、文武显贵都入坤宁宫行礼，分班席坐于侧，分食胙肉。同时，皇后于东暖阁内与妃嫔们分尝胙肉，礼节与神堂相同。胙肉是白水煮的大块猪肉，对于养尊处优的王公显贵们来说往往难以下咽。但是，祖宗传下来的礼节又不便违抗，因此大祀之日他们常常在衣袖内暗藏调料，偷偷涂洒在白肉上。这似乎是最高层一个公开的秘密。

祭祀的次日为还愿日，坤宁宫将牲颈骨、精肉及细米放置在殿前的祭神杆上，吸引乌鸦等禽鸟啄食，以此报答天恩。与汉族观念不同，满族人以乌鸦为吉祥鸟。相传，乌鸦曾救过满族的祖先。清代紫禁城不仅不驱赶乌鸦，反而投喂乌鸦，使得紫禁城成为北京城内乌鸦重要的聚居地。每当夕阳西下，常常有成百上千的乌鸦飞临紫禁城的上空，或盘旋在广场之上，或栖息于殿宇之间，安然自在。《清稗类钞》记载，紫禁城前方东南的太庙，乌鸦"每晨出城求食，薄暮始返，结阵如云，不下千万"。

除了大祭祀之外，坤宁宫平常每日还举行朝祭、夕祭，设置专人，按礼进行。后来，其他神祇也住进了坤宁宫，爱新觉罗子孙迎接蒙古神、释迦牟尼、观世音菩萨、关圣帝君等神位入内，济济一堂，居住在口袋居炕上。爱新觉罗家族是一个有信仰的家族，而且保持了开放的心态，不断适应着现实的发展。他们毕竟是全天下的统治者，而不仅仅是满族人的统治者，需要奉养天下各派的神祇来护佑大清的江山。不过，他们需要统一接受萨满教的仪式。每一次大祀，各派尊神共享祭品，遥想起来也是蔚为壮观。

坤宁宫两侧有斜廊和东暖殿、西暖殿，庭院东辟永祥门、西辟增瑞门，其后东庑开基化门、西庑开端则门。坤宁宫北宫墙正中开辟有广运门，嘉靖十四年更名为坤宁门。

乾清宫与坤宁宫中间、台基的中腰坐落着交泰殿。乾坤代表天地，《易经》有云："天地交合，康泰美满。"交泰殿由此得名，现存规制为面阔进深各3间、单檐攒尖顶的方殿。明代，交泰殿为圆形攒尖建筑。清代，皇后在大婚之日和每年的元旦、冬至、千秋（皇后生日），在交泰殿升座，接受后宫妃嫔的朝贺。乾隆朝开始，皇帝印玺也贮藏在交泰殿。交泰殿对应两侧廊庑，东辟景和门，西辟龙德门。

后三宫的形制布局，与前朝三大殿相似，只是台基尺寸和建筑体量都相应缩小。

迈出坤宁门就是中轴线的最后一处建筑：御花园。

御花园千秋亭（郭华娟 摄）

御花园内东北部、堆秀山东侧的摛藻堂，曾用于贮藏《四库全书荟要》（张碧君 摄）

现存御花园建筑大多是明朝后期作品，正南坤宁门左右分设琼苑东门、琼苑西门，可通东西六宫；北面是集福门、延和门、承光门围合的牌楼坊门，正北为顺贞门，正对紫禁城的北门神武门。整体布局严格遵照中轴对称原则，中路主体建筑为重檐盝顶的钦安殿及其围成的小院，东路建筑有堆秀山、璃藻堂、浮碧亭、万春亭、绛雪轩；西路建筑有延晖阁、位育斋、澄瑞亭、千秋亭、养性斋，还有四神祠、井亭、鹿台等，绝大多数为帝后游赏休憩或敬佛礼神之所。其中，高仅10米的太湖石假山——堆秀山是宫中重阳节登高的地方，两侧设有石蟠龙喷泉，山腰处暗设水缸储水，以管相连，引水至蟠龙口中喷出。这是宫中仅存的水法。两侧各有山道，拾级而上可达山顶"御景亭"。紫禁城每年的登高、赏月等活动都在此举行。

御花园虽然是紫禁城内最大的园林，东西只有135米，南北深89米，面积并不算大。历代设计者充分利用空间，遍植苍柏古槐，罗列奇石盆景，用各色卵石镶拼成福、禄、寿等丰富多彩的图案，使得整座花园功能紧凑、文雅别致。对于紫禁城的居民，尤其是幽居深宫的妃嫔们而言，御花园是难得的休闲、游乐之所。

花园北部承光门内，有一对铜跪象，东西各一，相向而跪，为明代遗物。跪象全身鎏金，双目下视，长鼻收卷，四足二前二后跪曲，似乎在虔诚地恭迎主人。这对跪象造型与皇帝法驾卤簿中的宝象相似。紫禁城将一对跪象立于御花园北门内，寓意"接驾"，极可能每次皇帝从神武门回宫，直接穿越顺贞门、承光门、坤宁门返回乾清宫，而不是绕行左右。

不过，明代坤宁门的位置在今顺贞门，即明代的御花园与后三宫连为一体，真正是"宫苑一体"。如今的坤宁门东西房屋在明代就是一道围廊，称为游艺斋。清代改造后三宫区域，将坤宁门移至游艺斋正中，并将左右加盖为房屋，作为太监值宿场所，又将原坤宁门改为顺贞门。从此，御花园与后三宫分离开来，成为一处独立园林。

从午门到坤宁门，沿线没有一株花草、一棵树，唯有黄瓦红墙。推开坤宁门，怒放的鲜花、葱茏的草木，直击双眸，不由得人不动容。

从乾清宫到养心殿

在后三宫的两侧,以乾清宫的前檐为南界,分别有东西六宫建筑群。这是紫禁城内规划最规整、至今仍基本保存永乐年间格局的建筑群。

王璞子先生对东西六宫有过精要的概括:后三宫两侧的东西六宫是在一片方正的土地上,东西各均分为九宫格,每格约50米见方,每格为一宫之地;以靠近后三宫的东西各六格建东西六宫;外侧各三格,为备用地。[①]我们可以把宫格当作衡量次要宫院面积和规制的标准之一。

东西六宫和后三宫之间分别为东一长街、西一长街,东西六宫中间分别为东二长街、西二长街。东二长街南北端分开麟趾门和千婴门,西二长街南北端分开螽斯[②]门和百子门,四座门的名字都是古人结婚常用的书面祝词,寄托着皇家子孙繁衍的期望。这也是后宫妃嫔的职责。东西长街两侧各有三宫竖列,各宫间又以巷道分隔。12座院落布局紧凑,对外交通联络颇为不便,"庭院深

---

① 王璞子:《紫禁城的总平面布局》,载于《故宫博物院院刊》1980年第3期。
② 螽:《周南·螽斯》是《诗经》中春秋先民为祈求多子多孙而唱的一首民歌。麟趾,比喻子孙昌盛。

深深几许",暗合"深宫"之意,且内部没有挺拔阳刚、宽敞高大的建筑。有人就将四条深长的长街比附为汉代"永巷"。永巷原为汉代幽禁失宠的妃嫔、宫女场所,又引申为后妃的居所。我们在讲述后妃制度时,将详细论述东西六宫。

东西六宫及其外侧三个宫格,构成了内东路、内西路的主体。东西六宫北侧都有一条东西向巷道,道北各建五所规制相同的并排院落,每座宫院各建前后三重殿堂,各有厢房,原本是皇子、皇孙的住所,称为乾东五所、乾西五所。现存东六宫南侧自东向西分别为奉先殿、毓庆宫、斋宫。西六宫南侧则是养心殿建筑群。

东六宫区域九个宫格,加上乾东五所、奉先殿、毓庆宫、斋宫为内东路。

西六宫区域九个宫格,加上乾西五所、养心殿建筑群为内西路。

从乾清宫西侧的月华门出去,永巷对面即是遵义门。遵义门坐西向东,是养心殿区域的正门。在明代,进入遵义门,"向南者养心殿也,向北则司礼监掌印秉笔之直房。祖制,宫中膳房原在隆道阁后,魏忠贤移于怡神殿,而以其房为直房。养心殿之西南曰祥宁宫,宫前向北者曰无梁殿,世庙炼丹药之所也。月华门西南岿然者,隆道阁也"。这是《日下旧闻考》对明代养心殿区域的描述,透露出此地原为御膳房,明末成为司礼监的直房。嘉靖皇帝曾经修葺过该区域,作为炼丹房。无梁殿、隆道阁极可能都是道教建筑。可惜的是,这些建筑都在李自成大火中付之一炬。

养心殿区域地理位置非常优越。它在乾清宫卧榻西侧。明清以左为尊,所以乾清宫东侧、内东路南端主要规划为奉先殿、斋宫等宗教建筑(毓庆宫原为供奉帝王生母之所)。西侧则没有束缚,基本可以由着帝王的性子来。所以,嘉靖皇帝可以躲在这里修炼丹药。清朝入关后,顺治皇帝重修了养心殿,将位置从遵义门南侧移至北侧。康熙皇帝将养心殿当作"科学院",召西方传教士于此学习西方科技、制作西式器具;成立了"养心殿造办处",除了制造一些奇技淫巧之物外,还生产宫中所需工艺品。养心殿造办处于康熙后期搬迁至外西路,扩建为内务府造办处。可以说,养心殿是皇帝兴趣爱好的容身之处。

养心殿"大器晚成",从雍正朝开始一举取代乾清宫,成为清朝皇帝的寝宫、大清帝国的政治中心。

雍正皇帝胤禛继位后，理应继承父亲康熙的寝宫——乾清宫。胤禛亲身经历了康熙末年激烈残酷的"九子夺嫡"混战。晚年康熙目睹儿子们同室操戈，曾悲愤地痛骂所有儿子："朕日后临终时，必有将朕身置乾清宫，而尔等执刃争夺！"雍正皇帝以此为理由，并且宣布不忍心入住父皇居住了半个世纪的寝宫，睹物伤情，便搬入了一旁的养心殿"守制"。皇帝守制，以日为月。凡人为父亲守制27个月，皇帝只需27天。但是雍正皇帝坚持为康熙守制了27个月，并且在结束后继续在养心殿起居。之后的皇帝都以雍正为榜样，为父皇守制27个月并以养心殿为寝宫。

雍正皇帝是个强硬的工作狂兼严厉的改革者，他搬入养心殿之初，即在西暖阁题写了"为君难"匾额，将此处改造为勤政亲贤之所，十几年如一日扎入文山案牍之中。

换言之，自雍正皇帝开始，清朝的皇帝只有工作，没有兴趣爱好的容身之处了。

迈入现在的遵义门，眼前是一狭长的东西向庭院，三面都有连檐通脊的直房，为太监、侍卫当值或官员等候召见所用。该庭院将养心殿区域分割为南北两部分。南部是两处东西狭长的庭院，为御膳房、南库。北边为养心殿。

养心殿正门为养心门，黄琉璃瓦歇山顶门楼。地面的砖共分五路，中为御道，两侧为官员序班的地方。养心门两侧有东西角门，供太监和执事官员出入，但后者不能直进直出，只能贴边行走。东角门贴墙往东走，西角门贴墙往西行。进养心门有一座木照壁，牌楼式建筑，中间有隔扇门，皇帝进出时开启，其他人从照壁两旁绕行。

绕过照壁就是养心殿。养心殿工字形，中间有穿堂相连。前殿为黄琉璃瓦歇山顶，面阔7间宽36米，进深3间长12米。明间正中设有皇帝龙椅宝座，悬挂雍正御笔"中正仁和"匾额，座后设屏风，北墙设书格，为听政之所。东暖阁也设宝座，这里是清朝皇帝召见军机大臣等近臣议事和慈禧、慈安两太后垂帘听政的地方。雍正曾将东暖阁改建为仙楼，乾隆在仙楼上陈设佛像，嘉庆时期拆除了仙楼。西暖阁为满式风格，分隔为数室，有皇帝披阅奏折、招人密谈的小屋，称"勤政亲贤"室，即雍正皇帝感叹"为君难"之所，也有乾隆皇帝的书房"三希堂"，还有小佛堂、梅坞。总而言之，前殿东侧为理政场所，西侧为休息场所，也是朝野口中的便殿。养心殿于雍正年间即安装玻璃插屏、玻璃窗眼，是紫禁城第一个安装玻璃的宫殿。

养心殿后殿是皇帝真正的"寝"宫。后殿面阔5间，中间为正间，通过穿堂与前殿相连，靠北墙有一暖炕，上悬匾额"乾元资始"，东西梢间为寝室，各有龙床，皇帝可任选一处就寝。后殿两侧各有五间耳房，东五间为皇后随居之处，西五间为皇贵妃、贵妃居住。同治年间两宫皇太后垂帘听政，慈安住在东侧的"体顺堂"，慈禧居住西侧的"燕禧堂"，每次从后殿走过穿堂前往前殿处理政务。后殿两侧各有围房十余间，房间矮小、陈设简单，供妃嫔以下女子随侍时居住用。

雍正以后的清朝皇帝，皇帝生涯的多数时间都是在养心殿度过的。乾隆皇帝弘历是养心殿最长久的主人，一共住了64年。除了耀眼的权力光芒外，乾隆皇帝还在养心殿建立了一处艺术高地：三希堂。它是乾隆的书房，得名于"士希贤，贤希圣，圣希天"，寄托着乾隆皇帝求圣求贤的自我鞭策。三希堂收藏有乾隆皇帝珍爱的三件书法圣品：王羲之《快雪时晴帖》、王献之《中秋帖》、王珣《伯远帖》。

养心殿面积并不大，生活气息和文化色彩浓厚，体量适当、功能丰富，实用性盖过了礼制需求。相比乾清宫，养心殿更适合起居。

外东路与外西路

我们已经花费大量篇幅,介绍了从午门至神武门的紫禁城中轴线建筑。在它两侧,分别是外东路和外西路建筑。

初建之时,自南而北,外东路有文华殿、端本宫(慈庆宫)、仁寿宫等;外西路有武英殿、慈宁宫、咸安宫、英华殿等建筑群。大体上,南部偏向朝政,北部专为奉养前朝太后与妃嫔,建筑体量与规制东西对称。然而,紫禁城多次大毁大建,修缮补扩每朝每代都有,宫城的建筑布局始终处于变动之中,找不到一份放之四时而皆准的"紫禁城建筑图",东西对称的格局也在拆建中逐渐消失。考虑到我们将在之后分章节介绍各种职能的宫殿群,下文仅详细介绍外东西路的部分建筑。

外东路中部、三大殿东院墙外、东北崇楼和左翼门之间,是紫禁城特殊的建筑:箭亭。

箭亭是紫禁城乃至整个北京城内最大的亭子,建筑面积430平方米。顾名思义,箭亭是习武射箭的场所,是满族人骑射传统的传承之所。既然是射箭场地,箭亭南部就有东西宽100米左右,南北长近300米,总面积近3万平方米的空地。在功能密集的紫禁城中,箭亭广场是一处奢侈的存在。

科举制度分文武两科，文科殿试在太和殿或保和殿举行。武科殿试本无固定场所，康熙皇帝便创建了箭亭，定为武科殿试场所。殿试之时，皇帝亲临箭亭，因此此亭修建得大如宫殿，黄琉璃瓦歇山顶，面阔5间，四出檐廊，四面隔扇门；正中陈设九龙宝座，宝座雕花铜叶鎏金镶嵌，前后皆有雕龙御陛，九步台阶，下有一米多高的基座。箭亭虽名为"亭"，基调是一座宫殿。

康熙皇帝设置如此巨大的箭亭区域，肯定不仅仅是为了三年一次的武科殿试，更是为了保持满族子弟的尚武精神。康熙皇帝以身作则，经常率侍卫、皇子们在箭亭习武射箭，并与八旗官员"校射禁廷"。箭亭内宝座东侧现存一通乾隆十七年的卧碑。乾隆皇帝在碑文中重申祖制，娴习骑射是满族的根本，他说："朕恭阅太宗文皇帝实录，内载崇德九年十一月癸丑日，耽于酒色，未有不亡者。"鉴于当时八旗子弟文恬武嬉的现状，乾隆皇帝要求官民学习古训，熟练骑射，并且规定在选拔官员时兼顾箭法，择优录用。乾隆皇帝似乎偏爱箭亭，曾在此赐宴文武百官，有几位皇子大婚的婚宴也是在箭亭内举行的。

现存箭亭东侧有一处开放式院落，其中包含南三所、御茶膳房、御药房、会典馆等建筑群。掌管宫中用马的上驷院衙署也在其中，位于院落西侧，紧邻

箭亭后广场，由东向西南方向看，从左至右四个建筑是箭亭、太和殿、崇楼、保和殿

（郭华娟 摄）

箭亭，彰显"骑射"不分家。清代紫禁城内还有多处武备场所。与上驷院同属内务府的武备院，设在东华门外，掌管宫廷所用武器的制作、供应。武备院在宫中昭德门内、左翼门内设有储存弓箭、刀枪、甲胄的武备院四库；内务府造办处下属的炮枪处、鞍甲作、弓作、盔头作等，则直接在宫中制造武器，器械成品储存于造办处的活计库。此外，紫禁城外西路还有御鸟枪处、内火药库、弓箭处等，为皇帝出巡或狩猎提供军械武器。可以说，紫禁城内散落着不少武装部门。

外东路南端最显著的建筑是文华殿。文华殿规划之初是皇太子的观政之所，落成600年来只有明仁宗朱高炽一位皇太子曾于此监国、观政，其他时间紫禁城要么没有皇太子，要么皇太子年幼不足以理政，或者皇帝干脆没有儿子，抑或不允许儿子观政。皇帝逐渐从儿子手中夺回了文华殿，作为展示文治的场所。文华殿成了皇帝的便殿，春秋仲月举行经筵之礼，平日不时召集文臣谈文论政。经筵是专门为帝王讲解儒家经典而开设的讲座，一般由翰林文臣出任讲师，结合国政要务定期讲解儒家经典。明代皇帝多怠政，文华殿经筵多冷藏不办。将文华殿经筵发扬光大的，是注重书写"文治"这篇大文章的清代诸帝。

清朝皇帝从内阁大学士、六部尚书侍郎和左都御史等高官中，挑选高学硕儒，出任经筵讲官，给皇帝授课。上课开始，皇帝学生坐在龙椅宝座上，前置书案，而"老师"站在书案对面，只能对着案上颠倒的图书，指点字句阐发讲述。讲解完毕，皇帝发表"御论"，讲述学习心得，此时大臣们都要跪听圣训。康、雍、乾诸帝，文化素质高、政务思索深，听课之后往往发表鸿篇大论，还会指名大臣出来辩论。乾隆皇帝甚至会指出"老师"或者古圣先贤的谬误之处，兴高采烈地阐发自己独到、正确、伟大的观点。大臣们唯有跪地山呼："圣论高深宏远，臣等钦佩之至。"经筵毕，赐茶赐座，地点为文华殿的东配殿本仁殿，或西配殿集义殿。清代文华殿后院为紫禁城藏书楼：文渊阁。皇帝兴致所至，会在经筵之后带领文臣侍从步出文华殿后门，来到文渊阁，一道翻阅藏书，谈古论经。

外东西路布局有一个共同的特点，就是大部分建筑属于"后寝"范畴，是奉养前朝妃嫔、遵奉太上皇、安置皇太子和皇子皇孙的宫苑，属于"前朝"的建筑局限在南端的内金水河两侧。外东路北部在明朝是安置前朝妃嫔的仁寿宫

文华殿（高申 摄）

区域，乾隆皇帝改建为预备自己太上皇生活之用的宁寿宫建筑群；中部在明代先后是安置皇太后、皇太子的慈庆宫（端本宫），清代虽然兴建了箭亭、上驷院、御药房等勉强属于外朝的建筑，但主体仍是皇子居住的南三所。只在南端矗立着与朝政关联的文华殿、内阁、銮仪卫库、国史馆等。

外西路情况类似，最北端是皇家宗教性建筑区英华殿建筑群，往南有安置太妃的寿安宫，中部就是宏伟的皇太后居所慈宁宫建筑群（含寿康宫、慈宁花园）。南部才是与外朝政务相关的内务府衙署、咸安宫官学、武英殿、南薰殿等。武英殿将会在皇家出版事业中详细论述，此处先介绍其他三处外朝建筑。

内务府是清朝的制度创举，成功解决了明代的宦官擅权跋扈、衙署遍布皇宫的弊端，又保障紫禁城高效高质运转两百多年。内务府是清代紫禁城的"大管家"。它的主体衙署，就在外西路中段，慈宁宫以南、武英殿以北、右翼门以西，建筑布局零散，向西蔓延至内金水河南北段的河畔。

内务府区域在明代是仁智殿建筑群。仁智殿又称"白虎殿"，是明朝皇帝驾崩后停灵的"殡宫"。明代宫廷画院也设于该区域，丹青高手便在此绘制命题作文。明朝多有喜爱绘画的皇帝，留下了诸多肖像和行乐图。其中又以明宣宗宣德皇帝朱瞻基的绘画成就最高，绘有《御临黄筌花鸟卷》《武侯高卧图》《瓜鼠图》等佳作，是一位被皇帝职业耽误了的画家。当年，仁智殿就留下了明宣宗挥毫泼墨，与宫廷画师切磋点评的身影。嘉靖朝以后，皇帝好画之风大减，加之太监忌讳殡宫，便将宫廷画院前移至南部的武英殿。此后，仁智殿除皇帝驾崩后启用外，常年处于关闭状态。当年规模颇大的仁智殿建筑群，如今遗迹难寻，极可能先毁于李自成大火，再因内务府的兴建而根基全无。

清代大内总管机构兴建于此，或许是因为在明代外西路中部就多有负责宫廷运转的宦官机构：司礼监管掌处、文书房、御酒坊、马房、南司房等。另外，太监奉旨开刑拷打内犯之处也在该区域某处庭院；东部还有明代的外膳房，太监们在内金水河边做好膳食，先抬到此处，后送入宫中。而西边的内金水河畔，就是中下层宦官的住处。上述这些部门、人物，在清朝都归入了内务府范畴。内务府有前后五重建筑，房43间，核心为内务府堂官衙门，是宫廷后勤保障工作的指挥中枢；内务府所属机构官署几乎都在周边区域或西华门外南北长街，下属储库也都在宫城之内，如银、皮、瓷、缎、衣、茶六大库，除部分瓷库在武英殿南，其余皆储藏在太和殿广场廊房内。康熙三十年（1691），养心殿造办处迁至外西路，扩充为内务府造办处，以慈宁宫茶饭房的150间为址，成为内务府系统占地最广的机构。

在以后章节中，我们会时不时看到内务府的身影，此处不再展开细说。

外西路西华门内侧路北，第一处大建筑便是清代的咸安宫。明代咸安宫在如今的寿安宫，乾隆二十五年（1760）在西华门内废弃的尚衣监区域新建校舍，规模为三间门，门内影壁一座，影壁后为三进院，每进院正房3间，东西厢房各3间，共有房27间。此处校舍命名为咸安宫。而原咸安宫改名寿安宫，为太后太妃颐养之所。这种明清两代宫殿同名而异处的情况，给后人认识紫禁城增加了诸多困难。

满族入主中原后，以少数统治多数，对八旗子弟的素养提出了更高的要求。康熙皇帝以内务府包衣子弟的素质教育为抓手，设立了景山官学，开始了八旗官学教育的序幕。此后，清朝隶属内务府的官学有咸安宫官学、景山官学、宗室官学、觉罗官学、八旗官学等。其中，紫禁城内的咸安宫官学是"天下学校之领袖，八旗人材之渊薮"，相当于八旗精英的进修学校。咸安宫官学在清朝中期深受重视，学生于读书作文、学习翻译、满语骑射之外，还学习律文、条例及题奏、抄报。朝廷常将部院公文拿到咸安宫现场教学，甚至直接给学生们布置代办事项，要求他们起草稿案。自然，咸安宫学生的待遇颇为优渥，学生每月二两银子，每日提供两顿伙食。此后，咸安宫北部又开设了蒙古官学、回缅官学，选拔旗人子弟学习蒙古文、回文、缅文等。三所学校位置相邻，组成了紫禁城内的宫办学校体系。咸安宫官学、蒙古官学、回缅官学的师生皆可住校，也就是日常生活在紫禁城内。其中，咸安宫官学有学生110名，管理官员、教习、苏拉（差役）等60余名。

咸安宫的学生是后备官员，经考试后"一、二等带领引见，以七品、八品笔帖式补用"，其中杰出者破格"用为部属"。从咸安宫走出去的学生充实了六部衙门的中低级满族员缺。清朝后期，随着仕途拥挤，咸安宫毕业学生的前途随之阻塞。学生们积极性大降，官学办学质量滑坡，甚至有贫苦子弟专为混钱粮而入学的情况。

民国元年（1912），咸安宫毁于火灾。民国政府在废墟上建造了古物陈列所，其中有宝蕴楼，为文物库房。如今的咸安宫仅存宫门3槛。

外西路最南、西华门与熙和门沿线南侧，是紫禁城现存年代最早的院落——南薰殿遗址。

之所以说是遗址，是因为除了南薰殿尚存，其他配套建筑都湮没了。南薰殿为明代早中期建筑，面阔5间，黄琉璃瓦歇山顶，东西各有配殿；是皇后妃嫔上徽号、册封大典前撰写金宝、金册的场所。乾隆十四年（1749），南薰殿改为供奉历代帝王像。清末，南薰殿逐渐衰败。

如今，东西配殿仍有若干柱顶暴露于地表。由于年代久远加之地面抬升，难以明确当初的建筑格局。大体范围而言，南薰殿建筑群可能覆盖了西城墙、南城墙包围的整个紫禁城西南部。或许因为南边即是城墙，南薰殿院落坐北朝南，却没有南门，院门位于宫院子东北角，而东西配殿直接建成穿堂式建筑，作为整个院落的东西大门。这是非常独特的格局。

南薰殿是紫禁城内少数进行了深入考古的区域，在东配殿遗址发现了许多灶台、水沟等生活痕迹。院落内还发现多处灰坑、装填建筑废料，其中院落的西北角有一个瓷器坑，内有许多瓷片。"这些瓷片都不是官窑用瓷，全部来自民窑。同东配殿里出现的灶台等生活痕迹一样，这些民窑瓷片证明这里或附近曾居住过许多所谓的'闲杂人等'。"①

纵观外东西路，明代东西对称的布局于清代遭到部分改变。慈宁宫、宁寿宫、内务府、南三所等次重要的宫苑，成为一个个小的中心建筑群。大致形成了外东路中部皇子居住区、外西路中部皇太后居住区、武英殿出版区、内务府周边服务机构区、西北部的佛殿区、东北部的"太上皇宫殿"等分区。下面，我们将分功能介绍不同区域建筑的详情与运转。

---

① 孙乐琪：《故宫院内考古有发现南薰殿院落不撞南墙不回头》，载于《北京晚报》2019年5月30日。

皇帝坐朝与治天下
Biography of the Forbidden City
故宫传

张程 摄

大朝会

东方的第一缕阳光越过地平线，攀登上太和殿的龙吻，拉开了紫禁城新一天的帷幕。

大殿里的香亭飘起淡淡青烟，提醒着一旁的宝象、甪端、仙鹤三只瑞兽：今天是个特殊的日子。

所有居住在这座中轴线的核心宫殿里，享受无上荣光却终日与孤独相伴的太和殿的居民们，猛然兴奋了起来：该我们上场了！

其中最兴奋、跃跃欲试的，当属香亭和瑞兽环抱在中央的至高无上的龙椅①。这座真人般大小的宝座由罕见的金丝楠木雕琢而成，龙纹繁复精美，纹饰之外又小心翼翼地贴上了一层金箔。它把开场的喜讯传遍了盘绕在宫殿内外的13433条金龙，在阳光的抚摸下闪耀出夺目的金黄色，翘首以待。当阳光照进大殿之前，龙椅满怀期待地透过前方悬挂着的、黄绳联系的铜丝帘，注视着大殿内外的一切。

---

① 龙椅四周设置象征太平有象的驮瓶白象，象征君主圣明、群贤必至的甪端，象征延年益寿的仙鹤及焚香用的香炉。

一条漫长的地毯铺设在太和殿的中线,将大殿分为东西两半。东西外侧陈设着源自上古雅乐、皇家朝会专享的中和韶乐。大殿的两壁排列着八座硕大的龙橱,相传里面是传自上古三代的鼎彝——但是龙椅和瑞兽们从来没有看过。

与太和殿的居民不同,数以千百计的官吏早已在大殿内外、广场之上摸黑筹备着庆典:

尚宝司在龙椅的东南方陈设长案,届时恭请玉玺宝印放置其上;鸿胪寺陈设两张表案于大殿东门外,预备呈放贺表题奏;礼部主客司在太和殿外丹陛左右准备八张桌案,陈设藩属进贡的方物用。即将开始的大典普天同庆,是要告诉上天、知会大地的,自然提前收到了大小臣工的庆祝、四方藩属的进贡。

礼部教坊司乐手们在太和门内东西设丹陛大乐,列队向北。太和殿中的上古雅乐年代久远,至明清时已然是曲高和寡,由朝廷供养的神乐署独力传承。太和门内的丹陛大乐才是现实使用的音乐。在太和门内演奏大乐,是对教坊司最优秀乐手的最崇高的肯定。

钦天监在丹陛东面调试报时位,捕捉着光与影背后的时间。其他衙署的行

容量巨大的太和门广场(张程 摄)

为，以他们的报时为准。中国人坚信，时间蕴含着特殊的意义，关联着典礼的吉凶，因此钦天监不敢有丝毫马虎。钦天监特地设置了一名司晨官，他的职责就是站在文昭阁（体仁阁）下面，朝西而立，向大典的参加者鸣唱时辰。

最繁忙最紧张的，当属总管帝王仪仗随扈的锦衣卫（清代为銮仪卫）。从午门到三大殿的广场、殿堂随处可见锦衣卫奔走的身影。仪仗人员素以服饰华丽著称，锦衣卫校尉们鹅毛装饰的帽子、颜色鲜亮的衣服和腰间晃动的绣春刀格外醒目。随着光顾太和殿的阳光越来越多，锦衣卫们纷纷就位站定。体貌雄伟、骁勇矫健的锦衣卫精锐武士，称为"大汉将军"。其中六名大汉将军站在太和殿内大门入口处，面北一线排开。如果有事，他们将是护卫圣驾的最后一道武装力量；四名大汉将军在丹陛四隅，东西对立，守卫金銮殿的正门；其余大汉将军分立太和殿四周高台之上。英俊的校尉掌卤簿、陈羽扇、持伞盖，健壮的力士立金鼓、举旗帜，排列在太和殿内和广场两侧各处。另外，锦衣卫在大殿、丹陛及其东西都陈列卤簿仪仗，在太和门外中路东西面北陈设皇帝车驾与步辇；旗手卫在午门外陈设金鼓，在太和门外布列旗帜；御马监早早牵出高大优雅的御马，锦衣卫下属驯象所驱赶温顺的大象，在文昭、武成阁（弘义阁）以南排列、东西对站。旗帜招展、仪仗齐全，它们的使命不是使用，而是彰显威仪。天子以四海为家，非壮丽无以示威，今日的礼仪与这座富丽堂皇的宫城一样，是为了烘托庄严肃穆，营造不怒自威、不言自贵的氛围。

锦衣卫并非朝会大典的唯一侍奉机构，却将是离御驾最近，负警卫主责的机构。

当日，锦衣卫2名千户、4名百户率领129名大汉将军分头把守住丹陛、御道、金水桥以及宫城南边天安门广场各门。金吾卫在午门外与太和门外东西陈设军队仪仗，排列甲胄武士。紫禁城警备更胜往日。

更有500名全副武装的锦衣卫校尉，甲胄鲜明，列于午门内外。

五百甲士的前方，是聚集在午门广场前、成千上万候场入宫的王公贵戚、文武臣僚。

入宫朝会，不仅是文武百官的义务，也是绝大多数官员奋斗一生的待遇、身份地位的象征，更是他们实践毕生所学、胸中坚持的必备。

官员们通常需要凌晨出发，才能在寅时初（3点）赶到午门广场。龙钟老态者，概莫能外。除了极少数必须在岗者，只有犯有罪过的官员才不用参加朝会。这是对大臣的惩处措施。各衙署按月将朝参门籍交存于长安左右门守卫官处，以便查验。官员如遇公差、患病等客观原因不能朝参，必须由所在部门填注门籍，称为"注籍"。在明朝，受到弹劾的官员按照惯例要闭门不出，称为"被论注籍"，虽然不是强制性规定，但有人如果受弹劾后坚持上朝，会成为群起攻之的靶子。也有一些主动申请注籍的官员，则是通过此举来表达不愿出任新职或挂冠而去的意向。

来到午门广场的百官，会就着红墙四周照明灯笼的微光，相互作揖寒暄，自觉地按照品级高低和部门先后站位。随着时间的推移，估计有超过1万人拥挤在午门和端门之间。

所有官员，上自古稀宰相下至少年新进，都不顾拥挤、疲惫，没有高谈、喧哗，不断地整理仪容，准备赴这场紫禁城最大的聚会。

东边出现鱼肚白时，午门和文昭阁的大鼓同时敲响。"咚——"巨大而绵长的回声提醒着文武百官开始列队。

一段长久的间隔过后，鼓声再次响起："咚——"

平日关闭的午门左右掖门大开，迎接百官入宫！

进出午门的规矩是文武官员平常走东偏门，宗室王公走西偏门，在大朝时改为文东武西。已经照此列队的文武百官，跟随着当日的引班官员从左右掖门鱼贯而入，过金水桥，再过昭德和贞度两门，抵达太和殿广场。

广场之上，礼部放置了百官的朝班序牌，每一牌上大书品级（清朝改用铜铸小山）。朝班是官员上朝站位的前后左右顺序。其实早在入宫前，文武百官已经各按朝班大致排队，如今再根据礼部的序牌明确班次。朝班大体是文东武西，文官在御道以东，武官在御道以西站立；明代是公侯在首，驸马其次，伯爵再次，然后才是从正一品到不入流的各级官员依次站立。朝觐的藩属国君主、明代藩王，以及清代亲王、郡王、贝勒等的朝班应该更在前方。具体的班次是一门非常复杂的艺术，非千万字不能尽言。

此外，丹陛和丹墀东西，以及丹墀中路左右站立有鸣鞭官、鸣赞官、纠仪御史数十人。太和殿前东西对立着锦衣卫千户、百户，光禄寺署官，序班，另有导表六科都给事中、序班各二人站于表案左右。太和殿内，锦衣卫指挥使于

太和殿广场（孙珊珊 摄）

龙椅铜丝帘右侧面东而立，两名锦衣卫百户在帘下左右对立，体现了外朝体制中锦衣卫的特殊地位。

广场之上的目光都投向太和殿大门的垂帘。

当大汉将军将大门的垂帘卷起，已经等待近一个时辰的文武百官不禁挺身肃立，等候皇上升殿。仪式即将开始。

第三声悠长的鼓声响起，余音落定，午门城楼上又响起清脆响亮的钟声。

本次执事的礼部堂官（尚书或侍郎），率领鸣赞、给事中、翰林、中书官、纠仪御史、序班等各一至十人，并负责托举表案的序班，捧表的礼部仪制司官员，展表的六部都察院通政司大理寺堂上官，负责宣表、致词与传制等的鸿胪寺堂上官，负责捧宝的尚宝司官又各数人，再会同奉命祭告坛庙归来的官员一起，浩浩荡荡地来到中和殿（华盖殿），迎接穿戴冠冕的皇上到太和殿升座。这时，午门的钟声停止，"各官入殿序立"。

那么，哪些官员可以进入太和殿呢？"各官入殿序立"六个字并没有说明入殿的是迎接圣驾的原班人马，还是包括了广场之上前排的王公显贵。就太和殿的空间考虑，后者的可能性比较大。此外，晚清官员恽毓鼎在日记中留下了宣统皇帝登基时鲜活生动的闹剧场景，包括摄政王载沣扶着溥仪立于龙椅之上的描写，非亲眼看见不能记录。恽毓鼎官职最高不过四品，但曾任侍读学士、史馆修撰等近臣,由此可见部分岗位的中低级官员也应该在太和殿内朝参。

皇上坐定,大朝正式开始。此时大约是卯时初(5点)。

"啪!啪!"清亮的鸣鞭声在广场响起,鸣赞官高唱:"排班!"——文武百官的班次早已排齐;赞礼官高唱"鞠躬",太和门的大乐随即奏起,百官在乐声中向皇上四拜,然后乐止;典仪官高唱"进表",大乐再起,两名给事中走到陈设表章的案前,引导序班举案进入太和殿,放置殿中,奏乐停止。这些表章事先已经阅读整理出了一份目录,太和殿内的赞礼官"宣表目",马上有一名官员跪下,宣读表目,也不用皇帝表达意见,读完叩首后站起;最后,序班举表案出太和殿,放置在殿门外东侧。殿外赞礼官再高唱"跪",文武百官齐刷刷跪下,暂时不能起身。

朝参的主要内容是一名官员代表朝臣,出班跪于丹陛,向皇帝致词。

乾清宫内景(孙珊珊 摄)

中和殿西侧内景(孙珊珊 摄)

致词内容根据朝会节日而定。明清两代都固定的大朝会日期，每年有三天：元旦（正月初一）、冬至和万寿（皇帝生日）。如果是元旦，明朝官员通常会说："具官臣某某，兹遇正旦，三阳开泰，万物咸新。"如果是冬至，官员庆贺："律应黄钟，日当长至，恭惟皇帝陛下，应乾纳枯，奉天永昌。"如果是万寿，致词通常是："具官臣某某，钦遇皇帝陛下圣诞之辰，谨率文武官僚敬祝万岁寿。"在大朝会上致词是一名官员的莫大荣耀，他往往不是官爵最高、实权最大的那位，而是资历最老、声望最隆的老者。不过，对于年逾古稀的致词官来说，完成整套流程、保持声音洪亮，而且集中在北京城寒冬腊月的清晨，着实不是件轻松的事。

致贺结束，赞礼官引导百官伏地礼拜。奏乐响起，宽敞的广场上，一排排官员整齐地伏地礼拜、挺身跪直，再伏地礼拜，如此反复四次后起身。太和殿广场空旷了上百日，就为了这一天的充实与热闹。现代影视剧中表现紫禁城百官朝拜的场景，经常选择这一幕，只是规模往往大为削减。

奏乐停止后，有一名官员从大殿东门出来，走到丹陛上面东而立，高呼："有制！"赞礼官又唱："跪。宣制。"官员们再次跪下，恭听皇帝对致词的答复口谕。元旦通常是"履端之庆，与卿等同之"，冬至是"履长之庆，与卿等同之"，万寿节皇帝不用答词。

传制之后就到了百官"山呼万岁"的环节。赞礼官跪地唱山呼，百官拱手加额，整齐高呼"万岁"，再唱山呼，百官再齐呼"万岁"，三唱山呼，百官齐呼"万万岁"！每次百官高呼"万岁"时，在场的乐工军校也必须齐声呼应。在持续不停的跪拜和山呼之中，君权神授、代天牧民的观念不知不觉地得到了反复宣化。山呼万岁之后，百官伴随着大乐行跪拜礼四次，然后起身乐止。太和殿内的中和韶乐开始响起，这是大朝会的唯一一次奏响。

清亮的"啪啪"鸣鞭声再次响彻宫廷，这是皇帝起驾的信号。尚宝官捧宝、导驾官前导，一行人簇拥着皇帝回中和殿。中和韶乐正式停止，仪式结束，百官可以散朝了。

民间称太和殿大朝会为"金銮殿坐朝"。这是紫禁城最隆重的典礼，也是天朝上国最重大的礼仪。它声势浩大、整齐肃穆，它繁文缛节、耗费不菲，它牵涉众多机构，有些甚至只为它而存在，比如中和韶乐、驯象所等；它注定需要事先操演，除了强化皇权的至高无上之外解决不了任何现实问题，与其说是朝会，不如说是君臣礼节性的表演。大朝之上，反复跪起的群臣看不到端坐宝座上的皇帝，皇帝也看不到绝大多数大臣；没有一个朝臣能够提交哪怕火烧眉毛的政事以供讨论，没有一件事皇帝可以当朝询问，哪怕是皇帝心心念念之事。而为了这场演出，君臣们必须凌晨早起，全副装扮，全程庄肃持重，对双方而言都是不小的负担。

高大壮丽的太和殿，庄严隆重的大朝会，既不是给文武百官准备的，也不会替九五之尊着想，它是至高皇权的产物，也只为至高皇权服务。

风骨圣地左顺门

既然是天朝礼仪，就不能偏废，也不能寄托解决实际问题的期望。

可是天下政务千头万绪、源源不断，君臣总得要有商议政务的渠道。

明朝除了上述三节的大朝，每月初一、十五两日也举行"朔望大朝"，也都是齐会群臣，礼节相同。大朝会日日举行确实不便，也没有必要。没有大朝会的日子，明朝紫禁城每天举行规模更小、更务实的"常朝"。

从汉唐开始，帝王就有在宫门口设宝座、听取奏事、当场决策的理政方式，称为"御门听政"。紫禁城建成的次年，三大殿就不幸毁于火灾。朱棣没有重修，而是在奉天门（太和门）举行常朝听政。三大殿在正统年间重建后，太和门常朝听政的传统却保留了下来。

御门听政也在清晨举行，与大朝会相比流程和仪式大大简化。朝参的范围是京城衙署的主要负责人及其行政骨干、相关官员。清晨微光下，午门广场聚集的人群应该只有千人左右。午门击鼓，百官文左武右从左右掖门入宫，先在金水桥南依品级站立，等候鸣鞭再依次过桥，到太和门东西丹墀站定。太和门正中摆放着龙椅宝座，明朝谓之金台；皇帝升座，小太监持一柄金黄绢包裹的小扇，站立座后；鞭声响起，大臣行一跪三叩礼完毕，议事就正式开始了。

首先，鸿胪寺官员对着龙椅宣读谢恩、见辞的官员名单。官员升迁转任、京官外放出差，或者其他勋赏，一丝一毫恩典都出自皇恩，官员都要向皇帝谢恩、辞行。这些官员当日要在太和门丹陛下或在午门外行五拜三叩头大礼。这个环节也是朝廷正式宣布人事变动、执行赏罚的场合。

接着，官员按照次序奏事。官员奏事之前，先咳嗽一声，以便他人知晓何人将出班陈奏。于是，寂静的广场之上响起此起彼伏的咳嗽声，官员们俗称为"打扫"。奏事官员咳嗽完，先退到班末，然后走到御前跪奏，不能横穿朝班出列，奏毕再退回朝班。奏事时，官员不是口语讲话，而是照着本章大声朗读文言文。通政司、鸿胪寺官员除了引奏，有时还要代读缺席官员的奏疏。奏事的现场效果，与官员的容貌、朗读关系甚大。北方人通常比南方人身材高大，而且发声响亮，因此御门听政的参加者以北方官员居多。道光年间北京城有"牛吼一声坐中堂"一说，说的就是外貌与发声对官员仕途影响巨大。比如，京官中的赞礼郎升职普遍较快，因为他们相貌堂堂、声音响亮且经常在御前行走，以至于其他官员感叹："十年窗下苦，不及一声嚎。"客观而言，岭南省份官员少有位列高位的，在这方面吃亏不少。

皇帝会在奏事之后做出决策。听政时，内阁官员侍立在龙椅东侧，以备顾问；锦衣卫长官立于龙椅西侧，负责传旨。明朝早期的皇帝确实是现场决策，乾纲独断。发展到后期，常朝陈奏的政务事先都有沟通，皇帝的决策乃至圣旨早已备好。当日候旨的官员便提前在内阁官员身后站好，领旨后谢恩退回本班。各衙署陈奏完毕，鸣鞭响起，皇帝起驾回宫。百官散朝回家。

后人口中的"早朝"对应的是御门听政的常朝。无论是大朝会，还是御门听政，都有御史遍布现场纠举礼仪，喧哗、耳语、咳嗽、吐痰等，就连步履踉跄、跟不上朝班乃至年迈跌倒，都在御史弹劾范围之内。更不用说偷带食物、临时解手等行为了。皇帝退朝前，纠仪御史会当场弹劾失礼官员，三品以上候旨处、四品以下当场从严处理。史上有年迈官员因为朝仪蹒跚或者倾跌而勒令致仕（强制退休）的。

朱元璋时期，每日退朝后赐百官朝食。辛苦了小半天的文武官员不用再花个把时辰回家吃饭，或者饿着肚子开始一天的工作。此制很快就因为供应不上而停止。三四十岁的朝臣尚且能够忍受劳累与饥饿，年过半百甚至更老的朝臣就难免心怀怨言了。

常朝除了早朝，明代还有晚朝。所谓晚朝，其实是在午时之后举行，称为午朝更合适。晚朝并非常制，凡是遇到早朝时有重要事务需要督办，或者日间有突发事件，才召集晚朝。晚朝以"奏警急事"为主，范围更小，需要参加的只有涉及官员。早朝晚朝必须参加的，只有侍从锦衣卫和通政司官员。晚朝召集的次数，可能比大朝会还少，所以不太为人所知。

晚朝在太和门广场东侧的左顺门（会极门、协和门）召集。届时，皇帝在左顺门内北侧就座，朝臣在门内东西并立。

左顺门与紫禁城同龄，两边的围房是文武官员向宫中传递题奏本章的地方。一直到清代，左顺门南北两侧房间依然是内阁办公和传递公文之处。明代的不同之处是朝廷公文不是直接递给内阁，而是先给司礼监太监。太监们收集本章后，先呈递御览，再交付内阁处理。宦官集团由此掌握了朝廷本章的优先处理权，暗地扣押对己不利的本章。嘉靖时期，朝廷从太监钱宁家搜出题奏本章四十余件，查出太监江彬拦截边情军事文本136件，司礼监集体隐藏不报的本子高达数百件。[①]这些都是发生在左顺门内外的真事。

左顺门应该是明朝官员最熟悉的紫禁城宫禁之一。入宫的官员，都是从午门出入，如非朝会就止步于左顺门办事。

明英宗正统十四年（1449）八月二十三日，左顺门突然召集了晚朝。

说是晚朝，几乎所有在京官员都汹涌到了此处；说是朝仪森严，官员们议论纷纷、交头接耳，朝班混乱不堪。并不宽敞的左顺门根本容纳不下成千上万人，大多数官员拥挤在左顺门西侧的广场上，情绪激昂。到底出了什么事情呢？

八天前的八月十五中秋节，明朝大军在圆月映照之下于土木堡全军覆没，御驾亲征的明英宗做了蒙古人的俘虏。史称"土木堡之变"。如今，蒙古铁骑裹挟着明英宗，即将兵临群龙无首的北京城下。

噩耗传来，朝野能不群情激愤？混乱之间，朝臣推举明英宗弟弟、郕王朱祁钰监国。朱祁钰因为不是皇帝，不能召集大朝会或早朝，权宜之下召集晚

---

① 胡丹：《明代早朝述论》，载于《史学月刊》2009年第9期。

朝。危如累卵之际，左顺门成了拯救危难的指挥所。

年轻的朱祁钰只有21岁，战和不定，犹豫不决。大太监王振之前揽权干政，又怂恿明英宗亲征，引来滔天大祸。群臣纷纷要求清算王振，缉拿其侄王山。朱祁钰于众多建议中只确认了这一条，不过却让司礼监太监金英负责查办王振党羽。大臣们反对由太监来查办太监，建议由都察院御史负责。朱祁钰未置可否，留下一句："百官暂且出宫待命，此事今后再议。"软弱无谋的朱祁钰下令打开左顺门，准备回宫。

形势哪里容得拖延？门内的大臣们不顾礼节，纷纷上前阻拦。侍卫御前的锦衣卫指挥使马顺上前呵斥群臣。马顺之前便勾结王振，狼狈为奸，如今还这般盛气凌人，性情刚直的户科给事中王竑愤怒冲上前去，一手抓住马顺头发，一手挥舞朝笏劈头盖脸打过去，激愤之下竟然用嘴咬下了马顺脸上的一块肉。大臣们群情激愤，拖着马顺拳打脚踢，很快就把他打得血肉糊涂，一命呜呼了。在场锦衣卫武士众多，竟然眼睁睁看着指挥使被活活打死！马顺是唯一一个群殴致死的锦衣卫指挥使。

群臣又向郕王朱祁钰索要王振的党羽毛贵、王长随二人。太监金英趁势将两人踢给群臣。大臣很快又将两人殴死。一些大臣拖着三具尸体，挂到了东安门上，任由军民唾骂打砸。

血溅朝堂，百官冷静下来后深感不安，一时不知如何处置。21岁的朱祁钰目睹这血淋淋的场面，身子早已不自觉地往左顺门后溜去。他没有想到，朝堂之上竟然会有血光之灾。人群中，兵部侍郎于谦见状，挤到朱祁钰前面，拉臂进谏："马顺等人其罪当诛，群臣心系社稷，为天下除害，请殿下赦百官无罪。"朱祁钰镇定下来后，随即降旨马顺罪有应得、群臣忠心可嘉。左顺门内外，群臣纷纷拜谢。经此

锦衣卫指挥使马顺腰牌

一闹，朱祁钰发现人心可用，下定决心承担责任、挽救祖宗社稷，他宣布籍没王振及其党羽全家、其侄王山当众凌迟，下令加强北京城防。百官情绪大定，纷纷退出左掖门。

出宫途中，吏部尚书王直拉住于谦的手感叹："国家正是倚仗您的时候。今日之事，一百个王直也处理不了！"于谦迅速升为兵部尚书。此次左顺门的流血事件，不仅推动了朱祁钰的担当作为，也促进了以于谦为核心的抵抗势力的形成，在明史中留下了光鲜的一笔。

没想到，75年后，左顺门又见证了一场血案。

嘉靖三年（1524）七月，大礼议之争如火如荼，嘉靖皇帝逐渐占据上风。

大礼议之争"议"的是嘉靖皇帝生父兴献王的身份问题。作为兄终弟及继承皇位的藩王，嘉靖登基后坚持以生父为父，以明孝宗为"伯"，不愿意接受"继承他人者为其后"的礼法，固执地掀起重重波澜。到嘉靖三年，大臣们已接受了皇帝认兴献王为父亲的事实。

嘉靖皇帝乘胜追击，要删去生父兴献王称谓"本生皇考"中的"本生"二字。如此一来，兴献王就与帝王无异了，儒臣文官们坚持的大明血统与法统都将受到动摇。嘉靖皇帝的固执强硬，文官集团已经在先前的较量中见识过了，寻常劝谏根本不起作用。名相之子、新科状元杨慎号召同僚："国家养士一百五十年，仗节死义，正在今日。"他建议发起死谏。

七月的一天，嘉靖皇帝在外东路的文华殿斋戒。从辰时（7-9时）开始，陆陆续续有文官顶着烈日，来到左顺门前，默默地跪在地上，直到聚集了700多人。黑压压的人群中有兵部尚书金献民、户部尚书秦金、刑部尚书赵鉴、工部尚书赵璜、工部尚书俞琳、吏部左侍郎何孟春、礼部右侍郎朱希周、刑部左侍郎刘玉、都御史王时中、都御史张润，有九卿23人、翰林20人、给事中21人、御史30人，还有各部、院、寺、监的现任官员，集体大呼"太祖高皇帝""孝宗敬皇帝"[①]。

---

① 百官高呼明太祖是因为明太祖朱元璋是明朝开国皇帝，代表列祖列宗；高呼明孝宗，是因为他们要求嘉靖皇帝以"过继"给伯父明孝宗的形式继承皇位，延续皇室血统不断，而嘉靖皇帝坚持以原本身份继承皇帝，尊明孝宗为"伯考"。

烈日烤得地砖开始发烫，呼声中的哭腔越来越重。

几个小太监出现在了左顺门台上，传口谕命群臣散去。文官们借口没有书面诏书，拒绝离开。等诏书到后，群臣依然拒绝散开。接着，锦衣卫奉命出动，逮捕翰林学士丰熙等8人入诏狱。此举火上浇油，场面趋向混乱，哭喊声更响亮了。杨慎等人更是冲到左顺门前，拍门大哭，"声震阙庭"。此处离文华殿不到两百米，嘉靖皇帝听得是清清楚楚。皇帝已经表明了态度，这些饱读诗书又谙熟政治的官员依然执着地拍打着宫门，他们的哭泣不是感叹观点得不到采纳，而是哀叹观点背后的思想观念得不到伸张。在儒家士大夫看来，王朝是建立在仁义道德之上，而不是权力与实力之上的。正道不存，国之将亡。一声声敲门声，是对政治理想的坚持，是对强权胡为的反抗。

哭喊声、敲门声引来的是更大的打压。午时（11—13点），锦衣卫校尉四出，将五品以下官员134人逮入诏狱拷讯，四品以上官员86人居家待罪。锦衣卫的棍棒与绣春刀，最终盖过了文官们的呐喊、打碎了士大夫的坚持。五天后，最终处理结果出来。相关大臣四品者以上夺俸，金献民等高官之后陆续隐退；杨慎等五品以下者180多人"廷杖"。

廷杖，是紫禁城施行的对大臣最屈辱的惩罚，是将逆鳞之臣绑出午门，在御道东侧当众打屁股。制度初创时，廷杖是形式高于实质。不过，对于视荣誉胜于生命的文人士大夫来说，当众受此屈辱，真的比丢了性命更难受。逐渐地，廷杖常常取人性命，开始从精神和肉体两方面消灭那些清高、顽固的士大夫。这是因为廷杖由太监执行，宦官就把行刑权作为与文官集团争斗的武器。据说行刑前，宫中会吩咐"用心打"还是"着实打"。太监用心打，受刑者常常残废；太监着实打，受刑者则绝无生还可能。就连现场监督的太监也有自由裁量权，监刑太监脚尖张开，行刑太监要注意分寸，留人性命；脚尖并拢，就是棍棍要人性命了。左顺门事件中的廷杖官员有17人受刑而死，午门广场一时间血迹斑斑、斯文扫地。生还官员中有8人发配边远省份充军。一代才子杨慎充戍云南，最终老死边疆。史称"左顺门事件"。

明代士大夫的气节风骨在左顺门事件中展露无遗；在明朝坚持风骨的代价，在左顺门事件中也暴露无遗。

明代皇权已经强大到可以挑战儒家意识形态的程度，在与官僚集团的斗争中取得了绝对优势。皇帝需要文人士大夫治天下，却不愿意与文人士大夫共天下。皇帝需要的是顺着皇权心意的顺臣，而不是直臣、诤臣、忠臣。在大礼议之争，凡是支持嘉靖皇帝尊崇生父的都得到了优待，甚至超擢入阁。它传递出明确的信号：顺皇权者昌，逆皇权者亡。可悲的是，士大夫风骨在嘉靖朝之后迅速消散无存。叩阙死谏事件，作为士大夫的集体行为，再也没有发生过。左顺门事件使"衣冠丧气"，诚如斯言。

左顺门，原本只是紫禁城内一座寻常宫门，有幸见证了明朝士大夫的铮铮铁骨，见证了中国士大夫最后的风骨。它是铮铮铁骨的汇聚之地，也是折戟之所。

后世的读书人时常经过左顺门，想必要带有瞻仰自省之心。

太和门广场地砖（张程 摄）

皇帝不坐朝？

人们批评皇帝的一个刻板印象便是：皇帝不坐朝。似乎坐朝是皇帝勤政的标配，不坐朝的皇帝就是置家国于不顾的昏君。紫禁城里有两位主人是这种刻板印象的典型代表：嘉靖皇帝和他的孙子万历。爷爷有20多年没上朝，孙子则干脆30年不上朝。可是，明朝并没有在嘉靖、万历年间灭亡，官府仍旧照常运转。不坐朝的皇帝始终掌控政权、如臂使指。

问题就来了：皇帝不坐朝，怎么处理政务？

皇帝上朝，是指太和殿大朝会、太和门常朝听政和左顺门晚朝。大朝会的礼节性质决定它不可能处理政务，晚朝非有紧急事情或突发情况而不召，二者都可搁置不论，单论常朝听政。

御门听政的范围与流程虽然大为简化，但对数千名官员来说，每日奔波劳累着实是一桩苦差事。明太祖朱元璋每日坚持上朝，无论寒暑，因为他有着旺盛的权力欲和过人的谋略，是个为皇权而生的工作狂。朱元璋将每天清晨的御门听政定为"祖宗家法"，可是他忽视了一点：并非人人都是他那般的政治动物。

距离朱元璋死后不到30年的宣德六年（1431）六月初八，鸿胪寺就奏报当日早朝缺席的文武官员超过500人，其中缺席超过两次的达300多人，请求治罪。又过了60多年，弘治十五年（1502）八月十二日早朝缺勤数目达到了1160人，包括泰宁侯陈璇等显贵。明朝官员逃避常朝听政的手法五花八门，"或借言公差，或妄称疾病，填注门籍，岁无虚月"，甚至"经年累月称疾不朝"。弘治皇帝的儿子明武宗自由散漫，不喜拘束，从经常下旨免朝到干脆早朝全废，明朝的常朝制度从中期就开始废弛了。这是严苛的制度设计之下，君臣双方共同的逃避行为。

朱元璋这般雄才伟略、一路厮杀过来的开国君主，拥有乾纲独断的能力与威望。可是，朱明子孙并不具备这样的素养。

明朝第五位皇帝明英宗继位时仅9岁，尚且不知人间冷暖，谈何在朝会上决断大臣们的奏事？可是，皇帝是朝会的绝对主角，这是他一个人的舞台，不允许其他人插嘴一个字——这也是废宰相、收权于皇帝的朱元璋的"祖宗家法"。于是，明英宗时期的常朝也沦为如大朝会一般的表演。先是宫廷限制了大臣奏事数目，每次朝会不得超过八件；即便是这八件奏请圣裁的事项，官员要提前一天书写"面帖"呈进，辅政大臣提前给皇帝书写建议，明英宗第二天朝会只需照本宣科即可。君臣都知晓，此时的早朝就是一场彩排过的表演。

明英宗之子明宪宗朱见深登基时17岁，年纪不算小，可依然不具备五世祖朱元璋那般的判断与谋略。朱见深的对策是：套用标准答案。如果大臣启奏之事与吏部职权有关，朱见深就回答："吏部知道。"如果与都察院有关就回答："都察院知道。"如果是替本衙门申请利益就答道："该衙门知道。"

端坐龙椅宝座的朱见深，有一个难言之隐：因为口吃发不出"是"字。当颁给官员诰敕及请宝用印时，皇帝照例要回答"是"。鸿胪寺卿施纯彦最先揣摩出了"玉音不便"，奏请类似情形时皇帝答语改为"照例"，深得朱见深欢心，迅速青云直上，不久荣擢礼部尚书。旁人讽刺为"两字得尚书"。

即便机械复读，朱见深也深以为苦，下旨削减每日常朝奏事不得超过五事。万历皇帝登基时10岁，辅政的张居正以皇上年幼为由将朝会削减为每月逢三、六、九日上朝。从此，明代早朝一月只举行9次，已经不再是"日日早朝"了。等到明熹宗继位时，贪玩昏聩加上不识字，皇帝少数几次坐朝听政，只如"傀儡之登场，了无生意"。

朝会沦落至此，根本原因是这项制度规矩太严、空文太多，"大庭之上，体貌森严，势分悬隔，上有怀而不得下问，下有见而不敢上陈"，君臣双方都被限制得死死的，除了宣扬皇权没有其他实效，徒增负担而已。

紫禁城里还有不少只具其表、少有实效的制度，朝会只是其中之一。这座辉煌的宫城，生而为皇权的载体。至高无上的皇权不为任何人而生，只要所有人臣服于他。

以20多年不上朝著称的嘉靖皇帝，对皇权的本质看得十分透彻。他直言"早朝无用"，"朝堂一坐亦何益？"

就连风雨无阻天天上朝的朱元璋，其实也不完全依靠御门决策。人的精力、体力与智力毕竟是有极限的，不可能以一人之力治天下。在持续了二十多年每年无休、每天起早摸黑处理数百件公文的超高强度工作之后，朱元璋设置了"内阁"，临时招募一些年轻的中低级官员在身边出谋划策，备问咨询。钢铁巨人一般的开国君主，最后也给自己找了一根拐棍。

大明帝国的决策中心搬移到紫禁城之后，内阁随之而来。此时的内阁，还是一个可有可无的临时机构。

朱元璋的曾孙子、明宣宗朱瞻基在中国政治制度史上留下了深刻的一笔。朱瞻基开始任用亲近大臣内阁大学士，正式赋予"票拟"之权。即内阁大学士可以替皇帝批阅奏章，草拟出处理意见。内阁的处理意见写在小纸条上，附在本章之上，称为"贴票"。皇帝对政务的处理，简化为对内阁票拟意见的处理。内阁掌议天下之政，大学士分享了皇权。① 在明宣宗及其子明英宗时期涌现了多位领袖群臣的宰相级内阁大学士。

朱元璋废宰相的祖制，被曾孙子迂回突破了。

内阁的出现，紫禁城朝会的政治功能遭到彻底虚化。

内阁分沾皇权而生，是在紫禁城内办公的国家最高行政机构，也是明代紫禁城内最大的外朝机关。那么，明代内阁在紫禁城何处办公呢？

明朝官员入阁，早期称为"直文渊阁"。文渊阁本是南京明皇宫中的藏

---

① 明代内阁的职权是："预机务，出纳帝命，率遵祖宪，奉陈规诲，献告谟猷，点简题奏，拟议批答，以备顾问，平庶政。"清代内阁的职权是："掌议天下之政，宣布丝纶、厘治宪典，总钧衡之任，以赞上理庶务。凡大典礼，则率百寮以将事。"

书楼。紫禁城仿南京明宫，也早早建了文渊阁。紫禁城建成后，南京文渊阁的珍贵藏书载运北京，入藏新的文渊阁。当时负责这项工作的翰林院官员挑选了一百个柜子的藏书，督舟十艘，浩浩荡荡进京。北京文渊阁的起点很高，到明英宗正统年间已被称为天下数一数二的藏书楼了。当时的内阁大学士杨士奇编撰了《文渊阁书目》，统计文渊阁藏书达到4.32万册、10万卷以上。而这幢图书馆一样的建筑，就是内阁办公楼，是大明帝国最高的行政机关。①

如今故宫的文渊阁是在明代圣济殿遗址上后建的清代建筑，并非明朝的文渊阁。

后人只能从故纸堆中观看明代文渊阁的模样："〔嘉靖十六年（1537）〕文渊阁中一间，恭设孔圣及四配像；旁四间各相间隔，而开户于南，以为阁臣办事之所。阁东诰敕房装为小楼，以贮书籍。阁西制敕房南面隙地，添造卷棚三间，以处各官书办，而阁制始备。"中间有四个房间，是内阁大学士们办公决策场所，估计面积不会太大，加上收贮书籍、画像，办公条件也不会太好；两边是内阁办事官员书写诰敕、处理文书的场所，条件估计比大学士更逊一筹。决策机关的实权大小，不在于场所条件好坏，而在于与皇权的亲疏远近。这条中国政治制度史的规律，在内阁身上又一次得到了验证。

明代文渊阁的具体位置，众说纷纭，是紫禁城的一桩历史公案。

根据"文东武西"的布局原则，后人都赞同文渊阁肯定在紫禁城东南部，在东华门与左顺门（协和门）之间。现在协和门外东南部留有清朝内阁的旧址，有人说明朝文渊阁就在内阁旧址一带；有人说明代文渊阁在现在的文华殿附近，或殿南、或殿北。

明宪宗时期的内阁首辅大学士彭时曾记载："文渊阁在午门内之东，文华殿南面，砖城凡十间，皆复以黄瓦，西五间，揭'文渊阁'三大字牌匾。"清朝乾隆时的学者型官员于敏中、窦光鼐考证认为明代文渊阁在清代内阁之东，"规制庳陋"。明代文渊阁极有可能在现存清朝内阁旧址略微偏东的地方，与

---

① 内阁草创时期，大学士都由翰林官员充任。文渊阁同时也是翰林院的办公场所，直到正统七年（1442）翰林院迁于长安左门东南方向（今公安部大院东侧），文渊阁才成为独立的内阁公所。

文华殿隔路相望。

之所以会出现这桩案子，是因为文渊阁在李自成撤军时烧成了一片瓦砾。文渊阁内所藏的宋元珍本付之一炬，保存的明代档案化为乌有，是中国文化与政治的一场浩劫。

遥想当年，明朝皇帝退朝还宫，将当日需要内阁处理的奏章亲御翰墨、识以御宝，交给小黄门送往文渊阁。小黄门出乾清门，沿着三大殿的东墙外一路快走，走向花木掩映中的文渊阁。内阁大学士票拟完毕，用文渊阁印封好，派遣内阁中书送回乾清宫。

遥想文渊阁中，杨士奇、杨荣、杨溥三个人从青年到壮年再到老年，把大半辈子都耗在了这座楼中。他们三位历仕永乐、洪熙、宣德、正统四朝，先后加大学士衔辅政，史称"三杨"。时人称杨士奇有学行，杨荣有才识，杨溥有雅操，励精图治，开创了明前期的治世。

遥想明朝后期，夏言、严嵩、徐阶、高拱、张居正等政坛英豪你方唱罢我登场，各领风骚几十年，分别在明朝政治史上书写下自己的印记。尤其是张居正主掌内阁时期，内外协同，大刀阔斧，推行了以他的名字命名的变法改革。张居正之后，文渊阁再无名相。

遥想当年阁门之上圣谕高悬："机密重地，一应官员闲杂人等，不许擅入，违者治罪不饶。"天下亿万读书人无不以入阁为人生目标，千万仕途新进无不以拜相为职业生涯的终点。可是，他们中的大多数人终其一生只能收到内阁的公文往来。

一座文渊阁，大半明朝史。只有紫禁城的建筑，才有可能享有殊荣。而这份殊荣在明朝落在了文渊阁头上。

每一天数以千百计的题本、奏本、贺表和敕令在文渊阁进进出出。内阁代皇帝承担了繁重的日常政务。但是遇到疑难大事时，朝廷需要扩大议事范围，集思广益。皇帝将疑难杂案、重典大礼、国计民生大事等交付内阁和六部九卿等高级官员集体商议，参与官员集议后呈报圣裁。这种介于朝会和内阁之间的政务处理模式，虽然罕见却效率很高，明代称之为"廷议"。清朝将明代廷议发展为"大学士九卿会议"或"大学士六部九卿会议"，越到后期使用越频繁。其中的九卿虚指在京四品以上文官机构的长官。①

内阁处理常务、廷议处理急务，完全接替了大朝会和常朝听政的奏事决策功能，后者最终简化为纯礼节性的仪式。皇帝不参加朝会，不等于不理朝政。来往乾清宫和文渊阁的小黄门，上传下达，保障着朝廷日常运行。凡遇大事，由群臣廷议，再大的事情皇帝可以召见内阁大学士或贵戚重臣面议，保证对大事、急事及时做出反馈。皇帝可以炼丹修道，可以贪恋女色，可以醉心木工，也可以田猎巡游，只要内阁运转正常、廷议照常召集，朝政就不至于停滞中断。

嘉靖皇帝曾为20多年不上朝自我辩解："早朝率多弥文，至军国大务，何尝不日经心？"

嘉靖确实数十年自我封闭在重重深宫。大多数官员终其一生，都没有见过皇帝一面，哪怕是遥望一下；重大人事和奖惩赏罚无法在大朝会上公布，导致部院官员缺员不补。但是，嘉靖皇帝没有置祖宗的江山社稷而不顾。朝廷的大事小事乃至对皇帝的冷嘲热讽都可以正常传递给内阁，至于嘉靖皇帝会不会批复就是另一码事了。名人海瑞痛骂嘉靖皇帝昏聩无耻的《治安疏》就直达御前，龙廷震怒，幸亏内阁大学士陈情海瑞才侥幸活命，可见嘉靖后期政务处理是流畅的。

中国政治发展到明朝已经高度发达，皇帝个体内化为了庞大政治机器的一个螺丝钉。一枚螺丝钉的懈怠，会影响整体效率，但不至于导致整个机器的失衡。

皇帝不上朝，空洞累人的朝会停顿荒废了，其他制度设计依然保障皇权不坠。

皇帝不上朝，政治体制顶端那个勤政的偶像不存在了，对民心仕风都有消极影响，倒是真的。如果皇帝都不上朝，紫禁城作为皇权载体、彰显皇权尊贵的作用就大大削弱了。

---

① 李文杰：《廷议与决策——晚清的大学士六部九卿会议》，载于《史林》2019年第3期。

从内阁到军机处

Biography of the Forbidden City

故宫传

内阁小院与大库

紫禁城不是为某个帝王建造的,但是帝王个人会给紫禁城涂抹上浓厚的个人色彩。

帝国体制不是为某个帝王创制的,但是帝王个人在体制上刻下了深刻的个人印记。

明初的朱元璋和清初的康熙皇帝,都是大有作为的皇帝,都给紫禁城留下了深刻的印记。

康熙皇帝几乎凭一己之力梳理了一遍大清帝国的难题,精力旺盛、意志坚强,一心做一个勤勉求治的明君圣主——事实上,他也做到了。康熙继承了朱元璋的强悍与勤政,几乎把明初的大朝会和常朝听政制度照搬到了紫禁城。

清代紫禁城,每年元旦、万寿、冬至三大节照样举行大朝会,皇帝亲临太和殿,百官云集庆贺,礼节基本相同,只是部分操办机构的名称有所改变,比如明代的锦衣卫清朝改称銮仪卫。明代每月朔望大朝,清代改在初五、十五、二十五三日举行，每月增加了一次。①

大朝会依然是礼节重于实务，处理政务主要在常朝听政时。康熙定下的常朝礼仪大体照搬明代，最大的不同是"御门"从太和门改到了乾清门。清朝御门听政时间稍晚，夏秋为辰初（7点），冬春为辰正（8点）。朝参官员的范围与明代基本相同，每日早早齐集在午门外广场，夏秋为卯正一刻（6：15），冬春为辰初一刻（7：15），入宫后走三大殿的东侧，分别从中左门、后左门走过，然后随值日侍卫至乾清门丹墀东边西向列队而立。起居注官已经在丹墀西边东向而立。

每一天，康熙皇帝都准时出现在晨曦中的乾清门。龙椅居中，御案横陈。北京的冬天，西北风凛冽劲吹，早晨奇冷。内务府在龙椅周围设围帐，并在座前摆放两个铜火盆取暖。对于宽敞的乾清门广场，取暖效果并不明显。勤勉的康熙，除了离宫办事或遇狂风暴雨天气，坚持每日听政，从少年到晚年，直至成为太庙里的"圣祖仁皇帝"。

康熙皇帝御门升座后，大内侍卫在丹陛下石栏旁东西排立，起居注官由西阶升至乾清门檐下侍立。各部院衙门依次从东边台阶走上门台，跪捧奏章放至御案，然后退到东边向西而跪，开始奏事。清代官员似乎可以口语奏事，而不用像明朝前辈那样照本宣科。奏事完毕，官员再从东边台阶退回朝班。下一个衙门照此进奏。清朝御门奏事的顺序是宗人府、吏部、户部、刑部、礼部、太常寺、光禄寺、鸿胪寺、国子监、钦天监、兵部、督捕处、太仆寺、工部、理藩院、都察院、五城兵马司、通政司、大理寺、内阁、翰林院、詹事府，然后才是九卿会奏廷议事件、科道官条陈监察事项。某衙门没有陈奏事宜，下一个衙门递补。无事衙门的堂官，当日也要齐集御门随同上朝。各衙门奏事毕，所有官员跪送皇帝退朝，随侍卫由后左门出宫。

康熙执政的半个多世纪，是紫禁城御门听政制度执行最好、最规范的时期。帝国体制的最大弊端或许是个体对体制的影响太大。随着康熙皇帝驾崩，御门听政不再严格。雍正年间，各衙门奏事不均，有时奏事繁多，有时竟然无

---

① 李文杰：《清代的"早朝"——御门听政的发展及其衰微》，载于《故宫博物院院刊》2016年第1期。

一事启奏。雍正皇帝规定八旗各分一日轮奏，六部各分六日，都察院与理藩院为一日，内务府为一日，这样就每天都必须有"一旗一部"陈奏政务。其他衙门根据政务繁简附于主体部院奏事。

事实上，清朝继承明朝的内阁制度，行之有年，御门听政早已不复往日。内阁深度介入了政务流程，日常政务也及时汇总内阁。乾清门所议，变为了对内阁所呈题奏本章的讨论，尤其是"折本"的面奏请旨。内阁本章票拟进呈后，皇帝没有反馈的，官员称为"折本"。折本不是存在疑问，就是兹事体大，皇帝通常会在本子上折角。御门听政之时，君臣讨论折本更有针对性。常朝听政变为了内阁行政的补充。

内阁完全把持了日常政务处理。清代内阁建制更全、规则更细，从大学士、学士到侍读学士、侍读，再到典籍、内阁中书，各司其职，维系着庞大帝国的政令畅通。

内阁大学士额定6人，名称冠以紫禁城的殿阁名字。明初有"四殿两阁"大学士：中极殿大学士、建极殿大学士、文华殿大学士、武英殿大学士；文渊阁大学士、东阁大学士。清初根据大殿名称的改变，前两位大学士改为中和殿大学士、保和殿大学士，其他不变。乾隆年间改"中和殿大学士"为"体仁阁大学士"，内阁形成"三殿三阁"格局。新入内阁的大学士，称为"协办大学士"，类似见习性质。大学士按照保和殿、文华殿、武英殿、文渊阁、东阁、体仁阁、协办的顺序定高低尊卑，也按此顺序迁转。当然，大学士不一定满员，最尊贵的"保和殿大学士"就不轻易授予大臣。大臣也不一定非要从协办大学士开始入阁。

排名第一大学士尊称为"首辅"，大约因为处于襄赞大政、票拟批答的首位，掌握内阁决策之权，朝野视之为宰相。基层办事的内阁中书，则往往是新科进士的第一份工作。

紫禁城外东路最南端，南墙以北、协和门之东、内金水河以下的大片土地上，坐落着清代内阁旧址。

今天的游人行走在协和门和东华门之间的大道上，或者游玩在故宫东南城墙之上，很难料到路墙之间这片不起眼的平房在近三百年时间里是帝国的行政中心，集中着大江南北读书人的精华。平房区大致分两部分，东部一排排连

从南城墙上俯视内阁小院（张程 摄）

房是中国紫禁城学会；西部的小院似乎闲置了，颇有瓦楞枯草、窗棂倾斜的感觉。

时光倒流一百多年，平房西部小院是内阁大堂，是行政核心的核心。清初内阁大学士在昭德门东南隅办事，康熙中期开始移到此处办公。内阁大堂坐北朝南，面阔3间，黄琉璃瓦硬山顶。堂后为内阁大学士的斋宿之所。小院在成百上千的紫禁城宫院中平凡得不能再平凡了，和内阁的地位完全不配。事实上，紫禁城只彰显帝王的尊荣、搭配帝王的地位，外臣机构不在紫禁城建筑烘托的范围内。

皇帝将内阁设置在东南角毫不起眼的平房中，极可能是有意贬之。内阁本就是皇帝设想的顾问咨询机构，实权来自皇帝的授权。真正的宰相已经在朱元璋手中埋入了历史的尘埃，之后的所有权臣都不是法定的宰相，而是在制度缝隙中腾挪揽权的成功者。最高的决策者和行政核心，只能是皇帝本人。紫禁城中自然不能有与内阁实权相配的建筑。

内阁主体机构也都挤在小院中。清代内阁的规模相比明代扩大了许多。除了天下政务增多之外,还因为满汉双语交流的需要,增设了翻译机构。小院中有典籍厅,类似于内阁办公厅,典籍厅印信代行内阁大印;有汉本房、满本房、汉票签处、满票签处、批本处、红本处、诰敕房,都是围绕文书处理流程建立的机构。其中,汉票签处是内阁核心部门,在小院的左厢房,坐东朝西三间房,中屋为内阁侍读草拟意见的地方,然后提交内阁大学士定夺;内阁大学士确定意见后,交到北屋由内阁中书缮写最终票拟意见,呈送御览。经过御览得旨的本章称为"批本",由批本处从内廷收回,由内阁学士用朱笔书写圣意,形成"红本",最后由红本处交给宫外的六科给事中分发落实。此外,内阁在左顺门南北围房处还有值班房和稽察钦奉上谕事件处等下属机构。

内阁小院之东是其占地三倍左右的内阁大库。大库有三幢砖石结构的大排房,墙上开窗,窗有铁柱,外罩铁板,一切设计都是为了更安全、更长久地保存档案文书。三座库房,分别存放红本、典籍、关防等,称为红本库;存放实录、书籍、贺表、表匣等,称为实录库;还存贮历科殿试考卷、前代帝王功臣画像等,以及清朝入关之初从盛京移来的旧档、部分明末档案。这些珍稀材

内金水河对面的廊房就是内阁诰敕房,诰敕房右侧即风骨圣地左顺门(郝磊 摄)

料和原始史料，宫廷视为秘藏之物，除内阁负责官员循例编目外，外人不能查阅，甚至"九卿、翰林有终生不得窥其一字者"。

宣统元年（1909），学部参事罗振玉到内阁办事，发现内阁大库年久失修，有一座仓库塌了一角，库内档案史籍堆积如山。罗振玉顺便捡起来一份，是百年前漕运奏折，再打开一份是乾隆朝征讨金川的奏折。罗振玉认为内阁档案亟待保护，一问内阁官员竟然听说他们准备销毁部分材料！文人气息浓厚的罗振玉上报了时任内阁大学士张之洞，请求他奏请保护。最终，在罗振玉的主持下，内阁数以百万计的档案材料，除历科殿试考卷转移到学部后楼保存外，其他档案装成了八千麻袋移到国子监存放，后来又转移到午门外朝房和端门门洞存放。1921年春，财政窘迫的北洋政府决定出售内阁档案，闹出"八千麻袋事件"。罗振玉再次出面保护，在此过程中档案还是大量散失，大部分最终归于民国时期的中央研究院。

清朝内阁可谓数千年政务实践历史的集大成者，最成熟者。

正当内阁职掌日益明细、设置日趋精致之时，它的替代机构也悄然诞生了。

"临时"军机处

最高行政机构趋于完善之时,就是消亡之日。丞相、尚书省、中书门下、内阁,都没能逃脱这条铁律。

循着小黄门传递本章的路径,我们从内阁大堂出发,沿着三大殿东墙走到景运门,进入乾清门广场,经过内左门、乾清门、内右门,在右前方有一排瓦房,这就是新的最高行政机构——军机处。

军机处的诞生是内阁的内在缺陷与君主集权趋势双重作用的结果。内阁处事效率并没有提高多少,不少政务就耗费在公文流转批驳之间。这是所有趋向繁密精致的机构不能避免的"官僚病"。同时,很多事情不适合在一个大的范围或者公开场合宣讲讨论,尤其是涉及争斗、机密或军务时。这是内阁及之前行政机构都有的缺陷。

内阁的致命缺陷是依然不能避免权相的诞生,比如严嵩、张居正。大朝会虽然不实用,可是能确保皇帝的主角光环,内阁大学士的配角光芒却时常盖过皇帝这个主角。这是皇帝最不能容忍的。

早在明朝后期,王公贵戚遇到急事要事,可以绕过内阁,将奏本直送御前。康熙皇帝将这项特例固定为惯例,并且扩大授权范围。官员们直送康熙的公文既不是陈奏公事的"题本",也与汇报私事的"奏本"不尽相同,于是产生了一种新的公文形式"奏折",俗称"折子"。有权上折子,是清朝官员身份地位的象征。

雍正七年(1729),雍正皇帝用兵西北,为免内阁事机不密效率不高,招亲信大臣组成"军机处",在隆宗门外、内右门旁临时搭建的板屋处理军务。之所以选择此处,一来离雍正的寝宫养心殿最近,便于皇帝随时召唤,二来此处是前朝和后寝的交界,戒备森严,便于保密。这块外臣能够到达的最靠近内廷的地方,是雍正皇帝最理想的大臣待诏辅政之地。

雍正君臣都没想到,军机处从此"临时"存在了将近200年。

雍正及其子孙惊喜地发现,军机处能够避免内阁的缺陷,还给皇权专政以极大便利。既然是临时机构,军机大臣的选用全凭皇帝喜好,没有法定的标准,更无须像内阁大学士选拔那般遵守官僚集团的规则;既然是临时机构,军机处就没有任何法定权力,不能票拟,不能号令,只能仰仗皇帝的垂青,做皇帝的耳目爪牙。清朝皇帝无意之中找到了压制相权、集中皇权的制度法宝。君权专制将借由军机处攀登顶峰。

军机处值房(张程 摄)

现存军机处值房为砖瓦建筑，最早由乾隆皇帝改建，墙上挂有雍正皇帝御书匾额"一堂和气"和咸丰皇帝御书匾额"喜报红旌"。整座房屋低矮局促，粗朴清寒之气扑面而来。半百、花甲乃至古稀之年的军机大臣，在此办公会商的窘迫之情，可以想见。

明清内阁的办公条件本就谈不上宽敞，军机处的办公条件则压根谈不上正常。这又是为皇权有意为之。严格来说，军机处值房并非办公场所。作为一个无专官、无衙署的临时机构，哪里需要办公场所？

当年，没有俸禄、没有品级、没有权限的军机大臣们在丑正（2—3点）到达值房，预备着寅卯之间（5~6点）皇帝召见。商议时，军机大臣大多数时候是跪听圣训，执行皇帝的决策。他们没有内阁票拟权，更接近于咨询顾问的角色。可是他们又没有顾问大臣的待遇，最多享受赏赐的垫子，绝无坐着椅子君臣论政的可能。君臣议事可能迟至辰初（8点），皇帝传散，军机大臣们要躬身后退，至门口再转身出去，不能背对皇帝。皇帝与军机大臣商议，门口无使唤人员，资历最低的军机大臣进出时需要替同僚撩举门帘，称为"挑帘军机"。帝王对待大臣礼节之卑，到此趋于顶峰。

传散后，军机大臣要抓紧落实会议内容，如果幸运，他们白天还能处理本职工作；如果事务繁杂，皇帝一日之内会数次召见，在早间称为"早面"，晚间称为"晚面"，军机大臣终日都要耗在狭隘的值房内，无暇处理本职工作。

清末御史张瑞荫直指："（军机大臣）类皆小心敬慎，奉公守法。其弊不过有庸臣，断不至有权臣。"

军机处只处理奏折，理论上与内阁并无冲突。题本和奏本继续汇总到内阁处理，内阁官员很快发现各衙署汇报的事项无非例行公事、用于私事的奏本数量迅速萎缩进而汇入题本，甚至部分题本涉及事项已经通过奏折御览，经军机处办理后再走内阁流程。内阁沦为照章办事、机械琐碎的官僚机构，不得预闻机要。奏折后来居上，江河泛滥，军机处又没有属官，军机大臣们可不得日夜操劳？

奏折圣裁后，军机处负责传达落实。军机处传旨大有学问，对于需要公开的决策，军机处传递给内阁颁发谕旨，称为"明发上谕"；对于不便公开的决策，军机大臣直接给相关官员致信，称为"字寄"或"廷寄"。这种来自军机处的信笺，没有寄信人的署名，上书"军机大臣字寄某官开拆"或"传谕某官开拆",都是由四百里或六百里加急文书寄出。字寄不是圣旨,但比圣旨更重要,收件人不能有丝毫怠慢,原件年底必须送回军机处。

字寄上印有"办理军机事务印记",满汉双语篆刻,它相当于军机处的"官印"。此印收藏在乾清宫西南角的内奏事房。领班军机大臣佩带印钥,值班的军机章京保管一块"军机处"金牌,用印时军机章京请示大臣拿到印钥,再以金牌为质向内奏事处太监借印,太监核对金牌、印钥无误后才借出印记。

军机章京是军机处的临时办事人员。军机处只有大臣和章京两个层级。军机章京必须是有科举功名、能力出众、处事缜密的年轻京官,还得善于书法。入选者通常是七品左右小官,处理文书、撰拟文稿、夜间值宿、承办案件,等等,事务非常繁重。夜间遇警,如果军机大臣不在,皇帝也会单独召见值日军机章京,直接宣谕旨意。嘉庆年间定军机章京为满汉各两班,每班八人,共32员。各班设领班、帮领班章京各1人,由军机大臣在资深章京中挑选。军机章京也是临时兼职,但一入军机处肯定无暇处理本职工作,然而可以照常晋升职衔。军机章京的本职升至通政司副使、大理寺少卿或者三品官后,会强制调离军机处回归本职。因为到达这个层级,已经接近封疆大吏了,不便留在军机处听差办事。

清代官员办公叫"上衙门",只有军机章京例外,兼职不叫"上衙门"而叫"上班"。军机处的兼职叫"班务"。他们不会想到,"上班"在几百年后会成为最常用的汉语。

"临时"之外,军机处的第二大关键词是"秘密"。

军机大臣参与会商,生杀赏罚都出自圣裁,只言片语都只能由皇帝公布。乾隆十四年(1749)三朝元老张廷玉致仕,乾隆同意他配享太庙。这是莫大的恩荣,军机大臣傅恒、汪由敦先行向张老道贺。结果两位都受到训斥。嘉庆廿四年(1819),有人告发军机章京程同文将文字携回寓所办理,下旨革职。后查明是另一名章京张文垂把公文带到家中,张文垂革职。

乾隆皇帝决定传位嘉庆皇帝,军机大臣和珅马上向嘉庆传递如意,表示拥戴攀附之意。嘉庆皇帝亲政后诛杀和珅,第一条罪状就是和珅泄露机密。

都察院御史每日在军机处西边的内务府值房坐镇,监视军机处有无内外官员勾结。非军机处兼职官员,不能踏入军机处半步。军机处需要向王公大臣传谕的事项，在乾清门台阶下宣旨，不能在军机处传述。晚清湖广总督张之洞奉慈禧太后谕旨找军机大臣议事，张之洞走到军机处附近，无论军机大臣如何恭请，都不敢前迈半步。军机大臣们只好出屋，几位老人就站在乾清门广场上讨论了起来。据说，这是因为雍正皇帝曾下旨："军机要地，有上台阶者处斩。"

外西路南部咸安宫东边的方略馆，划归军机处管理。这可能是军机处的唯一"下属"机构。清朝凡是取得军事大胜，都要撰写一部方略。方略撰写由军机大臣任总裁，设方略馆主持其事。没有撰写任务时，方略馆的主要职责是保存军机处档案。

奏折圣裁后，军机处会抄录全文及御批存档，称为"奏折副本"。原件交给相关衙门或启奏之人执行，副本就保存在方略馆，按月制作成包存放。年终交还的奏折原件，多数的最终归宿也在方略馆。此外，少数难以决策或者不便让第三者知晓的秘密奏折，皇帝搁置不议，称为"留中奏折"。这些留中不发的奏折军机处也辑录有目录。两百年的奏折原件、副本和目录，都保存在方略馆。奏折中附带的贺表、地图、清单、口供等也存在其中。方略馆保存着清朝要政大事的决策始末、原始材料，是政治史研究的宝贵材料。幸运的是，这部分档案保存完整，现保存于国家历史档案馆中。军机处档案的命运，远幸于内阁档案。

军机章京值夜，也宿于方略馆。方略馆有东西平房三间，两边是军机章京宿舍，中间为饭厅。章京们退食于此。

军机处高效运转、内阁循序渐进，朝会的角色更加尴尬。

早在康熙中期，就有大臣指出了朝会的形式主义弊端。大理寺司务赵时楫上疏称："诸臣每夜三更早起，朝气耗伤，未免日间办事，反难精密。"朝会不仅不务实而且影响日间工作。他建议削减朝会的规模和频率，"紧要事宜必须面陈者，分班启奏"。康熙皇帝没有采纳。雍正朝以后，朝会的衰败便不可避免了。嘉庆六年（1801），嘉庆皇帝明发上谕指出御门听政，每次都是刑部呈进三件、其余部门只呈进一件，相沿旧例，但"朕每日披阅章疏，随时发行"。嘉庆要求各部不要拘泥惯例，朝会时积极奏事。皇帝的要求并不能逆转朝会的颓势。各衙门奏事，如果是例行公事，可以题本交给内阁，如果是紧急大事,随时发送军机处,朝会时都是象征性地选择个别题本启奏。常朝听政,已经没有必要了。皇帝临朝听政,主要是做出勤政表率。

乾隆朝之后,御门听政次数逐年锐减;嘉庆朝只有当折本收贮积累至十件以上时,才举行御门听政。咸丰帝在位11年,才御门听政48次,平均每年不到5次。咸丰九年(1860)十二月十三日,"上御乾清宫听政",这是紫禁城举行的最后一次御门听政。①

与御门听政的衰败相反的是,日理万机、夙兴夜寐是清朝皇帝的常态。

爱新觉罗家的皇帝,是历代皇室中最勤政的,并没有出现懒政荒废之人。军机处的创建,既增强了对朝政的掌控,同时加大了皇帝的工作压力。朝政之多,逼迫皇帝需要经常夜以继日批阅本章和折子。雍正皇帝常年秉烛批朱,除了元旦休息之外几乎无休,每日平均睡眠不超过4小时。乾隆皇帝每天晚膳后批阅文书之外,习惯与军机大臣"晚面"。乾隆时期,隆宗门外军机处常常灯火通明。奏折深夜送至,乾隆皇帝一定会披衣御览,随时召军机大臣面授机宜。对于军机章京草拟的谕旨,乾隆常常亲手批阅改定。有时从起草到确定文本需要一个时辰,乾隆皇帝会披衣等候。

清代的紫禁城是一台庞大而高效的行政机器。

来自五湖四海的信息编织成巨大的网络,罩向紫禁城后,抽丝剥茧,分发各处,一一得到妥善处理。几千年来中国政治制度的经验教训与智慧成果,集大成于此时此刻。

---

① 李文杰:《清代的"早朝"——御门听政的发展及其衰微》,载于《故宫博物院院刊》2016年第1期。

小军机的日与夜

维持这台巨大行政机器运转的,是每日进出紫禁城的大小官员。

京官难做,在紫禁城当差的京官更难做。早出晚归是他们的日常,"退衙归逼夜,拜表出侵晨",作者白居易这首诗的名字就是《晚归早出》。唐朝政府机关多集中在皇城区域,而百官居住在皇城外的街坊中,所以白居易回到家时"逼夜"了。明朝官员也不能住在皇城,大多在城南择屋而居,居住在现在东西长安街附近的朝官最多。每天清晨,朝参官员披星戴月赶到皇城,从东西长安门步行入内,再向北穿过承天门(天安门)、端门,就见到了巍峨雄壮的午门。他们在这里的广场静静等候午门打开。端门和午门之间两侧建有两排联檐通脊的朝房,一部分是六科公署,一部分是朝房,官员们按品级入内歇息。明代高启《早至阙下候朝》写道"月明立傍御沟桥,半启拱门未放朝",说的是官员早到待朝的普遍现象。

清朝北京城的特殊之处在于,内城划拨给八旗子弟居住,其他人不得入居。绝大多数官员只能居住在外城(前三门大街以南的二环以内区域)乃至城外郊区。官员居所与紫禁城相隔更为遥远,注定清朝官员当差紫禁城上下班更加辛苦。

每逢朝会或当差之日，清朝官员凌晨时分坐上小轿，抓紧时间在轿子里打瞌睡或者看书。有些文人型官员，每日最主要的阅读时光竟然是在上朝轿子里的这一两个时辰。不过如果遇到雨雪天气，街道泥泞不堪，车轿颠簸，加之雨雪风寒，上朝之路苦不堪言。清朝官员恽毓鼎一次入宫办事，因起床过早，子末（1点）起床后强忍着头晕启程，结果在路上呕吐不停，不得不半路折回家。再考虑前日应酬辛苦、慢性疾病缠身，上朝更是一桩苦差。

明朝官员活动区域集中在午门、三大殿区域，少数官员会进入外东路的内阁；清朝官员主要在朝会期间进出此区域。随着朝会的衰颓，清朝官员从东华门进出日益增多，入东华门后分赴内阁、军机处、銮仪卫、御药房、侍卫处、修书处、本衙门值房和乾清门广场各处。

凌晨的东华门在星星点点中迎来了一位位打着灯笼的官员。再往前，官员就不能提灯入宫了。

明代紫禁城有照明路灯，魏忠贤当权后下令尽废路灯。清代紫禁城除了朝房及各处大门外，杜绝灯火，目的是消弭火患。这就给明朝末期和清朝的官员造成了极大的不便，百官"戊夜趋朝，皆暗行而入，相遇非审视不辨"。视力不佳的官员，磕磕碰碰难以避免，甚至发生过官员雨夜赶路滑入御河溺死的悲剧。此时，一灯如豆的引导，就成了很多官员的期盼。

清朝亲王与部院堂官入宫，宫中都派专人打灯引导至景运、隆宗二门；军机大臣另有角灯导入内右门。此外，奏事处官员、各衙门递奏官和各省提塘官，因为传递的公文关涉君臣议事，也特许给灯。其他官员便一堆堆聚在东华门口，远远看见有宫灯过来，往往一哄而上，跟在有灯官员身后亦步亦趋，称为"借光"。一群官员围堵一盏灯火，是清代紫禁城一景。

对老年官员而言，腿脚不便是更大的问题。即便有灯笼引导，从东华门到乾清门广场的三里路也是不小的负担。紫禁城原本严禁骑马，清代特赏年迈官员可以骑马，又称"赏朝马"。清初只有亲王、郡王等亲贵才有这种殊遇，康熙年间才给年老的高官特准在紫禁城内骑马，恩准自东华门骑马入宫，至箭亭下马；或自西华门入，至内务府前下马。吏部每年开列有在紫禁城内骑马资格的官员名单，奏请皇帝批准。候选名单包括所有一品以上官员及60岁以上的侍郎。当然，皇帝也可以在名单之外特赐这项恩典。咸同以后，凡是在两书房

白昼的光与影（张碧君 摄）

（上书房、南书房）当差的军机大臣及侍郎，不论年岁都赐紫禁城内骑马。

尴尬的是，很多年迈官员无力骑马。乾隆后期准许赏马的大臣有疾病不便骑马的，可以"肩舆入宫"。肩舆本质上是一把座椅，旁缚短木，由两个人肩扛行走。此制一出，紫禁城内骑马逐渐为坐肩舆所替代。乾隆末年开始，高官显贵普遍乘肩舆入紫禁城。但是"赏朝马"制度始终存在。

不过，大多数入宫的官员是与灯笼、骑马无缘的。他们要摸黑徒步，清末军机章京吕式斌长期用双脚丈量地砖，摸黑行走，"新靴一双，两三月即已穿破"。

军机章京人称"小军机"，意为权势仅次于军机大臣。可在吕式斌看来，这个"小"更是渺小、弱小、无力的意思。

光绪三十三年（1907）十月，军机章京出缺，不由吏部选拔，而是军机处直接招考。各衙门纷纷保送官员报考，七品小官吕式斌就在其中。应试者130多人，仅录取25名实习生，竞争激烈。十一月初，四名军机大臣在东华门内亲加

墙垣上的光与影(张碧君 摄)

考试，先笔试，题目为《君子以辩上下定民志义》，限两小时交卷；交卷后，军机大臣当场面试，明显不行的立刻淘汰；三天后复试，题目为《敏事慎言论》，限一小时交卷。吕式斌书法又快又好，能够日书小楷八千字，雅号"吕八千"，在考试中脱颖而出，名列第六。

通过复试后，还有最后的"引见"环节。引见是官员任职前，由选拔部门引导觐见皇帝，接受皇帝的面试。此制成熟于雍正时期，雍正皇帝常常每日接见面试数十人。前期多有官员在引见时获得擢升或者遭到否决，后期则流于形式。光绪皇帝坚持引见军机章京实习人员，足可见对军机处的重视。十一月十五日，包括吕式斌在内的51名候选人在西苑觐见光绪皇帝。每八人列一队，由军机大臣带领逐次来到光绪皇帝宝座前，整齐跪下，然后一一自报姓名、籍贯、出身、年岁等，简单自我介绍。第一次见光绪皇帝的吕式斌紧张得几乎语无伦次。当时已经幽禁瀛台的光绪皇帝没有发问，而是低头在看军机大臣事先呈上的绿头牌①。吕式斌高超的书法战胜了拙劣的临场表现，最终成为25名候补军机章京之一，另外26人淘汰。

这一候补就是两年。

宣统元年（1909）十一月，吕式斌等9人递补"额外军机章京上行走"，正式入军机处当差。上班伊始，军机大臣集体接见新人，吕式斌等人统一行揖礼，首席军机大臣、庆亲王奕劻一一询问每个人的情况，加以鼓励。随后，吕式斌被分配到二班，立刻忙了起来。

供职军机处是典型的围城，外人艳羡不已，身在其中者冷暖自知。

军机章京内部分化严重，忙闲不均。部分章京上有军机大臣倚重，草诏书旨，下有朝野官绅巴结，馈赠不绝；部分章京旬日无一事交办，只干些查阅资料、摘章引句的琐碎工作，甚至誊抄复写、打打下手，不仅在军机处无地位，也为外人轻视。乾隆年间的纪晓岚，既进不了内阁又入不了军机处，仕途算不上一流，讽刺起军机章京来却是一流好手，作《章京诗》讽刺前一类"红章京"：

---

① 清制，皇帝召见臣工时，书写臣工姓名、籍贯和简单履历的竹木小排。公爵以下者，牌头涂抹绿色，称绿头牌。贝勒以上用红头牌。

流水是车龙是马，主人如虎仆如狐。

昂然直到军机处，笑问中堂到也无？

又嘲笑后一类"黑章京"：

箴篆作车驴作马，主人如鼠仆如猪。

悄然溜到军机处，低问中堂到也无？

吕式斌观察发现，满汉章京相互很少来往，汉章京普通忙碌异常，满章京则清闲自在。这应该是与清朝后期公文通行汉语，满语逐渐边缘化的趋势相关。

军机章京值房在隆宗门南侧，与军机处值房南北相望。建筑基本相同，可章京人数更多，办公条件更加狭隘。瓦房五间，北向，西边两间为汉章京办公房，东边两间为满章京办公房，中间一间是苏拉、纸匠等下人听差的场所。领班、副领班用方桌，略大；普通章京用长方小桌，排列在窗下，桌面上都粘着蓝布，常年使用累积了厚厚的污垢、油墨。即便是白天，屋内依然光线昏暗，常常需要点燃四五根蜡烛照明，以至于室内终日烟雾缭绕。办公时，人与人几乎挨在一起，连转身的空间都没有。

如此糟糕的办公条件并非于晚清形成，早在乾隆四十年（1755）入值的军机章京冯培就曾抱怨："斗室何由解郁蒸，葛衫蕉扇小窗凭。"盛夏时节，屋内将是炼狱一般的场景。军机处多次行文内务府要求供应冰块降温，但是冯培上班时没有见到一块冰，只好自嘲："臣心已自凉如水，不藉颁来内府冰。"

军机章京们忙到除了自嘲，没有多余时间和精力解决办公条件难题。除了日常文字工作外，章京们随时准备跟从军机大臣面圣。军机大臣往往就让两名章京携带笔墨随行，在殿外等候，如果要书写谕旨或其他文字便唤章京入内。如果没有必要，章京就得正襟危坐等候无聊的一两个时辰。白白浪费时光不说，对人的精力也是极大损耗。军机大臣返回后，章京们最忙的时候到了。军机大臣口述圣旨，章京要集中精神揣摩圣意，又要用最快的时间撰写出来。军机大臣认可后，递送给太监……这才刚刚开始拟旨的第一回合，鬼知道会经过多少回合的修改斟酌？吕式斌很快遭遇了手忙脚乱。他近视，如今更是伏在长方小桌上飞速缮写谕旨，顾不上毛笔不时与顶戴打架"得得"作响，因为军机大臣就站在身边催稿。忙完稿子，吕式斌无不浑身大汗，苦不堪言。

帝国机器转动的效率，是建立在吕式斌这样的零部件的煎熬消耗之上的。

上班时间长后，吕式斌发现即便是汉族章京，头班和二班的风气也截然不同。头班大多是南方人，二班则是北方人；头班章京阔绰的多，清贫寒酸的大多在二班。奇怪的是，陆续提拔外放的都是鲜衣怒马的头班章京，而免职、丁忧的倒霉事却都轮到二班。二班的穷酸章京们在家劈柴缝衣，担心儿子学费没着落，到了办公室唉声叹气，感叹："二班之班运不佳。"外人总以为军机章京收受部院衙门和地方督抚海量陋规，隐形收入丰厚。吕式斌发现那是头班章京和个别老章京的特长，他在军机处三年只收到一次陋规，当时小激动了一下，回去一看才20两银子而已。外人还想当然地认为宫廷对军机章京们会有赏赐补贴。每逢重大节庆，紫禁城确实会赏赐军机章京。吕式斌先后获赏九次，每次都是绸缎之类，华而不实。他缺的是银子。受赏之日，军机章京们要集体进宫跪谢，行三跪九叩大礼。

尽管满是心酸苦水，吕世斌庆幸的是同事关系尚且融洽。班内，实习章京尊称资深章京为"老前辈"，自称"侍生"。前辈对晚辈章京也都耐心指导，"真挚之情，殊可感也"。按制，每夜要有两人在方略馆值宿，大家默默只安排一人上夜班，为的是减轻所有人的工作量。值夜章京主要工作是整理近期档案和折子，分门别类，抄录记号，工作枯燥乏味且长时间抄写导致手腕酸疼。吕式斌值夜时，经常听到宫城城墙上官兵不时高呼，好似市井小贩叫卖。吕式斌不懂满语，满族章京告诉他是满语"小心火烛"。

军机处有专属的服务人员，有三名纸匠负责纸张采买、装订、用印等，其中一名老纸匠竟然有六品顶戴；好几位苏拉（杂役）也有顶戴，大多是祖先给他们赚的世袭之职。军机处还有专门的厨子，章京们常常拜托厨子帮忙传送衣服包裹。这是因为清朝官员服制规矩较多，军机章京四季服饰繁多，仅冬夏帽就有十余种，此外还有朝珠、领带及荷包、扇套等饰品的不同搭配。章京在挥汗如雨时、觐见皇帝时、外出差遣时，又不能是同样装扮，这时就需要厨子和自家仆人在紫禁城内外奔波传递了。

考虑到宫中服饰讲究，吕式斌在实习的第二个月就忍痛拿出80两银子，买了件二手貂褂，穿到军机处后尴尬地发现全体章京的穿戴"以余之貂褂为最不美"。

种种付出，都是为了晋升。外人以为军机章京身处中枢，且由军机大臣直接保荐升转，想当然地认为他们会青云直上飞黄腾达。逼仄的值房内，确实有彭蕴章、陈孚恩、钱应溥、许庚身、徐用仪等二十多人由军机章京累官至军机大臣。

军机章京的晋升，因人而异。吕式斌班内有一名山西籍的军机章京，进军机处近二十年都没有获重用。吕式斌本人晋升倒是很顺利，实习一年期满后正式充补军机章京，又过一年参加军机处档案重修，负责校对，事后加四品衔。当年〔宣统三年（1911）〕京察，吕式斌又以资深得列一等，以道府记名。一旦地方出现道台、知府实缺，他就可以告别早出晚归、压力巨大的紫禁城上班生涯，去外省主政一方了。当年吕世斌29岁。

非常遗憾，吕式斌没能等到这样的机会。当年秋天，辛亥革命爆发，大清王朝亡了。

有人在紫禁城斩获荣华富贵，有人在紫禁城感悟人间百味。吕式斌最大的收获或许是在方略馆夜宿时，翻阅军机处库房的陈年旧档，积淀下了深厚的文史素养。他留给后人的标签，不是官员，而是书法家和文史学者。吕式斌后来成为民国书法大家，北京四九城争请题字，"中华门"匾额即出其手。[①]故宫所藏文物字画的题签，也多是吕式斌的手笔。

吕式斌留下了一部《枢曹追忆》，系晚年回忆军机处情形，是紫禁城内当差小官的原生态记录。

---

① 吕式斌事迹见林涛《末代军机章京吕式斌》，载于《文登大众》2019年2月14日。

朝臣待漏五更寒

"将军铁甲夜渡关,朝臣待漏五更寒",形象描述了官宦生涯之辛劳。

古人常刻漏计时,看着流水一滴滴漏下,等待着时间的来临,称为"待漏"。明清官员在紫禁城中轮班当值、奏事待召、引见朝觐等,无不提前早到,在各处朝房中等待时间的到来。这些候召听宣的朝房,也叫作"待漏所"。多数待漏所就设在本衙门的值房之中。

紫禁城现存的待漏所、值房集中在乾清门广场两侧、隆宗门和景运门一带。隆宗门内外是清代军机处和内务府的值房,有严格的保密措施阻止百官靠近。其他衙门文武官员只能挤在景运门外门的低矮瓦房中待诏、办事。

景运门内外连檐通脊、灰顶黑瓦、不施斗拱、装修朴素的排房,就成了官员的中转站。

在那里,最醒目的人却不是王公大臣,而是一位位昂首挺胸、横刀跨立的大内侍卫。

景运门与隆宗门是进入乾清门广场,进而向南通往三大殿、向北去往内中路的重要门户,因此也称"禁门",加之人员往来频繁,侍卫森严。王公大臣无事或无召,不得擅入。他们所带之人距离景运门外台阶20步就要停步,严禁向前。

　　景运门外、毓庆宫前的排房为八旗护军值房。紫禁城大部分门禁、宫殿、院落是由上三旗护军营、八旗前锋营官兵护卫的，此处就是总管机构。护军统领、前锋统领轮班入值。景运门内、乾清门东侧房屋则是内班侍卫值房。侍卫地位在卫兵之上，乾清门等重要宫禁由侍卫守护。侍卫们除了安保，还负责引导公卿百官入后寝区面见皇帝。

　　景运门内、乾清门东侧有排瓦房，统称"九卿值房"或"百官待漏所"，各朝有关九卿的范围并不一致，一说指六部及都察院、通政司、大理寺。清代有大九卿、小九卿之分，谕旨常常"六部九卿"并称，泛指朝廷各部门负责人为主的高级官员。九卿值房对面、广场南侧有王公值房（"王公待漏所"）。两处值房是高级官员、满蒙王公等待召见、奏事的休憩之所。可惜，规制和军机处相同，并不是舒服的休息场所——不过紫禁城本来就不是供百官歇息的地方。

　　九卿值房并非九卿专享，细分之下机构繁多，除了内侍卫值房，还有蒙古王公值房，更有接收百官本章的外奏事处。清代负责政令上传下达的机构，名为"奏事处"，在乾清门外的称外奏事处，接收外朝的例行公事；在乾清门内、月华门南侧围房的是内奏事处，接收军机处直递的奏折和外奏事处转达的题本、奏本、贡品等。外奏事处由朝廷选拔文笔出众的低级京官充任外奏事官；内奏事处则是宦官的天下，奏事太监负责向外奏事处传达谕旨。外奏事官再向相关人等传宣谕旨，也负责带领引见官员、排定部院朝班和轮值班次顺序。门户狭小的奏事处是皇帝指挥行政的第一双手、第一道关卡，隶属御前大臣管辖。大凡机密重要的部门，都不以高堂大屋自相标榜。

　　除了乾清门广场，太和门广场两厢是另一个外官密集办公之处。

　　起居注馆，在熙和门南围房。起居注是古代帝王的言行录，由文官每日随侍左右据实记录。它的作用是"防过失而示后王"，客观上也为日后撰修国史提供原始材料。记载的官员称为起居注官。如果他们能够继承"董狐笔太史简"的传统，那么起居注将是紫禁城的良心。关于起居注最经典的解释来自《资治通鉴》对唐太宗李世民意图篡改玄武门之变记载的描述：

　　　　上谓谏议大夫褚遂良曰："卿犹知起居注，所书可得观乎？"

对曰:"史官书人君言动,备记善恶,庶几人君不敢为非,未闻自取而观之也!"上曰:"朕有不善,卿亦记之邪?"对曰:"臣职当载笔,不敢不记。"黄门侍郎刘洎曰:"借使遂良不记,天下亦皆记之。"

可是在清朝,连军机大臣都只能"跪听圣训",皇帝哪里会允许起居注官如实记载自己的功过优劣?起居注官也沦为了装饰盛世、只唱赞歌的侍从,起居注中无从查找帝王坏话。清代自康熙十年(1671)编纂起居注,除康熙五十七年至六十一年(1718—1722)暂停过五年外;其余时间连续不断,直到清亡。起居注官常年在宫中当值。

翻书房,在熙和门北侧围房,负责文书典籍的满汉双语互译。这是清朝特有的机构。

稽查钦奉上谕事件处,在翻书房对面,协和门北侧围房,为军机处下属机构。明清两代都重视行政效率,尤其是对谕旨交办事项的落实情况。除有六科给事中固定督察效率,该处专门稽查上谕交办事项的落实进度,紧盯着完成期限,此外还稽查国史馆工作。这也是清朝特有的机构。

在紫禁城的最东南,由角楼、东华门和内金水河围绕的区域,坐落着清代的銮仪卫。

明朝灭亡后,赫赫有名的锦衣卫降清,清朝予以收编,只保留仪仗随从的功能,剥离了特务、司法等政治功能,并改名为"銮仪卫"。

一进东华门左拐,内金水河蜿蜒向南,紧挨着东华门马道就是銮仪卫的銮驾东库和值房。剥离了政治功能的銮仪卫,主体建筑都是存放御用伞盖、斧钺、乐器等各种仪仗用品的仓库。说紫禁城东南角为清朝御用品的大仓库,也未尝不可。每当皇帝出行时,銮仪卫安排车轿马匹,组建仪仗队随从,此外还负责午门、钟鼓楼的敲钟报时。

銮仪卫虽然是个仪仗部门,却是顶格配置。銮仪卫掌卫事大臣是正一品的武官,规格比六部、各省都高。副职是銮仪使,正二品;其下有云麾使、治仪正、整仪尉等官员,都是中高级官员。銮仪卫官员职数众多、品级很高,关键是职掌随从护驾,工作轻松体面,责任轻压力小,简直是理想差使。

銮仪卫负责人一般在满蒙王公贵族中挑选,从来没有汉人出任过。内部职官也几乎由满蒙八旗子弟出任，绝大多数为世受恩荣的功勋子弟。他们无须参加考试，凭着祖辈的高官显爵直接做官。达官显贵都喜欢把子弟安排进銮仪卫，接近皇帝、磨砺锻炼，赢在仕途起点上。

銮仪卫在紫禁城现存两座大库，硬山顶黄琉璃瓦，四边是砖砌的厚重墙身，两山建有琉璃博风，前后封护檐不露木构件，只在前檐开门窗、安双扇铁门。东库五间，坐东向西，储存车驾；南库十间，坐南朝北，储存实录红本和书籍表章。这两座仓库只是内銮仪库，皇城东安门附近另有外库。

銮仪卫曾出土明代的"古今通集库碑"，证明此地在紫禁城建成之初是古今通集库。该库收藏皇帝颁给宗亲功臣的诰封、铁券，以及给文武百官的诰封底簿等，此外还有印信、勘合、符验、信符等档案，隶属于宦官系统的印绶监。嘉靖年间，紫禁城东墙外建造了皇史宬，更加厚重安全，作为专门的皇家档案库，古今通集库的档案转移到了皇史宬。清朝将銮仪卫设在原明朝的档案库旧址上，或许是銮仪卫职权大减后，不需要太多办公用房，更需要库房的原因吧？

銮仪卫长官轻松体面，执事官吏却劳心劳力。皇帝出行骑马、坐轿两便，銮仪卫因此有走轿班和骑马班。最高等级的御舆，长十余米、宽两米多，内有轿室、茶室和各种御用品，需要36人肩扛，为一班。走轿班同时安排好几班人手候着。走轿班都希望皇帝骑马，骑马班都希望皇帝乘轿。可是即便梦想成真，走轿班在皇帝乘马时也时刻待命，预备皇帝更换了主意。打听皇上行踪，是办好差事的必备，他们摸出御驾规律是："皇帝出宫都得吃完饭才回去，给太后请安都是骑马，打围回来身体疲倦总要坐轿。"

职场怨言牢骚、对长官的调侃，充斥在紫禁城的各处角落。低级官员和苏拉差役们羡慕长官们："虚架弄靴帽鲜明衣服车马，为的是将来接续好去办事沽名。"长官轻轻松松地抛头露面、沽名钓誉，工作都交给下属做，基层官吏能不抱怨吗？

可是，"外人瞧着他们像阔，谁知他翻褂子着急也向各处通融"，长官们也有柴米油盐的苦恼，也有更高层次的长官的呵斥指令，更有四处求人办事的时候。清代八旗子弟的打油诗《司官叹》就直言各司局长官："哪里有鞭板锁棍威风样，几曾见伞扇旗锣胆气豪。只一辆破车儿沿着街跑，枯他勒手拿坐褥又背包。怎比那外任县堂荣任美，翰院成名品望高。"①

赞礼郎，专门为紫禁城而生的官职。为了在大典大礼中朗读好文章，引导好君臣行礼，赞礼郎要天天吊嗓子，还有诸多生活禁忌，"最可恨求从学念先断酒，真可怜吃饭之时不许贪咸。到了那要念之时还得坐气，又可笑辫根乱抖两膀齐端。"赞礼郎最大的益处，或许是在祭奠时能够站在朝班前方，结束时还能分到一些祭品，比如祭神的白肉。

不过，像赞礼郎这样的紫禁城底层官员，更希望的是离开宫城谋一份地方实职，最好是盐务、赋税、河道、漕运等实权岗位。他们觊觎其中的补贴、陋规，希望发家致富，然后有丰厚的财富来提升生活质量、谋求更加高的职位，也是人之常情。

常遭下属调侃的高级官员们，强撑不再年轻的身体坚持紫禁城的日日夜夜。他们终于拥有了实践仁政善治的机会，拥有了革故鼎新的机会；他们希望能够平安到站，收获最后的哀荣。在帝国最高的政治舞台上，有人漏夜赴考场，有人寒冬守值房，有人告老还故乡，终归是这座永恒宫城的过客……

无数人把青春与年华奉献给了这座宫城，驱动着庞大疆土的正常运转，影响着亿万黎民的衣食住行。

---

① 枯他勒，满语，随从、跟班之意。转引自郭晓婷、冷纪平著《从子弟书看清代旗人官吏的日常工作》，载于《海南大学学报》2011年第6期。

太监的两重天

Biography of the Forbidden City

故宫传

二十四衙门／司礼监

左顺门，明代内阁大学士往来文渊阁上下班的必经之地，也是宦官机构——文书房接收朝臣文书的法定场所。

张璁担任内阁首辅大学士时，文书房太监看到张大人进朝，都主动打躬致意。夏言继任内阁首辅入朝，太监们平眼看望。等到内阁首辅大学士换成严嵩时，严大人入朝，先拱拱手向太监们致意，然后再入左顺门。

清朝官员入朝遭遇太监，却无任何礼节讲究。清代太监看到朝臣进内，必须起身肃立；行走之际双方相遇，太监必须无条件让路，垂首恭敬侍立道旁。即便是年过花甲的太监总管遇到一位年方弱冠的九品小官，也依此执行。

明代太监为什么有如此煊赫的权势，他们的晚辈为什么又卑微至此？到底是什么造成了明清两朝太监地位的两重天？

太监，阉割后的皇家奴仆，完全依附于皇权的可怜人。紫禁城是他们最后的家园。

太监是现代人对他们的称呼，历史上还有宦官、司宫、巷伯、寺人、阉人、黄门等称呼。可是，如果一个清朝太监被人称为"太监"或者"公公"，他会暴怒与人拼命。外人要称呼清朝太监为"爷"。如果一个明朝太监被人称为"太监"或者"爷",他大概率也会与人拼命。外人要称呼明朝太监为"公公"。称呼背后隐藏着太监群体强烈的敏感、深深的自卑。

在阉割的那一刻,太监彻底断绝了回归正常社会的可能,余生注定要消耗在大洋深渊一般的宫苑之中。仰人鼻息的奴仆,已经是传统观念中的贱人了,而只能仰仗皇权而活的太监自然更低一层。他们没衣食住行,没喜怒哀乐,不配拥有人格和尊严,是正常人眼中的"至卑至贱之人"。晚清太监刘子杰说:"我们当太监的是真正的奴隶,主人高兴的时候,拿我们开心取乐,也许唤我们的小名或外号,让我们学猫学狗叫;心烦没地方发泄时,我们就倒霉了,有时蒙头盖脸地打你一顿,打死了拖出去一扔了事,根本无人管。"

太监的可悲之处不在于卑微本身,而在于身处耀眼皇权之侧,在于永远的比较,在于彻底的无视。

紫禁城保障太监的生活,同时决定太监的命运。太监最大的筹码是皇帝的信任。而信任是紫禁城里最稀缺的资源。难以计数的夜晚,陪伴皇帝皇子身边的是太监;寻常无味的白昼,陪伴皇帝皇子身边的还是太监,如果加上在襁褓之中的喂养、蹒跚学步之时的呵护,双方的感情不是亲情胜似亲情。登基为九五至尊后,皇帝们无不延续情感依赖,借力于太监,如果是干练有才的太监,更成长为治国理政的有力助手。这是人之常情。

情感之外,太监也是借力的理想人选。他们是"无根之人",篡位不可能获得舆论的支持,更不符合主流意识形态,所以最不可能是皇帝的取代者。他们是皇权身上涂抹的油彩,脱离了依附物,油彩将不复存在。当皇帝放眼四周,繁重的执政压力、强大的官僚集团、暧昧的外戚势力环伺,就剩太监可以依靠了。崇祯皇帝说得很直白:"苟群臣殚心为国,朕何事乎内臣?"(《明史·宦官传》)

太监集团是有"底线"的政治势力,这个底线何尝不是皇权的"保障"?

明太祖朱元璋嗜权好强,又有足够的权威和能力,大可不必借力太监。因此,明朝初期的太监回归伺候宫廷的本职,形成不了大势力。明成祖朱棣靖难之役成功,太监出力众多,开始沾染权力。明英宗幼龄即位,内阁票拟的本章小皇帝无法决断,便授权太监中的精英分子代为批示。此后,皇帝只在内阁呈递的票拟中朱批几本,多数本章由太监用朱笔代为批示,称为"批红"。批红是皇权的核心权力。宦官把持批红权，意味着明代宦官分享了最高权力。

明代的政务流程变更为朝臣上本、太监收本、内阁票拟、太监批红、落实执行。太监掌握了其中两大环节，具备了操纵政务的可能。太监势力的膨胀已经不可逆转。

至明朝中期，太监形成十二监、四司、八局共计"二十四衙门"的庞大机构。十二监分别是司礼监、御马监、内官监、司设监、御用监、神宫监、尚膳监、尚宝监、印绶监、直殿监、尚衣监、都知监；四司分别是惜薪司、钟鼓司、宝钞司、混堂司；八局分别是兵仗局、银作局、浣衣局、巾帽局、针工局、内织染局、酒醋面局、司苑局。

在名义上，二十四衙门是平行机构，明代并不存在最高的太监统管机构。在实践中，掌握批红权的司礼监素有"第一署"之称。司礼监始置于洪武年间，最初职如其名，是执掌内廷礼仪的机构，后来扩展为批红本章、负责皇城礼仪刑名、管理太监差事，等等，掌握了决策与人事大权。文书房为司礼监下属收纳文书的机构。司礼监自上而下设有提督、掌印、秉笔、随堂等太监，其中"提督太监"在二十四衙门中仅司礼监设置，为事实上的太监统领，但不常设，司礼监掌印太监就成了明代太监统领。

紫禁城落成的当年〔永乐十八年（1420）〕十二月，一个重要的太监机构应运而生。明成祖朱棣设置了新官署"东缉事厂"（东厂），负责侦缉、镇压异己力量。东厂从锦衣卫中挑选精锐组成，可以监视所有机构和臣工，爪牙遍布天下，很快演变为人见人憎的特务机构。东厂的首领是太监集团中仅次于司礼监掌印太监的二号人物，通常由司礼监秉笔太监担任，全称为"钦差总督东厂官校办事太监"，也称厂公或督主。东厂是皇权疑心病的症状之一，这种病症很快又爆发出名为"西厂"的症状。明宪宗成化年间成立了西厂，势力一度凌驾在老前辈东厂之上，可只短暂存在过，至明武宗时撤销。东厂、西厂和锦衣卫在刑部、都察院、大理寺这三个司法机关之外，形成了皇权直辖、执掌诏狱的特务系统。东厂凭借亲近皇权，凌驾于锦衣卫之上。明朝后期，锦衣卫指挥使几乎唯东厂提督太监马首是瞻。东厂的存在，极大强化和扩展了司礼监的实权。尤其是兼任东厂提督的司礼监掌印太监，更是大权在握，无人能出其右。

《明史》承认："凡内官司礼监掌印，权如外廷元辅；掌东厂，权如总宪。秉笔、随堂视众辅。"司礼监与内阁，一内一外，共掌行政实权。掌印太监与内阁首辅大学士对柄机要，他人尊为"内相"。内相掌管公文收纳和批红大权，更近皇权，有时内阁首辅还要事先与掌印太监沟通协商。内外和谐，才能决策畅通。张居正变法推行的一大基础，便建立在他与司礼监掌印太监冯保的携手合作之上。

这是紫禁城决策机制的重要变革。

司礼监之后为御马监。御马监不仅管理御用马匹，还下辖武装力量，后期称为勇卫营。排名第三的内官监，下辖木、石、瓦、土、塔材、东行、西行、油漆、婚礼、火药10座作坊以及米盐库、营造库、皇坛库的仓储，上自宫室陵墓营建，下至妆奁冰窖都归内官监负责，类似明朝紫禁城的后勤保障机构。其他多数衙署执掌，大致体现在了名字上。值得一提的有：御用监负责御前器皿家具的造办，清朝将之改造、扩充为造办处；直殿监掌管各殿和宫院的扫除；都知监随驾前导警跸；宝钞司不是负责钞票，而是制造粗细草纸；混堂司掌管沐浴；司苑局负责蔬菜、瓜果供应。另外，浣衣局并不是负责洗衣服，而是负责年老及罢退宫人的居留。浣衣局不在皇城内，其他23个机构都围绕着紫禁城，在皇城之内。

各个衙署都设掌印太监一员，掌管该衙门，"太监"是二十四衙门首领的专称。绝大多数太监是不能享用这个称呼的。太监之下有少监、监丞、奉御等高级太监，有品级的中级太监称为"宦官"，人数最多的基层太监只能称为"火者"。魏忠贤初入宫便是从火者做起，有论者据此认为魏忠贤起点是伙房小太监，是对宦官制度不熟导致的望文生义。

朱元璋曾禁止太监出宫干政，但是禁令迅速被突破。明宣宗开始有太监出任使职，明中期开始在重要城池设置镇守太监、边镇和行军设置监军太监、矿藏税关设置矿监税监。二十四衙门的太监出使大江南北，各有任期，各踞一方。明朝地方行政体制之外，又凌驾了一套宦官系统。权力中枢的司礼监与内阁并立，泛溢成为地方的二元治理体系。朝臣与太监的矛盾也慢慢积累。

明代宦官人数，长期维持在一万到一万五千之间，最高曾超过两万人。考虑到如东厂、勇卫营等宦官掌控的机构，以及受太监驱使的机构，说宦官群体将近十万也不算夸张。

宦官们鲜衣怒马，充斥在紫禁城内外，是明朝的一大风景。

明代太监的制式服装是夏穿青紫，冬穿青素，都是素色的绢、丝服装。随着权势增长，宦官服装日渐鲜丽奢侈。永乐年间，大太监穿蟒服、飞鱼服，比一品文武大臣都要贵重。其他太监没有资格穿戴蟒服，但稍有能力者就穿戴似蟒又似斗牛的衣服，自创名为"草兽"，金碧晃目，扬鞭长安道上，无人敢问。魏忠贤擅政之后太监服饰更加僭越，魏忠贤本人蟒服只比龙袍少一爪，其他大宦官服饰光耀射目，争相夸尚，以艳丽为美。

明朝中期以后小皇帝层出不穷、皇帝素质一代不如一代，又有嘉靖、万历这样的懈怠之君，王振、汪直、曹吉祥、刘瑾、魏忠贤等权阉在皇权乏力的荒漠上茁壮成长，吞噬朝廷的实权。晚明名臣杨涟弹劾魏忠贤说："宫中府中，大事小事，无一不是忠贤专擅。……且如前日忠贤又往涿州矣，一切事情，必星夜驰请意旨，票拟必忠贤到，始敢发批。……天颜咫尺之间，忽漫不请裁决，而驰候忠贤意旨于百里之外。"魏忠贤远游涿州，本就属于违反制度，竟然能遥控指挥朝政，犹如帝王出巡，以至于政务舍弃近在咫尺的皇帝而远送涿州，令人瞠目结舌。正常的朝廷制度，已经在权阉破坏之下支离破碎了。

魏忠贤当权之时，宦官"内操"的鼓炮之声震骇北京城。内操是太监势力登峰造极的一大表征。好武好嬉闹的明武宗最先训练了一支由宦官统领、宦官组成，皇帝直接指挥的"天子亲军"。这支军队在皇城内教场举行内操，内教场在豹房附近，即今天北海公园西侧北部，至今还保留校场胡同的地名。这支军队人数约在三千人左右，操练队列、骑射、火炮、火铳等等，由八局之一的兵仗局、火药局提供军械火器。

崇祯十七年（1644）三月中旬，李自成兵临北京城下，守城士兵军心涣散。崇祯皇帝命宦官守城。太监们哗然，有的说："诸文武何为！且言官罢内操，我辈兵械俱无，奈何？"有的说："我辈月食五十万，效死固当。"最终，数千太监上城防守。这些服装鲜艳、装备精良的太监内操仅仅是表演，实际战斗力微乎其微，临阵只敢放空炮，惊恐万分，或散或降。

乾隆皇帝立论："明亡，不亡于流贼，而亡于宦官。"

汉唐都有宦官专政，明朝又添加了一例。谴责宦官专权，将内忧外患的责任推给宦官,是传统正史叙事的一代特色。似乎太监执政就是错的,宦官专权就是皇权的沦落。

明朝宦官干政,不是某个太监的个人行为,而是制度性安排。宦官批红和外派办事,可以减轻皇帝的压力;东厂侦缉四出,太监与朝臣关系恶化,皇权可以盘踞在争议的顶端行牵制权衡之术。皇帝打开了宦官专权的制度大门,明代太监只是循着这套制度自然发展而已。王振专权时,明英宗是二十多岁的成年人,一心效法先祖建功立业;刘瑾专权时,明武宗也已经成年,只是生性好动,一心胡闹;魏忠贤专权时,明熹宗也是成年人,只是好木工不好循规蹈矩处理朝政。皇帝自然知道大太监在代行皇权,但或多或少默许了他们的行为。

明代宦官再乱搞,始终没有突破"底线"。大太监没有威胁到皇权的根本,相反在新皇登基后迅速灰飞烟灭了。

制度是客观存在的容器,实际效用是由装载的物品决定的。大太监决定了宦官制度的效率乃至善恶。王振、刘瑾、魏忠贤等人的事迹拜文艺作品所赐,已经广为人知,给人印象似乎明代太监一团漆黑。而《明史》中入传的宦官并非全是负面人物——《明史》是文官士大夫编撰的。

明宪宗朝的大太监怀恩,出身官宦大家,因为父兄获罪株连满门,从小遭阉割入宫,赐了一个包含讽刺的名字"怀恩"。怀恩生性忠鲠,宦官们都敬惮他。明宪宗要诛杀大臣,执掌司礼监的怀恩坚决反对。明宪宗气得大骂怀恩,还把砚台掷向他。怀恩免冠伏地号哭,称病不起,私底下派人警告锦衣卫,不要为难获罪的大臣。另有一次,章瑾进献宝石,谋求锦衣卫镇抚官职,明宪宗同意了。怀恩又一次反对:"镇抚掌诏狱,奈何以贿进?"

明穆宗朝大太监李芳,为人持正。工部尚书徐杲侵吞修建卢沟桥的银两数以万计,还利用工程冒举太仆少卿、苑马卿等职衔数以百数。李芳掌权后迅速弹劾徐杲,将他下狱遣戍,尽汰其所冒冗员。李芳还上奏革去上林苑监增设的皂隶,减去光禄寺岁增米盐及工部物料,侵害了太监集团利益,大为同类所嫉。李芳后在内斗中失败,杖八十,下刑部监禁待审。刑部尚书毛恺等人主动护着李芳:"芳罪状未明,臣等莫知所坐?"

可见李芳的所作所为是得到文官集团肯定与支持的。太监和文官的关系并未尽如水火。更突出的例子是万历朝大太监陈矩。陈矩勤勉尽职,最终端坐在内直房而逝，死在了工作岗位上。文武百官都亲临吊唁，素服送葬的人多至堵塞道路。大学士朱赓、李廷机、叶向高亲临祭奠，祭文中哀悼陈矩之死"三辰无光，长夜不旦"。陈矩生平恪守"祖宗法度，圣贤道理"八个字，廉洁从政，不害人不滥权，朝野称之为"佛"。

可惜的是，宦官制度缺乏有效的权力制衡，一旦遇到放权的皇帝，就会放大掌权者的恶，孕育出为患一时的权阉。

紫禁城的前两百多年，宦官制度没能限制好太监群体，更没能将他们导向好的方面。

内务府／敬事房

顺治十一年（1654）冬至次日，紫禁城大宴群臣。

十三衙门的太监们纷纷出席盛会。明朝覆灭，大部分宦官降清，顺治皇帝延续二十四衙门的规制创立了十三衙门。十三衙门操持顺治朝紫禁城的方方面面——除了政治决策。① 十三衙门的太监，大多数是明朝旧人。

他们头脑里留存着浓厚的前朝作风。明代藩王为了及时足额拿到岁俸，常常反过来向家奴、大太监们求情疏通。太监们轻视藩王惯了，在顺治十一年的大宴上超越满族诸王的班次，争先入殿拜舞。乾清宫执事太监孟进禄还在跪拜时自称"老臣"。

顺治皇帝随即下谕，朝贺大典太监不得按明代制度入班行礼，并将孟进禄等十三衙门的负责太监交付刑部惩处。这道谕旨，掀开了清代压制太监的序幕。

清朝前期爱新觉罗家族雄主辈出，后期又没有出现均值以下的庸主、昏

---

① 清初由议政王大臣会议和内阁掌管决策，且初期满族政治家辈出，完全不用借力宦官。因此十三衙门剥离了政治决策功能。

君，他们不需要借助宦官治国理政。清朝又是传统政治制度趋于缜密、平衡牵制术炉火纯青的朝代，军机处与内阁相互制衡牵制，奏折制度使得人人都可以是东厂和锦衣卫，爱新觉罗家族更不必多此一举，放出宦官去打破已然精密的制度设计了。于是，清朝皇帝们对宦官的基本原则是防范，而非利用。

恰好，紫禁城的上一任主人家给爱新觉罗留下了赤裸裸的教训，清代只要反其道而行之就可以了。

明朝士大夫传说明太祖朱元璋曾经立有"太监不得干政"的铁牌。这多半是士大夫的斗争策略，铁牌子虚乌有，不然在和魏忠贤等人死斗之时，他们早把这法宝亮出来了。顺治皇帝不知是否受此启发，特意铸立铁牌，强调太监"但有犯法干政、窃权纳贿、嘱托内外衙门、交结满汉官员、越分擅奏外事、上言官吏贤劣者，即行凌迟处死，定不姑贷"。这铁牌，被很多戏曲和传说演绎为"严禁太监干政""太监私出宫门一步者，斩"的金牌。清朝"恪守祖制"，这块牌子就成了后人不敢逾越的红线、太监擅权的紧箍咒。

康熙皇帝继位后，清廷立刻裁撤十三衙门，以上三旗包衣组织内务府。这是清朝第二次压制宦官。康熙皇帝对太监的认识非常理性："今宫中使令，无太监不可，故使之耳。朕岂肯以权假次辈？"

内务府是清朝汲取数千年内廷管理的经验教训，杜绝宦官擅权的一大制度创举。

首先，内务府综理与宫廷有关的一切事务，从服务皇帝、管理紫禁城到经营皇家产业、充盈紫禁城的小金库，事无巨细，无所不管。太监的职权被压缩到了最低的程度。

内务府运转以内务府堂为中枢、七司三院为业务主体、数十家衍生机构提供支撑。

在外西路，出右翼门进入斜对的内务府门，左手大院便是内务府堂，内务府大臣办公的地方，综合协调庞大的机构群维持内务府的日常运转。下属机构坐落在内务府堂附近及宫城四周。七司分别为广储、会计、掌仪、都虞、慎刑、营造、庆丰司，大体执掌仓库出纳、财务出纳、礼仪祭祀、庄园赋税、刑名惩处、宫廷修缮、牛羊畜牧。前六司职权都能在二十四衙门中找到影子，只有庆丰司最具满族特色，为明代所无。它原名"采捕衙门"，地点在西华门外北长街。

会计司在皇城外、西长安街南侧（今北京161中学校舍），主管内帑出纳及皇庄田亩等项事务，机构最为庞大。从秦代开始，皇室财政与国家财政是分开的，国库与"内帑"分立。户部掌管国家财政，皇帝的荷包则由会计司掌管。内务府的一项职能是为皇帝理财，经营皇庄、榷关、盐业、贡品交易等，支撑紫禁城的运转。爱新觉罗的私家产业相当兴旺，仅会计司主管的庄园就多达七八百处。应该说，内务府经营有道，清朝后期内帑多次拨款支援国库。另外，会计司下属有一个处："掌关防管理内管领事务处"，需要大书特书一番。

人们一般简称该处为内管领处或掌关防处。之所以有那么拗口的一个名字，源于清代八旗上三旗每期轮番派遣包衣奴才入紫禁城服务，其中的管理官员称为"内管领"，为五品官，副职"副内管领"为六品官，普通执役人员称为"苏拉"。掌关防处作为他们的管理机构，因此得名。上三旗每年各派遣十名内管领、10名副内管领，共60名内管领率领4950名苏拉（其中食钱粮的常年苏拉2700名）在宫廷奔走忙碌。如此庞大的队伍，想必苏拉是八旗子弟重要的职业去向，一如在禁旅军中扛枪吃粮；如此庞大的队伍，使得掌关防处虽然是内务府下的三级衙门，却比朝廷其他任何一个部院寺监的人数都多。

《大清会典》规定掌关防处："掌供大内之物役，凡宫中之事，率其属而听焉。"字少事多，这是一个负责宫中大小杂事的后勤部门。上自宫廷房屋修缮、车舆管理，下至窗户裱糊、庭院洒扫拔草，都由它负责。每位妃嫔、皇子额定拥有"听差苏拉"，从一二人到二三十人不等，听差苏拉承担后寝的服侍杂役，负责各宫各处分例食品、用具的备办供应。这些原本都是明代宦官的差使。

内务府在书面上吞噬了二十四衙门的职权，内管领处在实践中抢走了明代宦官的工作。

内务府七司运作类比朝廷六部则为："总管内务府衙门拟内阁，内务府大臣拟阁撰，广储司拟户部，都虞司拟兵部，掌仪司拟礼部，庆丰司则因清代起于游牧，故甚重之；而会计司拟税关与丁粮之税收，营造司拟工部，慎刑司拟刑部，至于吏部铨选之事，则归之于坐办堂郎中。"（曹宗儒《总管内务府

考略》)

三院为武备、上驷、奉宸院,可类比朝廷体制中的各寺、监等行政辅助机构。上驷院在南三所影壁正西,管理御用马匹。武备院在东华门外北池子路西,管理宫廷兵器甲胄和军用器械。奉宸苑在西华门外西苑门旁,管理景山、西苑、南苑等皇家院囿园林,辖区最大。

内务府还有庞大的支撑机构,择要举例有武英殿修书处,御茶膳房,雍和宫、圆明园、颐和园、畅春园管理处和三大织造处(江宁织造,杭州织造,苏州织造)。

内务府门的右侧,慈宁宫建筑群的东南大院,大约三个宫格,是内务府造办处。造办处是皇家工艺美术制品厂,在康熙前期建立的养心殿造办处基础上扩展而来,下设诸多专业分厂。乾隆朝时,造办处有四十余作坊:裱作、匣作、木作、漆作、雕銮作、刻字作、灯作、裁作、镶嵌作、眼镜作、如意馆、做钟处、砚作、铜作、玻璃厂、铸炉处、炮枪处、舆图房、弓作、鞍甲作、珐琅作、画院处等。今人熟悉的郎世宁、姚文翰、徐扬等宫廷画师,便是其中画院处的成员。有些作品造办处不能完成的,就行文苏州、杭州、江宁织造制办。如今故宫陈列的许多金银珠宝玉石工艺品,大多出自内务府造办处。

内务府额定官缺过万人,是清朝最庞大的机构,相比只有几百员官缺的六部而言堪称"巨无霸"。那么,如何约束这个巨无霸呢?

内务府直到雍正末年才从正三品衙门提升为正二品衙门,依然比同在紫禁城的銮仪卫、领侍卫处等衙门都要低。这是皇帝刻意压制内务府的级别。

打破内务府封闭独立隐患的利器,是将内务府官员纳入流官系统,与文武百官一体管理。总管内务府大臣由王公朝臣调任;掌管内帑的广储司有8个官缺是六部司官的专缺;三院管理大臣和院卿,以及诸多附属机构长官,都向全体朝臣开放;内务府官学,主体官员由翰林院系统或理藩院系统官员出任。内务府官兵俸饷、旗人科举、考核升调,分别由户部、礼部、吏部操作。畅通的流动性,客观上有利于内务府和各部院的业务协同,有利于提高办事效率。而内务府官员出身上三旗,伴君之侧,往往升迁便捷,反而不一定乐意长留内务府。

内务府是清朝资历最老的机构,从满清入关之前直到1924年溥仪离开紫禁城，存在长达280余年，称得上与爱新觉罗家族"同呼吸，共命运"。它始终是皇权的奴仆，清朝皇帝驾驭有方。

内务府成员的主体是上三旗包衣。满族八旗残留着部落联盟的痕迹，正白旗、正黄旗、镶白旗入关前就由皇帝亲自率领，称为上三旗，其他五旗为下五旗。包衣，是满语奴仆的意思。上三旗包衣就是皇帝私家奴仆，入关后继续为宫廷服务。他们奔走在广储司、会计司、庆丰司、武备院等处，承担着宫廷仓储、钱粮、武备等方面的烦琐劳作。在明朝，这些都是太监的工作，没了工作执掌的太监在清朝显著减少。包衣取代太监，改变了之前历代宫廷以宦官为主的状况。

宦官从前朝完全撤退到内廷的深处，昼夜从事端茶梳头、清扫落叶、传递物品等"本职"。太监轻易不得外出，除了购买个人日用品等琐碎小事外，其他事项都由内务府代购。相比明代宦官的内操，清代宦官凡有在宫中私藏鸟枪、火药、金刃器械，一经发觉，即行正法。

总管内务府大臣大多是显赫一时的王公显贵，如庄亲王允禄、恭亲王奕䜣及傅恒、和珅、荣禄等，太监群体完全无法与之抗衡。和珅任内务府大臣时，管制太监最为严苛，细微小事就大行刑罚，宦官只能俯首听命、任由驱使。

康熙初年还规定太监永远不准充当职官，不准冠戴翎顶，不准衣锦金绣及海龙、貂皮、水獭，衔名一律改为"太监"；太监御前回话或叩见皇子、宗室、王公大臣时，不准称臣称职，一律自称"奴婢"；太监不准和士大夫交游，要以使女、婢妇自居。太监的地位跌到了历史最低谷。

然而，内廷太监毕竟人数众多，分散在内务府各处管理不便。康熙十六年（1677），紫禁城设立了"敬事房"（宫殿监办事处）作为太监的主管部门。敬事房在乾东五所的第三所，是纯粹的太监机构，总管和副总管都是太监。这是清朝太监重新授职的开始。雍正八年（1730）明确了太监品秩，只有正品没有从品，从正四品到正八品共五个品级。

敬事房总管（宫殿监掌印太监）是太监首领，加"宫殿监都领侍"衔，正四品，俗称"大当家的"；加"宫殿监正侍"衔，也是正四品，俗称"二当家的"。具体某个宫殿的总管太监，称"某某宫总管太监"，加"宫殿监副侍"衔，正五品。其下有首领太监、御前太监、随侍太监、太监等诸多等级。

最底层的太监，没有任何品衔，俗称"散太监"。按照工作场所划分，分配在宫内的叫"大内太监"，在坛庙神殿佛堂内当差的称"司香太监"，服务各行宫的叫"行在太监"，守护山陵的叫"陵寝太监"，宫内各机关（如军机处、侍卫值房等处）的杂役太监叫"苏拉太监"，在王公贝勒府邸服务的叫"府邸太监"。

清代太监数量大为减少，额定数量才3000名，缺员是常态，通常维持在2500名上下，与动辄上万的明朝前辈相比，相去甚远。

太监在清朝官制中明确为宫廷主管部门的一个司局部门，方方面面受到朝臣集团的管辖与牵制。朝臣拥有了随时惩处太监的制度力量，甚至可以先斩后奏。明代太监视朝臣为草芥，清代朝臣视太监为猪犬，对犯罪太监毫不手软，往往极刑伺候甚至连坐。

乾隆年间，一个太监在谈话时直呼大臣梁国治的名字。当时梁国治并不在场，但路过的内务府大臣和珅听到了，勃然大怒，"梁为朝廷辅臣，汝辈安可轻之？"当即杖责这名太监数十下，勒令其向梁叩头认罪。

光绪年间，内阁学士溥顾请宝来迟，首领太监贺进喜大骂出口。内务府大臣福锟立刻逮捕贺进喜，严加审讯，并不顾贺进喜"溥顾向我徒弟辱骂"的辩解，革去其首领太监职务，杖一百枷号一个月，分拨下贱处当差。

清代太监犯错，细微小过由各宫殿自处，其余由敬事房报内务府处理。太监只有在购买私人用品、亲属丧事等少数情况下，经过严格审批才能请假出宫。御前太监出宫，内务府派两人随行，并设立档册，将太监出入时刻、去处、随行人员等详细列名，存档备查。嘉庆十八年（1813），部分太监参与了天理教造反，内务府对太监的监控更加严苛，严禁太监随意请假，即便批准还常常缩短请假天数。太监告假回家期间，内务府派官役到门口监视。

清朝管制太监如此之严，为什么还出现安德海、李莲英等大太监呢？

安德海、李莲英等人的做派，在明代太监和朝臣看来简直是小儿科。安德海私自出宫，被山东巡抚丁宝桢轻松斩首——这是明代官员不敢想象的。李莲英突破了敬事房总管四品的限制，最后加衔二品。但是在安德海伏诛后，"敬事房掌印太监"的官职就闲置不授了，李莲英终其一生本职都是"宫殿监衔宁寿宫五品大总管"，并非法定意义上的"李大总管"。很多人以为李莲英统辖宦官群体，其实这权力一直掌握在慈禧太后手中。①晚清太监势力有所抬头，本质上是慈禧太后掌权，缺乏依靠力量，不得不有所借力的结果。

乾隆初年，奏事太监为秦、赵、高三姓。乾隆皇帝这么做，是为了自儆，时刻牢记秦朝太监赵高指鹿为马、揽权乱政的教训。乾隆皇帝待太监极严，之后凡是可能参预奏事或者沾染政务的太监，事先都强令改姓为王。"王"姓普遍，太监改个大众姓氏，让其他人分不清此"王太监"和彼"王太监"到底谁是谁。"宵小无由勾结也。"（徐珂《清稗类钞·阉寺类》）

乾隆皇帝上谕说："我朝列圣家法事事超越往古，而内庭法制尤为严密。……从无一人能窃弄威福者，固由于法制之整肃，而实由于君德之清明。"乾隆喜好自夸，可这个论点并不算过。

---

① 本文有关明朝太监的生活细节，多引自高艳：《明代宦官日常生活研究》（西南大学硕士学位论文）。有关清朝太监的细节，多引自王树卿：《清朝太监制度》（续），载于《故宫博物院院刊》1984年第3期；爱新觉罗·恒兰：《清廷太监杂忆》，载于《武汉文史资料》2006年第1期。

太监的三个"儿子"

　　宦官是无家之人。可是,家庭是人类的本能追求。身体残缺的宦官们概莫能外,而且更加渴望享受家庭的温暖。

　　在皇帝的设定里,紫禁城就是太监的家。明初规定宦官"月米一石,衣食于内廷",内廷可以提供宦官的一切生活所需,却提供不了家的温暖。

　　明代宦官的饮食、起居都在直房进行。那一座座普通的瓦房就是宦官生活的主场。司礼监秉笔、随堂太监的直房在紫禁城护城河河边,在今北河沿大街和东筒子河之间,一共有八处房子。景运门西南有都知监太监的直房。隆宗门东北是司礼监太监直房,内廷纸扎书箱都贮藏于此。隆宗门南边是监官、典簿太监直房。再西是大庖厨、尚膳监等处太监直房。武英殿西南有御用监太监居所。

　　司礼监掌印、秉笔太监直房不止一处,在养心殿殿门内向北也有一处直房,方便辅佐皇帝处理政务。宫中旧制,司礼监掌印、秉笔等太监需要每日在此直宿。其余宦官等候圣驾安寝,便将寝殿宫门关闭,散归各自直房安歇。司礼监大太监手下经管衣帽的小太监,将官帽一顶、贴里道袍大袄或褂共上一条领者一副,总缀两条带子,将提系绦牌穗亦挂得停当,在关门前递送给大太监。一旦夜间突发意外，或是皇帝临时传召，殿内直宿的大太监可以迅速穿戴好衣冠，赶到御前。这套衣物名曰"一把莲"。

紫禁城北城墙和后寝之间、西城墙和内金水河之间都有狭长的空地，兴建了中下层太监的直房。这些连排瓦房从西、北两个方向，像一个半圆形包围了紫禁城的主体建筑。

神武门迤东廊下家有十一道门（东长房），神武门迤西有九道门（西长房）。紫禁城西北角自北而南、内金水河西畔，连排有三十四门。这五十四道门的瓦房，总称"廊下家"。廊下，一说是低级太监只能在宫殿廊下候命，他们的住处因此得名廊下家；一说是低矮的胡同的意思，廊下家在明代紫禁城中建筑规制最低，安顿的也是最卑微的底层太监。名称之谜并不妨碍廊下家成为紫禁城内最有市井气的区域，每到饭点炊烟四起，每逢佳节各门互贺。太监们惯常在门前房后栽种枣树，长年累月以后廊下家一带树木森郁。紫禁城的土壤似乎特别适合枣树生长，所产枣子甘甜爽口。太监们用枣子为曲酿酒，戏称为"廊下内酒"，贫困者甚至销售枣酒为生。当年的廊下家，尤其是内金水河畔一带，树木成荫、静水长流，景色优美，逐渐吸引了中高层宦官过来霸占好房子作为直房。

清代太监住处称为"他坦"。他坦是满族人狩猎时临时休息的窝棚，此处指的是紫禁城内规制很低的太监住处，与廊下家逻辑相通。清代太监数量大减，他坦集中在西城墙内中段偏南地区，以及内务府区域西侧院落。前者自北向南分别有长春宫他坦、中正殿他坦、南书房他坦、果房他坦、衣库他坦等。内金水河东侧、内务府衙署西边院落，自北往南分布着内阁他坦、乾清宫他坦、四执库他坦、皇贵妃他坦等。内务府银库西边院落是独立的内奏使处他坦。从名称可见，清代太监以效力处所为单位，集中居住。考虑到他们出宫的机会少之又少，效力处所和他坦构成了两点一线的日常时光的重心。

对于明朝大太监而言，紫禁城真的只是工作场所，他们的家在"外宅""私邸"。

正统年间，明英宗特赐直殿监太监刘通宫外居第，还允许他娶"王氏之女"为妻，料理家政、照顾老母亲。这是"至厚"的恩情，同时表明明朝前期太监就可以有外宅，可以娶妻了。其后，有权势的大太监纷纷在外建造私人府邸，营造"家庭生活"。

明代宦官死后经常舍宅为寺，京城许多寺院可以溯源至明代太监。法华寺是正统年间大太监刘通的私第，智化寺是一代权阉王振的外宅。很多大太监干脆一开始就将私第建为寺庙，还从皇帝那求来"敕建"的牌子。不明就里者很难想到这些敕建庙宇竟然是宦官宅院。其实这是宦官自卑软弱特性的暴露，用寺院形式来留存外宅。更深层的原因是作为刑余之人，太监死后不能归葬祖坟，不想成为孤魂野鬼的他们只能皈依佛门，死后沐浴在佛光下，对抗残酷的轮回法则。寺庙就是他们的坟茔之所。

明代宦官是京畿地区佛教事业的慷慨赞助者。他们普遍信仰佛教，且动用权势修缮、兴建寺庙。"京师巨刹，大兴隆、大隆福二寺为朝廷香火院。余有赐额者，皆中官所建。"大太监独力为之，力有不逮者聚众为之。北京西郊很多寺庙是中高层宦官集体出资修建维护的，预备为日后集体安歇之所。宦官平日出宫，通常会去自家庙宇沐浴、休憩。这些庙宇也是朝臣和宦官的密会勾兑场所。

既然有了家，就需要有家人。太监们最在意的是"嗣子"，日后祭祀自己的继承人。绝大多数宦官出身孤立无援的赤贫家庭或者诛灭满门的罪臣之家，没有近亲可以过继，或者幼年入宫，不知自家谱系，便选择蓄养"养子""义男"。历史上最著名的太监养子，当属东汉大太监曹腾之子曹嵩。曹嵩生子曹操。曹魏建立后，追封曹腾为中国历史上唯一的太监皇帝。明代太监为养子义男乞求官位蔚然成风，犹如亲生父亲一般护佑养子的仕途。明朝后期，宦官义子滥赏官职，占据要位，为其爪牙，祸乱朝政，成为太监擅权的一大弊政。一些无耻之徒干脆不顾生父尚存，不顾年龄差距，直接拜大太监为父、为祖，卖身博取官爵和利益。举朝阿谀魏忠贤之时，争先恐后向魏忠贤行五拜三叩大礼，山呼爸爸爷爷的，大有人在。

不过，魏忠贤属意的继承人应该是亲侄子魏良卿。魏良卿在魏忠贤扶持之下扶摇直上，出任太师，甚至代天子祭礼。如果能找到宗法血缘意义上的继承人，大太监们自然倾向于过继他们为嗣。

外宅的另一大功能是广积家财。几个擅权的大太监聚敛的金银珠宝数以十万计。王振抄家后，家产为"金银六十余库，玉盘石，珊瑚高六、七尺者二十余株，他珍玩无算"。刘瑾败灭时，抄出"火玉带八十束，黄金二百五十万两，银五十余万两"。弘治年间，太监李广家中抄出赂籍，明孝宗看到其中多有文武大臣，"馈黄白米各千百石"，发问："李广能吃多少，怎么收了这么多米？"左右解释道："此乃隐语。黄者金，白者银也。"贿赂是太监巨额财富的主要来源，其次是搜刮民脂民膏。

顶尖的大太监还有"私臣"，"私臣曰掌家，职掌一家之事；曰管事，办理食物、出纳、银两；曰上房，职掌箱柜、锁钥；曰掌班、领班，铃东西班答应官人；曰司房，打发批文书、誊写应奏文书。其下则管帽、管衣靴、茶房、厨房、打听官、看庄宅各琐屑事务也。"需要注意的是，这些私臣本身也是太监。私臣是他们的兼职，也是宫廷地位的表现。

外宅、养子、私臣，都是极少数大太监的专利。绝大多数中低级太监则借助"对食"来营造家庭生活。早在汉代就有太监和宫女自行配对，相互照顾饮食的做法，称为对食，这在晚明紫禁城几乎是公开现象。太监与宫女对食之风越来越盛，如果没有对象，就会遭到同伴的嘲笑——太监与宫女概莫能外。双方成配同样有媒妁之言，"唱随往还，如外人夫妇无异。其讲婚媾者，订定之后，星前月下，彼此誓盟，更无别遇"。正常婚姻的外壳与礼数，宫中对食一样也不能少。虽然不是正常婚姻，却已经让清代太监艳羡不已了。清朝太监路遇宫女，都要让宫女走过再行，不许掺杂争路。太监宫女不准认为亲戚，非奉本主使令，不许擅相交语，更严禁嬉笑喧哗。太监的他坦不能留宿外人，一经发现先杖责再逐出紫禁城，发往外围充当苦差。因此，清朝绝无对食之风。

明代对食将"食"字发挥到了极致。双方对饮食极为上心，似乎饮食是男女间的大事、家庭中的主轴。中高层宦官的直房临近主体建筑，不敢设庖厨。太监的饮食都是在河边等处做好后抬入，温热后再享用。大太监们食不厌精，"凡煮饭之米，必拣簸整洁，而香油、甜酱、豆豉、酱油、醋，一应杂料，俱不惜重价自外置办入也。"少数大太监甚至承办了明朝后期的御膳，可证太监炊事之强盛。

逢年过节，太监宫女如同民间夫妻一般准备节日饮食。自年前腊月廿四日祭灶之后，"各家皆蒸点心储肉，将为一二十日之费。三十日，岁暮，即互相拜祝，名曰'辞旧岁'也"。中秋节"家家供月饼瓜果，候月上焚香后，即大肆饮啖，多竟夜始散席者。如有剩月饼，仍整收于干燥风凉之处，至岁暮合家分用之，曰'团员饼'也"。腊月起，家家买猪腌肉。腊月初八日煮腊八粥，"举家皆吃，或亦互相馈送"。廊下家各门各户时常相互馈赠，互相夸赞精美，共同庆祝佳节。明代紫禁城发展出了太监的节日宴会。如每年重阳前后太监相邀宴会，称为"迎霜宴"。席间吃兔肉，又称为"迎霜兔"。

太监的"家"和美好生活建立在权势之上。如何保持权势？明代太监便又结成了政治上的"家"，争取权力在自己的谱系中流传。

大太监有把持权力的需求，新入宫的小火者也有发展的需求。净身男子入朝，各衙门的大太监择其中面容姣好、聪慧机警者纳入名下，结成"本管/名下"关系，以备传承衣钵，双方形同父子。本管对名下太监有教导、提携的义务，名下要服从前者。不过，大太监通常无暇亲自教导，而是派心腹太监照管，又形成"照管/名下"关系，双方类似叔侄。同一个大太监有多位名下太监，他们之间互为"同官"。同官宦官之间不论官位，以入宫前后为长幼，后辈对前辈要恭敬执让，情同兄弟。一个大家庭就此诞生了，以本管太监为尊，以照管太监为支柱，多名同官加薪添柴；同官再接纳新的名下太监，谱系就形成了。这类似士大夫们的科举关系网络，本管相当于座师、照管相当于房师、同官相当于科举同门。他们都通过某种纽带结成了带有约束力的政治派系。

有人研究明代太监派系，谱系最多的是嘉靖朝太监孙彬集团，达到4代。弘治十四年（1501），15岁的孙彬入宫，司礼监太监萧某纳其为名下。在本管萧太监的关照下，孙彬历任司礼监写字、乾清宫近侍等职，后升为内官监太监。孙彬又先后教导了孙经、车钦、马荐等9人为名下太监，又收纳张才、胡英、王保等孙辈太监。孙彬身边就形成了一个四代同堂的太监集团。①

太监的肉体会消亡，但其所在的派系将延续下去。名下太监不仅继承了本管太监的政治利益，还往往延续了前者的行事做派和政治风格，更有义务照料本管太监的晚年，为长者求取身后哀荣。政治意义上的儿子，比大太监们在宫外收纳的养子义男和寻觅到的血脉亲属更加可靠和有力。

任何派系都是双刃剑，在宫廷斗争中更加明显。明代大太监一旦失势，名

---

① 李军：《拉名下：明代宦官政治权力之传承与派系生成》，载于《史学月刊》2015年第2期。

高墙和蓝天下,太监也渴望在紫禁城内掌握权力(张碧君 摄)

下党羽无不铲除殆尽。魏忠贤诛杀王安时，将王安派系斩尽杀绝。王安名下曹化淳、王裕民、杨春、张若愚等宦官都惨遭酷刑，幸存者发往南京，白天用石墩锁住，夜晚强迫打更。王安私臣则直接诛杀。轮到魏忠贤覆灭时，其名下派系同样清洗得一干二净，名列阉党，永世不得翻身。

清代太监也有师徒之别，但是无法营建政治派系。晚清太监魏子卿说："留在宫里以后，首先要认师父。能当师父的都是地位高、年纪大的太监，就是总管、首领之类的人，他们一辈子能收许多徒弟……实际上师父把徒弟当成自己的仆役。天不亮，徒弟先起来给师父准备漱口水，洗脸水。时候到了，再轻轻地走到炕边把师父叫醒，侍候他穿好衣服。夜里，要等师父睡下后自己才敢休息，而且还不能睡得太死，师父一呼唤，要立刻应声。"清代的太监师徒关系更多是照料生活起居，与政治传承无关了。

一张白纸的小火者成长为治国理政的大太监，离不开系统的教育。宣德时期，紫禁城设立了内书堂，召翰林教育宦官读书。内书堂的小宦官是大太监的后备人选，相互之间又构成同学关系，相互提携。小宦官们学成分发各衙门，就有了政治依靠，升迁顺利。明代太监视入内书堂读书为"正途"。当然，内书堂读书并不是一桩轻松的事。晚明小太监王安入内书堂后，不刻苦学习，好嬉戏玩闹。照管太监杜茂得知后，将王安的双腿绑在书桌的两脚上，略有懈怠就棍棒相加。系统教育和刻苦学习，使得明代宦官文化素养较高。嘉靖朝的司礼监秉笔太监鲍忠，多学善书，闲坐树下时还拾树叶写诗。他名下太监田义也练得一手出众的书法，日后成长为司礼监掌印太监。晚明太监刘若愚，好学有文，著有《酌中志》一书。该书是唯一一本流传至今的宦官著作。

明代极可能是太监生活最惬意、最接近正常社会的朝代。各种形式的宦官家庭、太监团体，本质上是对身体残缺的补偿。或许有太监会迷失在种种"正常的假象"之下，但他们的日常生活终究是不正常的。

太监的日常生活

宦官是紫禁城的主要居民,人数最多,比例最高。

明代北京人王敏,擅长蹴鞠。明宣宗听闻后,召王敏及其同伴入宫表演蹴鞠。同伴吓得事先潜逃了。王敏老实入宫表演,深得明宣宗的赏识。一纸诏书,将王敏送去施加宫刑,要留他在紫禁城常伴帝王蹴鞠。王敏创伤痊愈,拖得病体回家,妻子惊闻噩耗,两人相抱恸哭。

明代太监来源主要是京畿赤贫人家子弟、罪官子弟、周边少数民族战俘等,极少数是野心勃勃、自宫入内的成年人。清朝严禁八旗子弟当宦官,紫禁城太监的来源基本是京师和直隶的赤贫子弟。一般幼年阉割成活率高,且日后衰老速度慢。年长者阉割,不仅要漫长的心理建设,还要承受巨大的身体风险。

经历残忍的手术,休养月余,幸存者下地之日就是他们的大喜之时。下地意味着手术成功,清代称为"出劫成道"。当天,施刀匠和被阉者相互贺喜,过了这一天,太监再遇到喜事,就不能再对他说"贺喜"或"您大喜了",只能说"您吉祥"。因为"喜事"特指清代太监下地成功,日后再提喜事,便是对太监的嘲讽。"大喜"二字是清代太监最忌讳的用语。

每个太监割下的生殖器称为"升",手术者会收藏,待价而沽。日后太监身故入殓必须"物归原处"，方能盖棺下葬。太监富贵之后，或者三四十岁后，往往选择吉日重金赎回生殖器，称为"赎升"。太监穿戴礼服将"升"接回住所，在本人卧室的房棺上整理一尺余长的地方，将"升"供奉柁上，借"柁""升"之音寄托"托生"的美好愿望。太监希望来世投胎，能够做个健全人。自然，"升"字也是太监的忌讳。太监升官，他人不能祝贺"高升"，还是要用"您吉祥"来代替。清朝太监尤其忌讳吵架时他人骂："你们家窝里，供的是什么东西？"倘若有人如此咒骂，他会与对方拼命。

为了长期保存，"升"需要反复油炸。清代北京城饭馆内"油炸鸡块"都改名"炸八块"。倘如饭馆菜牌写有"油炸鸡块"，太监一经发现就会上门捣毁。种种忌讳，都隐藏着太监们的缺陷与自卑。

清代太监入宫前，先向内务府会计司报名，填写姓名、年龄、籍贯、住址、亲属等资料，形成"投充花名册"，然后写保证甘结。会计司把每个人的甘结行文他们的原籍府县核实，原籍府县将调查情况写在备用太监的"投充花名册"上，加盖府县官印，咨送内务府。以上手续完成后，等候"验净"。会计司"验净"没有固定日期，一般注册满10人验看一次。

"验净"由会计司会同掌仪司共同办理。两司官员先看备用太监是否瘸子、口吃，面貌是否端正，然后按照年幼者、京畿直隶人优先的原则做出决定。年龄偏大或别省之人拨给亲王、郡王府邸使用，其他人入堂验净。验净由一名年老太监负责，称为"司净太监"，且有内务府官员和其他太监在场。所有人要对结果负责。明清二朝，在北京宫禁内，从未发生过假冒或未净身入宫事件。有关太监秽乱宫闱的传说，确定是子虚乌有。

验净完毕，两司官员呈明内务府总管大臣。年轻貌秀者送敬事房，由总管太监分配工作，称为"内廷新补太监"；次等的分派各处行宫、坛庙、陵寝服务，称为"外围太监"；再次留在内务府供差遣，名为"听差太监"。分配完成，他们的太监生涯才算正式开始。

清朝太监的一辈子，大体奔走在差事地、他坦之间，最多再加定期去东华门外恩丰仓领取禄米，人生比较单调无聊。

晚清太监王悦微说："做太监的也分三六九等，生活上有天地之别。总管和首领，如服侍慈禧太后的李莲英和服侍隆裕太后的小德张，生活享受和皇帝、皇后几乎没有什么两样。他们一天到晚,除了在主子面前献殷勤、讨主子的欢心之外,是没有什么正经事可干的。可是我们下层太监就不一样了,行动处处受限制,同坐牢差不了多少。服侍主子无时无刻不提心吊胆,顶头太监叫你干什么,你就得干什么,不是人干的活也得干。一切要看别人的喜怒行事,什么委屈只有压在自己的心里……我们一进到宫里,便再难回家了,家里来人看望也有一定的限制,不能常来,见面谈话也有人看着。"

明代太监也分三六九等,但即便是底层太监生活也非常丰富。这是明朝宽松的宦官制度决定的。夜深下班之后,太监们烧暖地炕,饱食逸居,无所事事又寝寐不甘,于是三五成群"饮酒掷、看纸牌、耍骨牌",玩耍到二三更才散。也有好学的太监,或临帖练字,或读圣贤之书,或杜门篝灯,草衣粗食,磨砺精神。但这样的太监寥寥无几。清代太监不能赌博,不能聚众玩闹,赌博初犯的太监枷号三个月,重责四十板,发往东西陵当差,后来改发往打牲乌拉给官员为奴,三年期满释回,分拨外围当差;第二次赌博,即绞监候。

清代太监不仅生活单调,而且待遇微薄。宫人们与京城普通人家的穿戴差

在太监眼里,也许紫禁城是这个颜色(郭华娟 摄)

别不大。不得意的宫女大多自制荷包，拜托太监寻觅机会出宫销售，针黹极为精致，每套售价才4两银子（晚清）。

宫禁森严、生活窘迫，一些太监不堪苦闷，往往自杀或脱逃。清朝中期，内务府每年抓回的逃跑太监达四五十人之多，这还不包括没有追回的太监。紫禁城不得不从府邸太监中补充力量。嘉庆九年（1804），质郡王绵庆照例要交纳八名太监入宫，其中四名闻讯后便潜逃。内廷太监生活之苦，令府邸太监闻风而逃了。咸丰元年（1851），慎刑司逃犯太多，人满为患，内务府大臣奏请将永远枷示的逃走太监改发黑龙江监禁。个别的太监逃跑五六次之多。

清代紫禁城还剥夺了太监、宫女的自杀权力。"凡太监、宫女在宫内用金刃自伤者，处以斩立决；欲行自缢自尽、经人救活者，处以绞监候。"自尽的太监宫女，尸骸抛之荒野，还连累亲人，家属要流配新疆伊犁给兵丁为奴。

只有衰老和重病才能让太监离开紫禁城。清代规定老太监"在外养病一年未愈，如系六十五岁，或系笃疾者，验看属实，方准给予执照为民"。原则上，出宫太监需要回到原籍，接受家乡官府的监管。可是很多老太监六亲无靠，无家可归，难以回归故乡，不得不寄身京城的寺庙，或荒郊野岭。明代起码给无权无势的底层太监设置了一个去所——安乐堂。安乐堂在北安门里，位于养蜂夹道中，即现在北京图书馆旧馆西侧，原本是永乐年间建造紫禁城时工匠的治病之所。后来，没有名下太监、没有外宅、没有寺院可依托，且重病缠身的太监，安置于此。说是"养病"，其实是让他们自生自灭。如不幸病故，内官监给棺木，惜薪司给焚化薪柴，抬至西直门外净乐堂焚化。可叹清代太监连安乐堂都没有。

清代太监只能拼命积蓄钱财，就为晚年出宫后能有一个好结局。他们拿着有限的钱财，到寺庙拜方丈、住持为师，或购买土地捐赠给寺庙，依靠寺庙的香火和经营土地的收入维持生计。寺庙只能供应基本的柴米、衣靴。宦官终老寺庙，死后则就地埋葬。清末北京郊区的恩济庄、立马关帝庙、金山宝藏寺、岫云观、玄真观等二十余处都是出宫太监生活的地方，至今存留着许多太监遗迹和坟茔。

晚清太监张德修述说他们的晚年：

> 太监在宫里一般都是从小干到老，直到无力服侍人的时候，还是

得被赶出宫去。出宫以后住在哪儿去呢？哪儿是我们太监安身立命的归宿之所呢？像大太监李莲英、小德张，或者比他们次一等的太监，是不存在这样问题的。可是，我们这些一般的太监，情形就完全不同了。头一条，那时太监是被人瞧不起的，骂太监是"老宫"，这种情绪当然也就影响到三亲六故了，谁愿意跟一个没混出头的太监认亲戚呢？第二条，当太监的大多出身于贫苦家庭，你在宫里待了几十年，自己的家也许就无处找了，有的太监是自幼被人拐骗来的，压根儿就不知道家在哪儿。第三条，我们从小伤了身子，在宫里除了侍候人，什么手艺也没学会，真是栖身无所，谋生无术啊！这样一来，太监们就只有把超脱尘世的寺庙当作苟延残生的唯一所在了。

这些可怜人，终归是皇权大业下的蝼蚁，只不过依附皇权太近，灰飞烟灭得惹人注目罢了。

宋佳霖 摄

文华殿 / 清宁宫 / 端本宫

爱新觉罗·弘历步入晚年后,常常推开养心殿的后门,走过长长的西二长街,在长街尽头的百子门前站定。

门的后面,珍藏着他的美好记忆。

弘历出生在雍亲王府,于父亲登基后搬入紫禁城,先是和诸兄弟在毓庆宫住了几年。雍正五年,弘历大婚并拥有了自己的独立宫苑:乾西二所。乾西二所在西六宫北、百子门后面。在属于自己的这处院子里,弘历生儿育女、受封宝亲王、父皇赐屋名"乐善堂"……乾西二所成了乾隆盛世的肇祥之地。

成为乾隆皇帝后,弘历将乾西二所升格为重华宫,大规模改造东西两侧,改建为皇帝专属的内廷别院。乾隆皇帝对这片龙兴之地眷恋情深,时常回重华宫休憩暂住。从乾隆八年(1743)开始,每个新年伊始,乾隆皇帝都在此举行茶宴,召集内廷大学士、翰林等人雅集联句。自诩为诗人皇帝的乾隆,总会即兴创作诗作多首,命人刻匾悬在重华宫的前殿——崇敬殿内檐。弘历诗兴之浓、对诗作之自信,以至于到乾隆六十年(1795)宫殿四周已经挂满了乾隆诗匾,无以复加。此情此景,是典型的乾隆皇帝做派。

现存重华宫保留了乾隆时期的风貌:三进院,前院为崇敬殿,面阔5间,进深3间，黄琉璃瓦歇山顶，前檐正中有3间抱厦，殿内悬挂匾额"乐善堂"，这是雍正十二年（1734）新春，弘历受封宝亲王时亲笔题写的。崇敬殿中间放置宝座；中院为正殿重华宫，是弘历早年的卧室，西室是弘历大婚的洞房；后院正殿为翠云馆，东间是"长春书屋"，是弘历即位前的书房。在成为整个紫禁城的主人之前，弘历熟悉这三进院的一瓦一木，摩挲过一桌一椅。

重华宫或许是乾隆皇帝用情最深、最为熟悉的宫院。

他记得"长春书屋"最早的名字是"抑斋"，取这个名字是为了时刻自我提醒韬光养晦、谨言慎行；他记得乔迁新居的当年早些时候，父皇残忍处死了三哥、自己最大的竞争者弘时；当重华宫还叫乾西二所的时候，弘历牵着毕生挚爱、原配富察氏，看着嫡长子永琏在院子里欢蹦乱跳。永琏是弘历心中的头号继承人选。可惜，岁月无情地夺走了父皇雍正、夺走了爱子永琏、夺走了爱妻富察皇后，乾隆的毕生功业、八十多年喜怒哀乐，没法分享给最爱的人，也没有理想的继承人选，空余一所重华宫承载回忆。

乾隆皇帝曾在七十三岁的时候，饱蘸深情，写下了《重华宫记》："少而居之，长而习之，四十余年之政，皆由是而出……盖宿学之所安，旧剑不能忘也，是以四十八年以来，元旦除夕，无不于此少坐。""旧剑"用的是汉宣帝立后的典故。汉宣帝为权臣霍光所拥立，群臣奏请立霍光之女霍成君为皇后。汉宣帝深爱微时旧爱许平君，于敏感时期下诏说丢失一把"旧剑"，要众臣帮忙寻找。君臣最终立许平君为皇后。乾隆用此典故，致敬挚爱的孝贤纯皇后富察氏。

重华宫的内饰，乾隆皇帝完全按照自己与富察氏生活时的原貌复原，室内摆满登基前的各种生活用品。重华宫陈设有一对醒目大柜，是富察氏陪嫁的妆奁；东首的顶柜放着祖父康熙皇帝赐给弘历的物件——孩提时弘历深得康熙喜爱，乾隆引为终生骄傲。祖父是乾隆的偶像；西首顶柜东边存放雍正所赐物件，西边存放生母崇庆皇太后所赐物件；两个顶柜下的箱子里，都是弘历登基前常用的服饰物品。乾隆皇帝内心最柔软的记忆，永远封存在了这里。

两百多载日月流转，弘历与富察氏当年的生活样貌始终未变。

儿子嘉庆皇帝延续每年重华宫茶宴联句的做法，作为家法，在每年正月初二至初十期间举行。孙子道光皇帝也继承传统，但并非每年举行。曾孙咸丰以后，重华宫新年茶宴终止。

紫禁城中，皇帝只有一位，皇子皇孙数以百十计。

人生岁月，当皇帝十几年，只是人生的一部分，而非全部。

当皇帝还是小皇子时，他们住在何处宫院，紫禁城又是怎么教育他们的？

东方，五行属木，寓意万物生长；紫禁城外东路，自然成为皇子居所的首选之地。

文华殿，外东路最醒目的建筑，紫禁城落成时就矗立在那里。文华殿位于东华门与协和门之间，偏近协和门，与外西路的武英殿相呼应。文华殿居东，中国人习惯称太子为"东宫"，两项正好符合。

文华殿建筑横跨内金水河南北，南边是主殿大院。北边是后院。文华殿主体建筑呈工字形，南向，面阔5间，进深3间，黄琉璃瓦歇山顶，下有甬台，甬台向前直通文华门、向后包括了后殿主敬殿。主敬殿规制与文华殿相似，但进深稍浅。主殿与后殿之间以穿廊相连。南边大院有东西配殿，分别是本仁殿、集义殿。清代在大院东侧增建了跨院传心殿，是皇帝经筵前祭祀孔子的地方。

紫禁城落成之日，文华殿就迎来了第一位主人：四十三岁的朱高炽（明成祖太子、日后的明仁宗）。

银装素裹望端门（郝磊 摄）

朱高炽居住在主敬殿，太子属官分班入值。朱高炽虽说是皇太子，却是一位经验丰富的政治家了，几度在父皇朱棣离京的时候监国理政。文华殿就成了太子观政的场所，百官入文华殿朝拜太子。此外，文华殿还是皇太子在父皇病重期间提前进入皇帝角色的场所。明英宗病重期间，皇太子朱见深就在此代父处理朝政，发号施令。文华殿极易形成紫禁城内新的权力中心。

明朝初年以加强君权为趋势，即便是亲生儿子，即便是钦定的接班人，皇帝也不能允许他威胁到自己。好在朱高炽之后，历代皇太子都没有成长到可以独居、观政的年纪就称帝了，文华殿一直没有新的主人。皇帝与太子的权力之争并没有机会爆发。

但是文华殿没有闲置，摇身变成了太子出阁就读场所。

皇子皇孙开始接受正规教育，称为"出阁"。明代太子出阁的年龄通常在八岁左右，明英宗朱祁镇两岁出阁，明孝宗朱祐樘六岁出阁，明武宗朱厚照八岁出阁，明光宗朱常洛十三岁才出阁就学，这与万历皇帝不想立朱常洛为太子密切相关。

每日早朝退朝后，太子出阁读书。东宫官属先在文华殿参拜太子，宦官再带领皇太子到主敬殿就座、奉书，教授太子的讲官进入后殿、分成东西两班站立。东班侍读官员先陪伴太子读《四书》十余遍，叩头退出；西班侍读官员再陪伴太子读《五经》或者史书十几遍，也叩头退出。诵读完毕，侍书官员陪伴太子练习书法。皇太子书法春夏秋三季每天写一百字，冬季写五十字。如此，太子读书功课就算完成了。侍读内容，皇太子三天复习一次，要达到背诵成熟的程度。复习当天不再进讲新内容。午膳后，太子需要学习骑射，但明代要求不严，也可以自由游玩。

明代皇太子在这套制度的培养下，大概率会成为儒臣希望的文人皇帝。

明英宗"南门复辟"之后，对皇权尤为敏感，连皇太子读书都不愿意设置专宫。天顺年间，明英宗将文华殿改为皇帝的便殿，将太子讲学移到文华殿东边的本仁殿。明朝皇太子从此失去了与朝臣接触的专宫。嘉靖初年，嘉靖皇帝进一步将文华殿改作皇帝斋戒、经筵之所，全宫建筑换上黄琉璃瓦顶。内金水河北边的后院修建了圣济殿，拨给御药房使用。

不知道纯属巧合还是天意使然，之后明朝竟然再未出现成年的皇太子。

嘉靖皇帝本人迷信"二龙不相见"之说，后期对事实上的继承人、唯一存活的儿子朱载坖极为冷淡。朱载坖始终没有册立皇太子，而且出居藩邸。紫禁城在漫长的嘉靖朝并没有皇子生活。万历朝则是朱常洛、朱常洵两位皇子争位，闹出妖书案、争国本等诸多争端。万历二十一年（1591），万历皇帝不甘不愿地立朱常洛为太子，此时的朱常洛已经十九岁了。朱常洛的太子位并非出自万历本意，他长期得不到父爱，并未享受出阁讲学待遇。

成年后的朱常洛居住在清宁宫，一直到再过十九年之后才登基成为明光宗。

清宁宫已经无存。外东路是紫禁城建筑变动最大的区域，宫殿历史复杂。我们只能从历史典籍中拼凑清宁宫的面貌了。

其实，清宁宫就在文华殿后东北方，即明朝中后期文献记载的端本宫。①

从东华门入宫，跨过内金水河上的石桥，右手侧大几十米开外又是蜿蜒东流的内金水河，三座白石桥横跨河上。过桥便是一道红墙，三座琉璃门随墙而开，俗称"三座门"。进入三座门是一处开阔的广场，一座巨大的琉璃影壁傲立中间。历经岁月沧桑，今人很难想见此处四五百年前挺立着清宁宫。

清宁宫应该是紫禁城最早的一批宫殿之一，三座门就是清宁宫的正门"前星门"，大影壁及其东西沿线是当年宫院建筑的南缘。大影壁与三座门之间的空地，当年极可能也是空地。清宁宫有三进院落，以三宫格计。东西跨度极可能也是三个宫格，整个建筑群占地九个宫格。清宁宫西部有端敬殿，接续文华殿的作用，预做皇太子日后读书、观政之用。

清宁宫的定位就是太子宫。然而，宫殿长存，太子却不常有。紫禁城的太子宫殿也好，皇太后太妃宫殿也罢，都与太子太后的存废有关。总体而言，皇太子人数远少于皇太后、皇太妃。清宁宫大多数时间没有主人，从明英宗时挪作了生母孙太后的居所。当明朝两位太后并立时，清宁宫便成为太皇太后或地位略逊一等的皇太后居所。一直到迎来朱常洛常住，清宁宫重新名实相符。

万历四十三年（1615），有一个来历可疑的老百姓张差，直入东华门，冲进前星门，来到清宁宫殿前，试图杖击太子朱常洛，引发梃击案。朝野沸议，

---

① 姜舜源：《紫禁城东朝、东宫建筑的演变》，载于《故宫博物院院刊》1995年第4期。

琉璃影壁（孙珊珊 摄）

普遍同情朱常洛、怀疑郑贵妃。梃击案以郑贵妃前往清宁宫向朱常洛求情，朱常洛巩固太子位而告终。

清宁宫最初照搬南京明朝皇宫的木制建筑，房屋连排而建，毁于嘉靖十年（1531）的火灾。灾后，嘉靖皇帝亲自考察，指示将接栋连檐的木结构建筑改为以砖石为主体的建筑，同时指示"宫中建筑连栋毗楹，弊端颇多，当修防火墙，开辟防火通道才是"。在废墟中重建的清宁宫改为了砖石宫殿。明末，崇祯皇帝将皇嫂、懿安张皇后移居清宁宫，改名慈庆宫。崇祯十五年（1642），为预备太子大婚，慈庆宫再次更名"端本宫"，恢复为太子专宫。

崇祯皇帝除了太子外，还有定王、永王两位皇子。普通皇子也在紫禁城中出阁，接受系统的儒家教育。二王就学处在皇极门（太和门）外右厢房。据史料记载：

> 皇极门外两房四十八间，除旷八间外实四十间，东二十间为实录玉牒起居诸馆，及东阁坐公揖处。西二十间，上十间为诸王馆，下十间则会典诸馆也，定王书堂在西第六间，为读书处，第五间悬先师孔子像，四配侍侧盖吴道子笔。及永王出阁，因移定王第四间，而永王

在第六间。①

诸王出阁,一早到达右顺门(熙和门)的北书堂,面东而坐,宦官把本日讲读的图书翻开在桌案之上,然后宣"先生进";讲读官入门,向诸王行四拜礼;讲读官站在书桌旁,陪诸王读书十数遍,再行礼告退。万历以后,亲王书堂陈设发生变化,分设左右两边书桌,左边书桌读书,右边书桌练字,由侍书官侍奉。一个上午时间,亲王也是先读书再练字,中间以传令"先生吃酒饭"作为分隔。(《明史·礼志九》)

天潢贵胄,正在接受紫禁城最好的教育。不出意外,他们将构成帝国日后最高的统治层。

---

① 转引自侯鑫忠:《明朝宗室教育研究》,西北师范大学 2014 年硕士毕业论文。

毓庆宫 / 北五所 / 南三所

理论和史实都证明，皇太子是一个高危岗位。

明朝共册立了二十二位皇太子，其中顺利登基的有十一位，夭折的高达九位，另有两位失踪：建文帝太子朱文奎和崇祯皇帝太子朱慈烺。

清朝只册立过一位皇太子：胤礽。他是康熙皇帝的嫡长子，不幸成为紫禁城的最后一位太子，更不幸的是最后登基的是他的弟弟胤禛。

从康熙后期残酷夺位战中走出来的雍正皇帝登基以后，不再预立皇太子。皇太子制度成为历史。毓庆宫入住了雍正皇帝的儿子们。乾隆、嘉庆还是小皇子时，都曾住在毓庆宫。乾隆入宫之初住在这里。嘉庆五岁离开生母后的第一个住处也是这里，接受乾隆皇帝禅位后，已经是天子的他又搬回毓庆宫住了四年——当时的养心殿为太上皇乾隆继续占用。清朝最后三位皇帝同治、光绪、宣统都是幼年登基，毓庆宫是三位小皇帝读书受教之所。

嘉庆皇帝对毓庆宫感情最深，效仿父皇乾隆改建重华宫的先例，将毓庆宫作为"几暇临幸之处"。毓庆宫成了紫禁城中的第二座"潜龙邸"。现存毓庆宫为"二门三殿周围房"格局，正南大门名"前星门"（与明代清宁宫正门同名）而非"毓庆门"，门内为第一进院落，仅有值房，西墙开有阳曜门通往

左为毓庆宫，右为奉先殿入口的诚肃门，红墙角落为值房（郭华娟 摄）

斋宫。向北过祥旭门进入第二进院落，有前殿惇本殿；绕过前殿就是正殿毓庆宫，工字型建筑，前后都面阔5间、进深3间，黄琉璃瓦歇山顶，中间由廊房相通，两侧均为槛窗；正殿之后为继德堂，西次间为毓庆宫的藏书室，嘉庆皇帝赐名"宛委别藏"，东耳房有嘉庆御笔题匾的"味余书室""知不足斋"。毓庆宫第二进院落三面原本有游廊包围，乾隆年间替代为转角露顶围房数十间，继德堂两侧延展开的围房把惇本殿、毓庆宫给包围了起来。整个毓庆宫占地不大，建筑较密。

　　太子住在毓庆宫，皇子们则住在乾东五所和乾西五所。

　　东西六宫区域北边各横排开三个宫格，分别修建了五所格局相同的宫殿，因为宏观上都是乾清宫的附属建筑，所以得名乾东、乾西五所。为什么选择建五所宫殿？一般认识东西五所合为十天干，与东西六宫合成的十二地支相应。

　　东西五所最大的特点是交通不便。此地位置不算偏僻，分处内东路和内西路最北侧，但是东西北三面都没有门户，只能汇总到五所南侧共有的夹道出入。乾东五所向南出千婴门、通过东二长街沟通东六宫，乾西五所向南出百子门、贯通西二长街连接西六所，最终都汇总到中间的后三宫主体区域。

"深宫"一词，形容东西五所，再恰当不过了。

如此设计，客观上是给小皇子们提供一个安全宁静的环境。另一个不太方便明言的目的是防止皇子与朝臣勋贵们联络勾结，威胁皇权。在家国一体的大背景中，家人也是敌人。

乾东五所自西向东分别是头所、二所、三所、四所、五所，称呼时冠以"东"字。每所都是南北三进院落，前院南墙正中有黄琉璃瓦歇山顶正门，进门就是木影壁屏门；前院、中院都是"一正两厢"的三合院格局，中院西南角有井，上有亭，主要用作防火；后院较局促，统一是黄琉璃瓦硬山顶宫殿一座。各所之间有矮墙相隔，相互独立；矮墙上开有小门，又彼此相连。

乾西五所由东向西分别为头所、二所、三所、四所、五所，称呼时冠以"西"字。格局、规制与东边相同。

康熙年间是紫禁城中皇子最多的时候，随后皇子数量递减，直到清朝最后三个皇帝连一个皇子都没有。乾东乾西五所逐渐改为他用。

乾隆三十年（1765）以后，乾东五所自头所到五所分别改为如意馆、寿药房、敬事房、四执库（存放皇帝各类服饰）和古董房。敬事房掌管宫中太监，而其他四处事务事实上也由太监负责，乾东五所成了太监的势力聚集地，以东三所的敬事房为中心。敬事房后院宫墙西北角增开了一座随墙小门，成为乾东五所通向北横街的唯一通道，平日关闭，每月打扫或有事时才开启。乾东五所交通大为改观。

乾西五所改造的时间更早。乾隆皇帝登基后不仅将西二所升格为重华宫，还将乾西头所改为漱芳斋并新建大小戏台，将西边的三所改为重华宫厨房，改建四所五所并向南占领西六宫西侧的三个宫格，扩展为建福宫及其花园、中正殿、雨花阁等。建福宫花园除吸收四所、五所土地外，又向西拓出十多米，北边花园的西墙较中正殿西墙突出，挤压得西筒子夹道更像是夹道了。原本内东路和内西路整齐划一的规整格局彻底改变了。

乾西五所不复存在，乾东五所因为在内东路最北，逐渐得名"北五所"。

话说康熙皇帝有三十五位皇子，即便一所挤进去三位皇子，住处还是不够，怎么办？

康熙皇帝趁着修缮外东路明代宫殿的机会，在最北端修建了兆祥四所安置皇子。

曾经入住兆佳四所的最有名的皇子是乾隆的五阿哥永琪。永琪聪明伶俐，圆明园九州清晏殿发生火灾时，他背着乾隆皇帝逃出火场。乾隆皇帝很喜欢永琪，在他二十四岁时就封其为荣亲王。永琪是乾隆诸子中最早受封亲王的阿哥。乾隆二十五年（1760），五阿哥永琪自圆明园迁进了兆祥所。乾隆三十一年（1766）二月，永琪生病，乾隆亲临兆祥所看望。不想第二个月，永琪病逝。二十多年后，乾隆曾对来访的英国使节马嘎尔尼说："其时朕视皇五子于诸子中更觉贵重，且汉文、满语、蒙古语、马步、骑射及算法等事，并皆娴习，颇属意于彼。"永琪是乾隆皇帝继嫡长子永琏之后属意的第二个接班人人选，可见他对永琪的喜爱。

明代太子宫端本宫，也陆续得到修复。康熙年间，太子允礽之宫人于此居住。乾隆十一年（1746）在端本宫原址偏北修建了三所院落，作为皇子居所。因为在外东路南端，为与北五所相呼应，紫禁城称之为"南三所"，也称"阿哥所"①或"所儿"。

南三所建成后，嘉庆皇帝在此住了二十年，直到乾隆六十年（1795）接受父皇禅让。成为皇帝后就不能再住在南三所，而太上皇又占着养心殿不走，嘉庆只能移居毓庆宫。嘉庆年间，皇阿哥幼年住毓庆宫，成婚后分府前暂居南三所。道光皇帝、咸丰皇帝都曾是南三所的住客。宣统年间，摄政王载沣一度也暂居南三所监国理政。

皇帝登基后，惯例升潜邸为宫殿。嘉庆所住的中所曾是撷芳殿所在，官民也按习惯称南三所为撷芳殿。许多文献也以撷芳殿指南三所。

今日南三所建筑，基本保持乾隆时代的风貌。大影壁往北是高大的红楼，正中是一座三开间的王府式大门，门上无匾无额，绿琉璃瓦歇山顶。门内有一个东西窄长的小广场，三所宫殿进出共用这座宫门。南三所门禁严格，除了皇子师傅、御医、侍卫外，常人不许擅入。清朝严禁皇子交接朝臣，为的是杜绝潜在的皇权威胁。

小广场北侧自东向西依次排列三所宫殿，每所都是形制相同的三进院落，

---

① 阿哥，满语对年轻男子的称呼，后来专指皇子，尤其是没有成年的皇子。

最南端是琉璃门，前殿面阔3间，中殿、后殿面阔5间，全都是绿琉璃瓦硬山顶。绿琉璃瓦规格稍逊于黄琉璃瓦，以示皇子所居。紫禁城现存建筑中主要是南三所及北边宁寿宫区南缘小院用绿琉璃瓦。每座宫殿前面都有东西配殿各三间，每所中殿前都有井一口，上有亭一座。

南三所设计特别重视防火。前中后三殿之间各保持二十五米安全距离，东西配殿之间保持三十米安全距离；宫殿左右都采用防火山墙，后山墙均采用封火檐；每个院落各有铜质大水缸两口，每所则有六口。紫禁城内共有水井三十七眼、大型消防水缸三百零九口，南三所就有水井三眼、水缸十八口，可见防火设施之足。从建成至今的二百七十年左右，南三所从来没有发生过火灾。[1]光绪年间的御药房大火，摧毁了御药房区域，一墙之隔的南三所安然无恙，足可以证明防火效果。

明朝皇子出宫前往封地，称为"就藩"或"之国"；清朝皇子出宫前往王府，称为"分府"。在此之前，他们就居住在乾东乾西五所、南三所等地。

可怜的是，相当一部分皇子在就藩、分府之前就夭折了，紫禁城的房子见证了他们的整个人生。

---

[1] 王铭珍：《紫禁城外朝东路阿哥所》，载于《北京档案》2004年第11期。

上书房读书

欲戴皇冠,必承其重。

发展到明清,皇帝是牵引庞大帝国的动力源、是天朝体制的核心与灵魂。

皇帝素养的高低,关系到帝国体制的健康与否,关系到天下黎民的衣食住行。对皇子的培养,不仅攸关一家一姓的兴衰利害,还是天下大事,于公于私都不能怠慢。紫禁城自有一套完整的皇子教育制度。

朱明皇室起自草莽,建政后给子孙提供了古代中国能够创造的最好的教育资源。经过大明帝国层层选拔的精英书生,成为紫禁城的家庭教师。他们按照儒家传统来塑造学生,很不幸地落入乡间老塾师的窠臼。从明英宗时代起,皇子的教育内容逐渐固定僵化为读书、听讲、写字,朝着训诂句读的方向发展。明太祖朱元璋曾经问诸位皇子:"汝等闻修德进贤之道乎?"皇太子朱标诚实地回答:"每闻儒臣讲说,知其略矣,未领其要。"所学非所用,甚至可能朝着与实践相反的方向前进。明代皇子们既得不到处理大局的实际锻炼,又没有唐宋时期出任地方官的政治积累。

皇太子则因为身份尊贵,缺乏强有力的监督。"东宫讲学,寒暑风雨则止,朔望令节则止,一年不过数月,一月不过数日,一日不过数刻。是进讲之时少，辍讲之时多。"皇太子真正学习的时间少，即便在不多的授课时间里，老师们也不过讲授寥寥几段，教学效果非常可疑。

皇太子培养的目的是塑造一个满腹经纶且深谙君德的储君。可是无论是出阁讲学，还是观政监国，皇太子所处的情境不是虚拟的就是形式化的，完全得不到真正的历练。再考虑到皇家父子隔阂、内廷权力争斗，明朝多位太子甚至连正常的教育都不能保证。明武宗是明孝宗的独子，父母的溺爱加上生性顽劣，从小不好好读书，登基之初甚至连大臣的奏章都看不懂；明光宗子以母贱，生父万历皇帝甚至不愿意承认这个长子，导致他20岁还没有接受连续的正规教育；明光宗自身难保，对儿子明熹宗的教育既无心也无力，恶性循环，儿子十五岁了还没有授书识字，这些太子治国能力的养成更谈不上了。

应有的教育缺位，其他"老师"就乘虚而入。他们就是与皇子朝夕相处的服侍太监们。

明孝宗为皇太子时，太监覃吉日夜相伴，从句读读音到礼仪故事，乃至人情世故都给小太子详细讲解。对于生母暴毙、父皇繁忙的明孝宗，覃吉是真正陪伴他长大的人。好在覃吉为人正派，连宦官祸国的历史教训也毫不避讳地传授给皇太子。他的心愿就是天下能有"圣明天子"。明孝宗亲切地称呼覃吉为"老伴"，这是民间老夫妻相互称呼的俚语。我们暂且不论太监能够给予皇子的教育内容的质量与效果如何，试想，如果覃吉是大奸大恶之人，明孝宗朝岂不是就多了一位权阉？可惜的是，覃吉毕竟是少数，太监中更多的是王振、刘瑾和魏忠贤之流。王振在明英宗咿呀学语时就陪伴左右，英宗继位后，任命王振掌管司礼监，开启了明朝宦官揽权的先例；明武宗出生七个月即立为皇太子，由太监刘瑾等人在深宫中服侍长大，日后刘瑾也成了"九千岁"；魏忠贤的崛起更为典型。深宫冷院，一个无人看顾的小孩，一个年近半百的老太监，两人一起饮食、一起数星星、一起担惊受怕。后来，小孩幸运地成为明熹宗天启皇帝，老太监则换了一个令时人闻风丧胆的名字：魏忠贤！阉宦之祸，根植于皇帝心理，缺位的皇子教育难辞其咎。

皇子的保姆、奶娘等同样乘虚而入，占据了不应得的位置。明宪宗时期的万氏、明熹宗时期的客氏，揽权干政，起因与阉宦相同。

明朝后期皇帝不是恣意妄为，就是举止失措，极大拉低了明朝皇帝的平均水准，要对朝政败坏负重大责任。教育失败，又要负根本责任。

一百年之后，年轻的内阁中书赵翼入值军机处，凌晨四点左右入隆宗门外办公室值早班。在灰蒙蒙的天际线下，黑暗中值夜的太监们偷懒倚靠在栏柱上瞌睡假寐，赵翼的同僚们还在赶赴宫城的路上，只有少数几个苏拉奔走在宫苑之间。隐隐中，赵翼发觉办公室外有一点点纱灯进入隆宗门而去。他揉揉眼睛，仔细观察，发现是一位位小皇子。早班同僚见怪不怪地告诉他："皇子进书房了。"赵翼大为感慨："我辈寒窗苦读，皓首穷经，是把读书当作衣食饭碗，尚不能早起。而这些天潢贵胄、金玉之体，却能日日如此！"

赵翼认为："本朝家法之严，即皇子读书一事，已迥千古。"

清朝皇子教育内容之全面、执行之严格、理念之务实，多有可取之处。爱新觉罗宗室的平均素质，高出朱明宗室许多，这是清朝教育成功的明证。

爱新觉罗家族入关之前，就高度重视皇子教育，主动吸收汉族先进文化。万历十七年（1589），女真军队在辽东战场上俘虏了一位年轻的浙江绍兴商人龚正陆。努尔哈赤尊龚正陆为师傅，掌管文书、处理外事，同时教导儿子们读书。龚正陆滞留关外三十多年，褚英、莽古尔泰、阿巴泰以及皇太极等清朝开国勋贵，都是他的学生。

入关后，内廷乾清宫东南庑房设立了上书房（或称尚书房），作为皇子皇孙的读书之所。皇帝出居皇家园林，皇子必须随驾前往，所以清朝常驻行宫中也设有读书场所，一体管理。

清朝皇子入学年纪是六岁，真实年纪才五周岁左右。每日学习时间是"卯入申出"，早晨五点至下午两点半，中间只有一两次休息，每次不超过一刻钟。全年只在皇帝万寿、本人生日、春节、端午、中秋五个时节，皇子才能休息。另外还有类似暑假寒假的"半功课"，前者是每年的酷暑期，大约有一个月时间，后者是春节前后"封印"至"开印"期间，时间将近一个月。半功课期间，每天课程减半，午前十一点就放学，并非完全是放假。

皇子分府出宫之日，原则上就应该从上书房"毕业"了。但是即便在宫外自立门户了，甚至结婚生子了，如果皇子年纪尚轻而且没有差事在身，仍然需要留在上书房读书，而且每天上下学更辛苦。或许为了减轻分府皇子上下学的辛劳，他们可以提前到午前十一点放学。

咸丰五年（1856）三月，皇弟、二十五岁的惇亲王奕誴因为"失礼"，降贝勒，罢去一切差使，勒令回上书房读书。七月，皇弟、二十三岁的恭亲王奕䜣因为在其母病重期间"假传圣旨"①，在生母入葬的第二日，革去军机大臣，并罢免一切职务，勒令回上书房读书。当时咸丰皇帝尚且无子，上书房变成了两个弟弟回炉再造的场所。

清朝皇子在上书房一般都要学习十年以上。

乾清宫东南角几间毫不起眼的庑房，不知是多少爱新觉罗家小屁孩的梦魇，又不知是多少宗室藩王日后参预治国理政的起点？

上书房教学内容主要有两课：第一课是经史子集诗书辞赋。嘉庆皇帝六岁入上书房读四书五经，十三岁学写诗，十七岁开始长篇文赋。此科内容与明朝基本相同，但爱新觉罗子孙的学习效果更好，以康熙皇子为例，皇三子胤祉精于书法，还主持编纂了两部大书《律历渊源》和《古今图书集成》；皇十六子允禄精通数学和音律；皇二十一子允禧则是著名的宗室画家。第二课是"国语骑射"。清朝以骑射得天下，爱新觉罗家族视骑射为"立国之本"，追求娴于骑射彰显民族身份。国语自然是满族语言文字学习，骑射包括骑马、射箭、枪械、武术等，其中武术又包含拳脚、兵器两项。清前期几位皇帝都擅长拳脚，戎装画像有模有样。即便是看似瘦弱，甚至有点弱不禁风的道光皇帝，也颇为精通武术，曾经自创了一套刀法"二百连环刀法"。

满语称老师为"师傅"，上书房设"总师傅"二三人，全面负责皇子皇孙的教育。皇帝通常在进士出身的大学士、尚书等王公重臣中挑选总师傅，入选者不是声望卓越，就是学有专长的宿儒名臣。总师傅不用亲自授课，但每月都要亲临稽查。总师傅可以稽查每个学生的功课，也可以询问任课师傅的教学。上书房师傅，不仅是一份差使，更是一项荣誉。

雍正元年（1723）正月，雍正皇帝命朱轼、张廷玉、徐元梦、嵇曾筠等为上书房师傅，传谕"皇子见师傅礼当拜"。开学那天，朱轼等人坚持不受礼拜，改行揖礼。之后，皇子皇孙见上书房师傅作揖致敬。

---

① 当时奕䜣生母静太妃病重，奕䜣请求咸丰皇帝晋封生母为皇太后，咸丰皇帝含糊其词未置可否，奕䜣随即传旨册封静太妃为皇太后，引起咸丰皇帝不满。

每位皇子都有专师授读，汉文师傅皇帝一般从品学兼优的翰林中挑选，满蒙师傅从进士出身、民族语言娴熟的大臣中遴选。满洲、蒙古师傅也称"谙达"（满语"伙伴"的意思）。谙达又分为内谙达与外谙达。内谙达教导满语和蒙语，外谙达教授弓箭和骑射，并且管理鞍马、弓箭。每位皇子都有三五名谙达。谙达之上有负责稽查的"总谙达"，由满族八旗大员出任。每位皇子还配有多名"哈哈珠塞"，负责服侍皇子及其师傅的杂事，类似书童。哈哈珠塞由八旗大员子弟充任，每天二人，轮班入宫当差。

谙达普遍是在旗的官员，是皇家的"奴才"，不能称"师傅"，与宗室学生相见时要自称奴才，并长跪请安。看似上书房八旗官员的地位低于汉族师傅，但是主仆称呼表示大家是一家人，师生反而是外人。所以，皇子皇孙们应该和谙达们心理更亲近。

上书房的琅琅读书声，要想长盛不衰，仅靠总师傅稽查肯定是不行的，关键看皇帝本人。

皇帝对上书房的重视，与其本人的素养呈正相关。清朝鼎盛时期的康熙皇帝、乾隆皇帝几乎天天都去上书房巡视，视察子孙们的功课。康熙皇帝尤其在意，几乎每天九点准时到上书房听孩子们背书，有时下午四五点再来一趟。他本人就是严苛教育的成果。玄烨五岁就和大臣们一道随朝站班，宫苑门槛太高迈不过去，侍卫们就把他抱过去；散朝后他要赶到书房学习经史子集，每天老师要求每篇文章要念一百二十遍，直至把《大学》《中庸》《论语》《孟子》完全背下来；回宫后祖母孝庄皇太后又指派侍女苏麻喇姑手把手教他"国书"（满文）。高强度的读书，累得玄烨咳血，咳完了继续读书。玄烨成为康熙皇帝后，对皇太子允礽的教育督导同样严格，不仅重复自己的儿时路，而且带着小皇子一同出巡狩猎。不满十岁的允礽骑马跟随父皇行进在队伍前面，耳闻目睹出巡的一切、策马驰骋狩猎。

乾隆皇帝的督导，主要是"抓纪律"。一次得知皇八子永璇（二十五岁）未告知师傅就外出办理私事，不仅严厉训诫永璇，还惩处了失察的总师傅、专职师傅；皇长孙、定郡王绵德与部员秦某交结馈赠，乾隆皇帝不仅革去绵德的王爵，降为闲散宗室，还将他的师傅革职、逐出上书房，毫不留情；乾隆皇帝八十岁时，从门卫记录发现上书房七日内竟无一位师傅入值，大怒之下连发两道谕旨，自总师傅刘墉以下，降职、降级、革职留任十数人。

明清两相比较，皇帝的表现有天壤之别。弘治年间，太子朱厚照出阁读书，宦官屡次滋事干扰讲读，太子僚属上疏抗争，明孝宗未采取改正措施。吏部尚书马文升忧虑太子耽于游乐而荒于学习，上疏建议皇太子每月三次御文华殿讲学，明孝宗依然没有亡羊补牢。明孝宗的溺爱最终害了朱厚照。

更难能可贵的是，爱新觉罗皇帝并不要子孙读死书、死读书，教育理念求真务实。

上书房悬挂雍正御题的"立身以至诚为本，读书以明理为先"。读书明理，而不该沉迷于句读、计较于词句，后者自有文人大臣去钻研。宗室子弟是要治国理政的，宫廷教育也要为此展开。乾隆三十一年（1766），擅长书法的皇十一子永瑆（十五岁）在给弟弟永琰（嘉庆皇帝）题写扇面时落款"兄镜泉"。乾隆皇帝看到后，认为"非皇子所宜"，先归咎永瑆的师傅书生习气，以取号为美，妄为皇子取字，接着斥责永瑆"鄙俗可憎"，最后严肃申明皇子读书要正心立身，不能崇尚虚名，更不应该追求寻章摘句。对于词章书画，在皇帝看来是"末艺"，正道人心、天下大势才是宗室子弟应该在意的。

古代皇室数以十计，爱新觉罗家族是其中平均素质最高的。上书房功不可没。

繁重的学习和严苛的督导，挤压了太监、后宫亲近皇子的机会，对捍卫皇权功不可没。

紫禁城是所有皇子的人生起点，它留存着少年们在关于皇权与生活的主动或被动的选择当中的一切懵懂、痴心、敬畏和遗憾。

明暗太子

皇帝的一生,要解决一个紧接着一个的难题,皇帝生涯晚期的最大难题莫过于如何处理与皇太子的关系。

皇帝出于国祚永固、血脉绵延的考虑,必须培养一位文武全才、深得人心的皇太子,这是符合逻辑的。

皇帝担心皇太子结成游离于皇权之外的势力,威胁到当下统治,必须防止皇太子坐大,千方百计加以限制,这也是符合逻辑的。

从巫蛊之祸到玄武门之变再到绍熙内禅,从曹丕曹植相争到杨勇杨广争位再到唐肃宗逼唐玄宗为太上皇,皇太子惹的祸历代皆有、流的血弥漫江河。面对血的教训,历代皇帝依然前赴后继地设置皇太子、配备僚属,并且期望合格的太子在合适的时机继位——皇帝不能没有继承人。皇太子简直是古代政治制度设计的一个悖论。

明朝的创建者朱元璋,终其一生都是一位传统的中国农民,他建政后就立长子朱标为皇太子,忠实继承了嫡长子立嗣制。嫡长子以血缘为基础,立嗣首选嫡子、立嫡以长不以贤。它的优点突出,就是标准简单而且客观,有利于杜绝其他人的觊觎之心、建构稳定的皇位继承制度。嫡长子继承制源于古老的宗法制，历史悠久，符合中国人朴素的心理。朱元璋就给朱明皇室规定："朕惟昔帝王之子，居嫡长者，必正储位。"

嫡长子制度的缺点也很突出，那就是嫡长子很可能不合格，或者在嫡长子之外还有更合格的人选。朱元璋对这项制度也有过怀疑。太子朱标早逝后，朱元璋根据嫡长子制度立年幼的嫡长孙为皇太孙，预备接班，但心底更属意"英武类己"的皇四子、燕王朱棣。他曾对廷臣说："国有长君，社稷之福。朕第四子贤明仁厚，英武似朕，朕欲立为太子，何如？"翰林学士刘三吾进谏道："陛下言是，但置秦、晋二王于何地？"朱元璋无言以对，大哭而罢。（《明太祖实录》）在强大且自定的继承规则面前，皇太孙最终继位，四年后靖难之役爆发。朱明皇室同室操戈，才决出了第二代君主。朱元璋要对身后的骨肉相残负责。

嫡长子不合适，仅仅是皇太子制度最明显的缺陷。册立皇太子后，更大的弊端随之而来。皇太子既立，自然有一整套僚属，上自师傅下至随扈，培养太子成为合格的皇帝、随时准备接班是他们的职责，也是利益攸关。加之皇太子不时处置奏章、听取汇报，甚至提前监国摄政，自然会积累声望、积聚政治势力。皇太子随时可以替换父皇，皇帝岂不是亲自培养了一个潜在威胁？

皇权的一大本能是无处不在的排他性。如果能容许威胁长存，皇权就不是皇权了。即使血脉相连，皇帝也忌惮太子的存在。朱元璋就在固执嫡长子继承制之余，偷梁换柱，并没有给朱标配置专属官员。明代太子僚属，高位如太子太傅、太师、太保由朝廷高官兼任，普通如侍读、侍讲、洗马、赞善等由翰林官员兼任。前朝的太子衙门——詹事府，无专责可从事，变身为翰林院的从属，前朝的太子官职异化为翰林官员的升转台阶而已。明朝皇太子无羽翼无爪牙，威力大降，即便如此依然不能让皇帝放心。明世宗嘉靖皇帝就"讳言储贰，有涉一字者死"，长期不立太子，嘉靖三十九年（1560）大臣郭希颜上书建言立储，触怒嘉靖，被斩。

满族人传统是由王公大臣公推新的大汗。康熙皇帝效仿明代，册立皇太子允礽，这是皇太子制度在清朝的回光返照。可惜，倾注康熙皇帝半个世纪心血的允礽，却在康熙四十七年（1708）、五十一年（1712）两次废立。其中固然有允礽自己的问题，不容忽视的是过早册立太子，将太子置于明枪暗箭的聚光灯下，对允礽也是不公平的。允礽这个太子，并没有保证康熙后期牢固、稳定的继承秩序，反而引起了激烈的九子夺嫡风波。清朝唯一一次立皇太子，以失败告终。

雍正皇帝总结前代及父皇的教训，认为失败的根源在于"明立皇太子"。

他亲手埋葬了皇太子制度，改为"秘密建储"。

雍正元年（1723），雍正皇帝公开宣布："今朕特将此事（皇太子人选）亲写密封，藏于匣内，置之乾清宫正中世祖章皇帝御书'正大光明'匾额之后，乃宫中最高之处，以备不虞。诸王大臣咸宜知之。"同时，皇帝随身携带一道同样谕旨，驾崩之后王公大臣公开验看两道谕旨，核对无误后，迎立新皇帝。皇太子由明变暗，每个皇子都有可能是人选，每个皇子都不敢有丝毫怠慢，反而有助于皇子们发奋图强、表现自己。一切明争暗斗都是冗余。皇帝也随时可以更换更合适的人选。野心家篡改谕旨的难度极大，贸然为之便会惹祸上身。雍正朝之后，清朝再也没有出现过皇子争位的新闻。

一个小小的技术改变，换来了大大的制度进步。"秘密建储"制便是明证。

中国帝制王朝在最后一朝，终于找到了最好的继承人制度。

呱呱坠地，皇子们开始锦衣玉食的一生；垂髫之年，小孩子黎明即起，穿戴整齐混在一帮爷爷辈大人中上朝站立。

孩子总是盼望长大。明代皇子一般十二至十五岁行冠礼，出宫"就藩"没有硬性的年龄标准，从《明史》传记看一般在十八岁左右。明朝宗室待遇优厚，皇子封亲王，有封地、赐王府、享厚俸，且世代相袭，随着朱元璋的龙种繁衍，明朝后期超过一半的国家财政用来供奉宗室藩王。唯一不好的是，宗室非召不得入京，不得私下交通，更不能从业谋生。明代宗室最终退化成为社会的寄生虫。

清代宗室要寒酸得多，爵位不全靠血缘，而靠表现。自身不硬，没有功业，即便是皇帝嫡子也不能封王。除了享有"世袭罔替"待遇的十二位王爷外，爵位不能世袭，要按次降级。即便如此，清朝对犯错的宗室处罚严厉，爱新觉罗子孙因为犯错或世系疏远而没有爵位的，大有人在。要想重振祖业，必须效力出彩。清朝的宗室制度，也比明朝要先进。阿哥们出宫"分府"的年纪，比明代宗室就藩略晚。

就藩、分府，不单单是新的人生阶段的开始，更有深层次的含义。

嬉戏友爱的兄弟，在册封的那一刻基本注定了下半生。其中一个人会成为日后的皇帝，操其他兄弟的生杀大权；其他人贵为亲王，也是臣子与奴才，贫富福祸系于皇帝的一念之间。子孙亦如是。念及于此，他们中的个别人，日后会筹划奋力一搏乃至同室操戈，为太子之争提供新的谈资。孩子们原本纯洁的眼神，在封爵的一瞬间，或染上不甘，或变为卑微，或自带光芒。

就藩也好分府也罢，兄弟不再是兄弟，而是帝国权斗场的前锋战士。

在紫禁城的主人中，明英宗、明代宗两亲兄弟的恩怨情仇已经广为人知。明代宗弥留之际，得知哥哥通过"夺门之变"篡夺了皇位，只说了一句："哥哥当皇帝了，挺好的。"这一句遗言百感交集，既有至高无上的权力丧失之后的自我安慰，更有年复一年的防范重压卸去之后的轻松释然。

以父慈子爱著称的乾隆皇帝，与兄弟手足也有微妙的

寿康宫及正殿内景，正殿内高悬"慈寿凝禧"匾额为乾隆御笔（张程 摄）

"互动"。乾隆皇帝有两位在世的弟弟：和亲王弘昼、果郡王弘瞻。一次，两位王爷一同前往寿康宫向崇庆皇太后请安，并在太后座位旁膝席跪坐片刻后辞出。不几日，圣旨下：和亲王弘昼、果郡王弘瞻当日跪坐之地是乾隆皇帝平日跪坐之地，弘瞻"仪节借妄"由郡王降为贝勒，罢去所有官职，罚银一万两；弘昼"跪坐无状"，罚俸三年。一桩小事，竟引来雷霆大怒。

为什么弘瞻的处罚远远重于弘昼呢？

弘昼与哥哥弘历出生时间仅差三个月，从小一起长大。清朝宫中流行嫔妃换养孩子，崇庆太后就和弘昼的生母裕妃交换抚养两个孩子。崇庆太后将弘昼视同亲生，护犊情深；弘历也和裕妃感情深厚，登基后尊为皇贵妃。而果郡王弘瞻与哥哥弘历的关系就要疏远许多。其生母谦妃寿辰时，乾隆爷没有加赐称祝。弘瞻便将不满形之于色。乾隆借跪坐不当这桩小事，严惩弘瞻。一向标榜"豁达""宽容"的乾隆列举了诸多弟弟弘瞻的"罪状"：侍奉母妃菲薄，向母妃索取财物；圆明园失火，弘瞻住处最近，来得最晚，还和晚辈们嘻嘻哈哈……

和亲王弘昼一生行事多有荒唐，比如他喜欢操办自己的葬礼，看别人给自己哭丧，导致人缘很差。或许恰恰因为没有人望，弘昼反而得到乾隆皇帝的信用，安享富贵终生。

微风响挂铃、细雨镶红墙，六百年来，一代代皇子皇孙在这座城里游荡、跳跃，憧憬着、奋斗着，然后各奔东西，最终成为《明史》《清史稿》中的一篇篇传记或寥寥几笔。

皇权的一大悲哀在于无论是得到还是失去，都将留下永恒的遗憾。

所以，这是群可怜的紫禁城孩子。

宫里的女人们

Biography of the Forbidden City

故宫传

皇帝选秀与大婚

夜幕点缀着点点星光，笼罩在北京四九城上。地上，一辆辆骡车从毛细血管一般的胡同街巷汇聚到地安门外，入皇城向南折向神武门方向。每辆车前挑挂的双灯，犹如流动的星火，将从地安门城楼到筒子河北畔变为一条流淌的光河。

每一辆骡车里都端坐着一位八旗秀女，赶赴三年一度的紫禁城选秀。

选秀，是上层八旗人家的义务。每一位十三岁至十六岁之间、父辈官职大约在三四品以上的旗人少女①都要先经过紫禁城的挑选才能谈婚论嫁。选秀是八旗人家的人生大事，接到户部的选秀公文后，各旗无不精心筹划，旗官们深夜陪伴旗下秀女参选。他们指挥本旗的骡车衔尾而立，维持秩序，就着微光查验各车的标志。高耸的神武门城楼，隐隐矗立在前方。选秀共分四天，每天参选两旗。各旗按照满、蒙、汉军三类顺序，每一类秀女再根据年岁高低排定车次后，静静地等待着神武门开启。

---

① 原本所有八旗人家都要送女子参加选秀，随着人口繁衍、选举工作量太大，后来限定为中高级官员女儿才有资格候选。此外，宗室女子和有公主血统的旗人女子，不能参选。

或兴奋或忐忑的女孩子们,最早从前一天的傍晚就上车出发了。来到神武门外时,她们至少已经度过了难挨的三四个时辰。

"启门了!"各旗骡车按照排定的顺序,鱼贯驶向神武门。到了门前,秀女下车。车夫赶着骡车,折向神武门东夹道,沿着紫禁城的城墙和围房之间的小道向东华门而去。秀女们整队轻声进入神武门。这或许是她们当中的绝大多数人平生唯一一次踏进紫禁城,剩下的少数少女则会由此开始触摸命运的奇妙安排。

神武门城门内侧悬挂着"有以缠足女子入宫者,斩",这是顺治初年孝庄皇太后的懿旨。正是这条懿旨,将帝国人数最多的汉族女子挡在了候选队伍之外。

秀女队伍入宫后,直行几十米,集中到御花园北门——顺贞门外恭候。主管选秀的户部,早有司员在此管理。秀女们五人一班,等候太监宣召进入御花园接受挑选。少女们的目光都集中到了门口。一个太监步出顺贞门,宣召下一班秀女入选。五名秀女紧张地走向御花园,接受命运的选拔……

秀女面圣有一项特权:立而不跪。每名秀女都有一块类似于官员引见的绿头牌。牌子上书写:"某官某人之女,某旗满洲(蒙古、汉军)人,年若干岁。"选举时中意的秀女,内廷留下名牌,俗称"留牌子",进入下一轮的复选。不留名牌者就是落选,俗称"撂牌子"。

挑选完毕后,秀女们出御花园,再从神武门出宫。此刻,送她们来的同一辆骡车已经在门外等候。之前,骡车出东华门,由崇文门大街直至北街市,再绕道地安门返回神武门。每一名秀女神奇地登上同一辆骡车,朝廷发给她们每人白银一两,算是参选的费用。每一天上百上千辆骡车,管理得当,井然有序,谓之"排车"。

少女们陆续回家的时辰,大约在临近中午的巳午之间。

不久之后,其中的佼佼者将会重复这段旅程,进入复选。复选增加了体检环节,体检通过的接受皇帝亲自挑选。有时正值隆冬,北京的早晨天寒地冻,复选秀女们长时间恭候阶下,冰冻缩蹙,相向饮泣者不在少数。[①]不过,比起选

---

① 转引自朱子彦、周凯:《清代后宫制度论述》,载于《文化学刊》2008年第2期。

前的漫长等待和入宫后的腥风血雨，选时的寒苦真不算什么。

八旗女子理论上人人都有封后成妃的机会，因此在参选前在家可以不跪长辈甚至父母。不过，这种特权在选秀结束后就消失了。返家的秀女们开始物色好人家，走上寻常女子的人生轨迹。一些应选女子因为各种原因没能参选，超过了十七岁就"逾岁"了。逾岁女子需要经由各旗申报朝廷后，才能正常婚嫁。还有一些留牌子的女子因为各种原因没能参加复选，也要申报朝廷说明情况，否则终身不得婚嫁。乾隆朝两广总督玛尔泰，奏请允许逾期未能复选的女儿完婚，结果遭到乾隆皇帝的斥责。

通过复选的秀女，皇帝最中意者留作后妃，其次分配给皇子皇孙为妃嫔，再次者发往宗室府邸为配偶。并非每次选秀都有留作后妃的机会。事实上，留作后妃的秀女，往往是低级的"答应"，只有极少数幸运者才能获得"贵人"或者以上头衔。至于"母仪天下"的皇后人选，更是预先筛选，选秀只是履行程序而已。

选秀决定皇后人选后，就要开始择日大婚了。届时，紫禁城将举行帝国最盛大的婚礼。皇帝大婚的隆重仪式，开始于"纳采礼"。

在阳光明媚的早晨，太和殿罕见地大门开启。大殿正中设节案，案上放着内阁早早准备好的"节"。内务府也已预备好礼物，马匹由上驷院牵上丹陛，排列在东西两侧；其他礼物都放入龙亭，由銮仪卫校尉抬上丹陛，分左右停放。纳采正副使、执事官员、文武大臣穿戴朝服，在丹墀东部列队等待。

吉时一到，正、副使走上丹陛，跪听圣旨："皇帝钦奉皇太后懿旨，纳某氏某女为后，命卿等持节行礼纳采。"读毕，内阁大学士取节授予正使。正使持节，带副使下丹陛，在御仗前导下先行，銮仪卫校尉抬着龙亭，宫廷侍卫牵马匹随后。浩浩荡荡的队伍出太和中门、午门，前往未来的皇后府邸。

纳采之后是"大征礼"，即紫禁城向皇后家赠送大婚礼物。清代大征礼物有良马若干匹、黄金二百两、白银一万两、锻一千匹以及金、银茶具和银盆等物品。这是爱新觉罗家族娶妻的聘礼。大征礼仪式与纳采礼相同。一切礼节停当，就是高潮的大婚礼了。

大婚当天，紫禁城张灯结彩、喜气洋洋。各处御路红毡铺地，广场清扫干净，门神、对联焕然一新。午门以内各宫门、殿门红灯高照，太和门、太和殿、乾清宫、坤宁宫等主要建筑悬挂双喜字彩绸。

皇后的特权不仅有通行御路,还拥有皇后册宝(黄金制作的册封册文和宝印)。婚礼当日,皇帝亲自去太和殿检阅册、宝。清代金册和宝印都镌刻满汉双文,宝印形式与皇帝御宝相同。皇帝阅宝后,使臣携带册宝出宫前去皇后府邸册封。新皇后立于自家庭院中,等待册封使节的到来。只有经过册后礼,她才算是名正言顺的皇后,正式成为法律意义上的一国之后。

册后礼结束后,紧接着进行奉迎礼。顾名思义就是迎娶皇后入宫。

新皇后乘坐九辇金凤顶大仪车("凤舆")入宫。銮仪卫校尉将凤舆抬到后家内堂正中。凤舆只能皇后专享,不用婚嫁使用的红色,而是皇家专用的明黄色,凤舆内放置御笔"龙"字。起驾后,鼓乐、仪仗导引在前,九凰曲柄盖高举,凤辇随后,皇后头遮绣龙凤同合纹的红缎盖头,一手持苹果,一手持金质双喜如意,取其谐音"平安如意",坐在舆内缓步前往紫禁城。凤舆由南向北,经过正阳门、大清门、天安门、端门,由午门中门入紫禁城,过内金水河,行至太和殿前台阶。凤舆在此立定,皇后下辇开始步行。皇后走过太和门、中左门、后左门至乾清门前,队伍再次立定。朝臣轻易不能入乾清门,龙亭在门前停止,正副使臣在此复命,正式完成了大婚的使命。因为到了乾清门,紫禁城的女主人"到家了"。领侍卫内大臣率侍卫们也在此告退——新媳妇进家门见夫君,侍卫自然不便随行了。

皇后在乾清门阶下交出手中的如意、苹果。内务府营造司预设火盆于乾清宫殿内;武备院预设马鞍于坤宁宫门槛上,鞍上压有两个苹果,寓意"平平安安"。皇后跨过火盆,出乾清宫,步行到达坤宁宫,跨过门槛上的马鞍,正式进入大婚的洞房。

在坤宁宫洞房内,皇帝穿明黄色龙袍,皇后穿龙凤同和袍,夫妻正式相见。皇后享用子孙饽饽后,换穿八团龙凤褂,帝后行合卺礼①。太监随后进献合卺宴。喜床沿下铺好了坐褥,皇后居左,皇帝居右,对饮对食。新婚夫妻用餐之时,有结发的侍卫夫妇在坤宁宫外屋檐下用满语唱"交祝歌"。合卺礼当

---

① "卺"原意为把瓠分成两个瓢,合卺即新婚夫妇各拿一瓢饮酒。合卺是传统婚礼中最关键的程序,是婚礼的最高潮。

晚，帝后要吃长寿面。皇帝另外需要出驾太和殿，举行大朝会，接受宗室王公和文武百官的祝贺，同时诏告天下，举行盛大宴会。在举国同庆、群臣同贺之中，皇帝大婚庆典落下了圆满的帷幕。天下的"明媒正娶"，莫甚于此。

在历史上，紫禁城举办皇帝大婚的机会屈指可数。清朝仅有顺治、康熙、同治、光绪四位皇帝举办过大婚礼。其余诸帝成婚于登基之前，入主紫禁城后册封福晋为皇后（选秀中分配给皇子皇孙的秀女可以通过这种途径迂回进入紫禁城），或在皇后死后扶立妃嫔为后，无缘举办大婚礼。因此有幸享受大礼的女子，也寥若晨星。

能否享受大婚礼，对妃嫔区别很大。皇帝娶妻为"迎娶"，妃嫔入宫只能称"迎接"。皇后婚礼乘坐凤舆，妃嫔则是喜轿，配套的卤簿仪仗更是有天壤之别。更大的区别在于，凤舆走大清门、午门，皇后是从正门入紫禁城。妃嫔只能从神武门，也就是后门入宫。皇后有坤宁宫作为洞房，妃嫔则临时指定一处寝宫为洞房。

无论是迎娶还是迎接，踏入紫禁城的那一刻，少女们便不自觉地告别了正常的生活，余生与父母血亲再难相见。除了伴随皇帝巡幸出宫外，宫禁苑囿就是她们的囚笼。只有那些得宠的嫔妃，恰好父母年老，再经皇帝特旨恩准，才可能允许父母入宫会面一次。照顾起见，入宫探视女儿的老人家，可以暂住在最东北角的兆祥所。兆祥所规制简陋，正房仅有屋两间，另有配殿两间。但娘家人能入住兆祥所，是多少低级嫔御一辈子的念想啊！咸丰朝时，懿妃诞育唯一的皇子，恩宠正隆，才由皇帝"赐回家省亲一次"。懿妃就是日后的慈禧太后，她的这一次"回娘家"是紫禁城数百年难遇的"特恩"。

明宪宗的妃子邵氏留言："女子入宫，无生人乐，饮食起居皆不得自如，如幽系然。"

邵氏所言，并非夸张。大多数妃嫔一年面圣都没有几次，更不用说承泽恩宠了。看云卷云舒，追光影流动，守万条宫规，做无谓的梦，是她们生活的主要内容。

生日或许是她们一年当中最快乐的节日。后宫生日有固定的赏赐，还可以接受好姐妹的庆贺。皇后、太后过生日，则更为隆重。清代皇后生日称"千秋节"，皇太后寿诞为"圣寿节"，都是朝廷大典。每逢千秋圣寿，王公大臣、妃嫔、外命妇都要向皇后、太后庆生，奉献贺礼。千秋节前后数日，禁止民间屠宰牲畜，当天是朝廷百官的法定假日，可以不理政务。京官还要穿戴礼服，又称"花衣期"。

更多的日子，后宫女子为条条框框所缠绕。所有的规矩，除了紧锁宫门的禁锢令外，就是等级森严的礼制。

明朝后宫有皇后、皇贵妃、贵妃、妃、嫔、才人、婕妤、昭仪、美人、昭容、选侍、淑女等十二个等级。清朝后宫有皇后一位，皇贵妃一位，贵妃两位，妃四位，嫔六位，贵人、常在、答应没有定数，一共八个等级。后宫女人之间，尊卑有序，礼制森严。比如，妃嫔见皇后，如同面圣一样必须行臣妾之礼。皇后驾临内宫，妃嫔要迎于宫门之外，等皇后先入后随从进宫；皇后回驾，送于宫门之外。比如，节庆之日和朝廷庆典，妃嫔要向皇后行礼祝贺。又比如，不同等级之间的膳食、车舆、仪仗、冠服、头饰、生育、丧葬诸方面待遇更不相同。再比如，皇后是所有后宫所生子女名义上的"嫡母"，可以抚养任何一个龙种，而亲生母亲不能反对。后廷的时时处处，都在彰显高低贵贱、等级尊卑。

深宫常寂寞，孤芳多自赏（郭华娟 摄）

晋升等级，很自然异化为后宫子女的人生目标。所有人晋升的最大武器，就是诞下龙种。历朝后宫女人在吸引皇帝垂青方面，百花盛开、百招齐出。清朝的做法则简单粗暴许多，皇帝有意临幸后妃，会在晚膳之后翻牌子。这个过程类似于选秀，只不过不用后妃到场。名为晚膳，时间却是午后，中选的后妃有充足的时间准备晚间侍寝。夜晚来临，"妃嫔召幸，遣内侍叩宫门，直趋卧榻，用红锦被裹而负之以行。至第一间房，除去衣锦，裸体而进；至第二间房，复取衾；至第三间房，方是皇帝寝室。"后妃剥洋葱般的投怀送抱，据说是为防止后妃行刺而设计的。

皇帝临幸后妃或其他人，都由随行太监报敬事房记下详细时间，以备被幸者怀孕之时查验。传说清代太监会在皇帝行房之后，奏请是否"留龙种"。出于常理考虑，并且缺乏正史记载佐证，我相信应该是无稽之谈。皇帝临幸事宜的记录本，名为"承幸簿"，只有三个人有权翻阅：皇帝、皇太后、查验太监。皇帝驾崩，承幸簿随之付之一炬，成为真正的宫闱秘事。

承幸簿化为灰烬之时，便是一朝后妃的人生陷入灰暗之际。她们的生命已经伴随之前围绕的那个男人消逝了。

她们的一生，有养尊处优、有盛大礼节、有保障、有婚姻，恰恰没有爱情。

当那些鲜艳绽放的少女，知道她们的人生价值与目标仅仅是争夺一个没有爱情的人临幸，该是何等失望与凄凉？

东六宫 / 西六宫

紫禁城里有一对"一夫一妻"①的模范帝后，也是古代唯一一对：明孝宗朱祐樘和孝康敬皇后张氏。

张氏是明宪宗给儿子选定的太子妃，朱祐樘与张氏成婚于年少时。难得的是，朱祐樘一生把张皇后宠上了天，没有再纳一个妃嫔。夫妻俩在紫禁城的日常生活就是秀恩爱、撒狗粮。

作为开创"弘治中兴"的有为君主，朱祐樘日常政务忙碌，但是坚持与张皇后同居共食，对张皇后俯首听命。一次，张氏患口疮，朱祐樘端水递药，正要给她喂药。宫女们扶张皇后起坐，张氏看着丈夫准备吃药。朱祐樘突然快跑下榻！原来，他要咳嗽了，怕喷到皇后而临时跑开。又有一次，大臣处理涉及张氏家事的一桩政务，没能让张皇后满意。张皇后发怒生气，朱祐樘马上训斥大臣一顿。张皇后回宫后，朱祐樘向大臣解释："刚才责骂你们是为了给皇后

---

① 严格而言，中国古代始终奉行一夫一妻制，男子有且只能有一名"正妻"，平民的妾室和皇帝的妃嫔都不是"妻"，而是介于婢女和女主人之间的侍妾。妻妾之间，天壤之别。本处采取更宽泛的理解，凡经公开礼仪、共同生活的女性伴侣都是妻。

消气，此事你们照章办事即可。"明孝宗在公私之间，拿捏得很好。

之前，明代诸位帝后并不通宵相处，只有御幸之时才召皇后侍寝。临幸之后，宫人执火炬簇拥皇后回宫，称为"避寒气"。只有"孝庙最宠爱敬皇后，遂淹宿若民间夫妇"。一句"民间夫妇"，不仅是紫禁城女子的奢求，更是羡煞多少市井夫妻？

遗憾的是，朱祐樘只有一位。爱情，如同信任一般，是这座宫城中最为珍稀的宝贝。

紫禁城内东路六宫、内西路六宫中，两朝二十四代皇帝安置了多少妃嫔，如今无法确数，能够确定的只有与宫城同龄、基本保持初建时格局的十二座妃嫔宫殿。然而，皇帝的后宫常常同时超过十二人，怎么安置呢？

东西六宫每处居住不止一位嫔妃，多则同时居住三四名。每宫由一位高等级妃子担任"主位"，管理同宫的低级妃嫔。雍正朝之后，皇后也居于东西六宫，后、妃、嫔就是各宫的主位，每处只有一位。贵人、常在、答应随妃嫔分居于十二宫。主位不仅是一宫之主，而且有更诱人的待遇。每逢新年，主位妃嫔可以委派自己宫中的首领太监前往娘家慰问，但严禁传递"内外一切事情"。

东六宫按照由内而外、由南到北的顺序，分别为：景仁宫、承乾宫、钟粹宫、延禧宫、永和宫、景阳宫。宫殿之间有过道，其中两列竖排宫殿之间过道中无宫门间隔，形成一条长街，东六宫长街即为东二长街。作为对称设计，西六宫中间有西二长街。

景仁宫，永乐十八年（1420）紫禁城刚落成时初名长安宫。之后，嘉靖皇帝在嘉靖十四年（1535）大规模更改过紫禁城宫名，长安宫更名景仁宫，沿用至今。

十二宫是规整的一个宫格，50米乘以50米，建筑格局基本相同。我们就以景仁宫为例，了解格局布置。

景仁宫为二进院，正门朝南，与宫殿同名"景仁门"；前院有正殿，即为"景仁宫"。景仁宫面阔5间，黄琉璃瓦歇山顶，檐角有角兽5只，檐下施以单翘单昂五彩斗栱，装饰龙凤和玺彩画。正殿正房高悬乾隆御题匾额"赞德宫闱"。这是清朝内宫教育内容的一部分，热衷书法的乾隆皇帝给十二宫都题写了匾额，教导妃嫔们要守德弼政、管好自己。室内方砖墁地，殿前有月台。东西有配殿，各3间，黄琉璃瓦硬山顶，檐下装饰旋子彩画，南北还有耳房。景仁宫后院正殿面阔5间，黄琉璃瓦硬山顶，檐下施以斗栱，同样装饰龙凤和玺彩画，两侧建有耳房。东西各有配殿3间，与前院相同。后院西南角有井亭一座。

景仁宫落成时，就是这样的格局。六百年的风雨侵蚀，东西十二宫经历多次修缮，部分宫院毁于李自成大火后重建，但建筑格局没有改变。

景仁宫中第一位著名的主人，是明宣宗的皇后胡善祥。明朝皇后居坤宁宫，胡善祥此生本与景仁宫无缘。无奈，尽管胡善祥才貌双全、贤名在外，而且还是明宣宗的祖父明成祖朱棣隔代指定的皇后人选，明宣宗就是不喜欢她。加之年轻冲动，明宣宗于宣德三年（1428）逼迫胡善祥以"无子多病"为由辞位，出家修道。从此，坤宁宫少了一位闷闷不乐的皇后，景仁宫多了一位"静慈仙师"。多年后，明宣宗也颇为后悔，承认"此朕少年事"，可惜前缘已断、物是人非。胡善祥幽居景仁宫而逝，在明英宗时期追认为皇后。

顺治年间，景仁宫的主人是皇妃佟佳氏。顺治十一年（1654），景仁宫诞生了一位小皇子：玄烨，也就是日后的康熙皇帝。景仁宫是康熙大帝人生的起跑线。佟佳氏母以子贵，成了慈和皇太后。雍正年间，景仁宫再次住进了一位日后母以子贵的妃子：熹妃钮祜禄氏。她的儿子弘历后来成了乾隆皇帝，钮祜禄便成了崇庆皇太后。

景仁宫唯一一位皇后主人，是嘉庆皇帝的孝淑睿皇后喜塔腊氏。她是嘉庆皇帝的原配、道光皇帝的生母，可惜在嘉庆二年就去世了，只在景仁宫居住了一年出头。

景仁宫最后一位著名的主人是光绪朝的恪顺皇贵妃他他拉氏，人们更熟悉她的另一个称号"珍妃"。从入宫到遭到幽禁为止，珍妃基本生活在景仁宫。

承乾宫，在景仁宫北，初名永宁宫，崇祯五年（1632）更名，顾名思义是要顺承乾清宫，服从皇帝的安排。承乾宫大堂悬挂乾隆御题"德成柔顺"匾额。它最著名的主人是两位贵妃一位皇后。贵妃一为崇祯朝宠妃田贵妃，一为顺治朝董鄂妃；皇后为康熙皇帝第三任皇后佟佳氏。

内东路内侧最北是钟粹宫，初名咸阳宫，嘉靖十四年（1535）更名钟粹宫。前殿高悬乾隆御题"淑慎温和"匾额。钟粹宫居住过多位清代皇后。首先是雍正皇帝的原配孝敬宪皇后，接着是道光皇帝第三任皇后、咸丰皇帝的生母、孝全成皇后钮祜禄氏。咸丰皇帝奕詝在此居住长达十七年。生母死后，静贵妃，也就是他弟弟、日后的恭亲王奕䜣的生母从永和宫搬入钟粹宫，负责抚养小咸丰。咸丰与恭亲王，异母所生，同母所养。静贵妃死后获赠孝静成皇后，得力于此。

钟粹宫在晚清意外迎来了历史的高潮。先是咸丰皇帝的孝贞皇后入宫后，就以钟粹宫为寝宫，同治、光绪年间她晋升为慈安皇太后，因为居住在东六宫，与居住在西六宫的慈禧皇太后相区别而得名"东太后"。中间除了少数几年外出垂帘听政外，慈安一直以钟粹宫为家，直到光绪七年（1881）病逝于此。

光绪大婚后，钟粹宫迎来了最后一位女主人：隆裕皇后静芬。隆裕皇后完全是姑姑慈禧太后的一枚棋子，度过了没有爱情、没有亲情的二十年皇后生涯。每天，她早晚一次到太后、皇帝宫中请安，然后回到钟粹宫重复又一个无聊的日子。她是一个不愿意生事也不喜欢张罗事的人，虽然统辖六宫，却没有管理之才。后宫长期入不敷出，隆裕皇后担心慈禧太后生气，报喜不报忧，报盈不报亏，只能委屈自己节衣缩食，甚至典当首饰维持周转。进入宣统朝后，隆裕升级为皇太后，从钟粹宫移居西六宫的长春宫和太极殿。接替隆裕的是末代皇帝溥仪，溥仪入宫之初曾住在钟粹宫。

内东路外侧南端为延禧宫，初名长寿宫，嘉靖十四年改称延祺宫，清代又改名延禧宫。

延禧宫的原貌已经不可见，因为毁于道光二十五年（1845）的大火。当年的大火，焚烧得延禧宫只剩下宫门和院墙，内部完全化为灰烬。道光皇帝节俭至吝啬，没有重修；之后咸丰、同治等朝国家多事，也没人主持重修。宣统元年（1909），端康太妃（光绪朝的瑾妃）提议在延禧宫原址兴建一座西洋式建筑——水殿。水殿设想为三层：地下一层，四周环绕砌有条石的水池，计划引河水入内；地面第一层四面开门，四周环以围廊，大殿正中有四根蟠龙铁柱；第二层是五座铁亭，四面出廊，四角与铁亭相连。重建后的延禧宫以钢铁为栋梁、玻璃为幕墙，底层地板也是玻璃，以便观赏水池蓄养的游鱼，简直是一座水晶玻璃世界。隆裕太后题匾额"灵沼轩"，宫中更习惯称之为"水晶宫"。

由于财政窘迫、国运多舛,水晶宫先是在辛亥革命年间停建,又在1917年张勋复辟期间遭到直系军队的飞机轰炸,挨了一枚炸弹。一座钢筋水泥的半成品,在黄瓦红墙的传统宫苑群中孤独地屹立在延禧宫一百多年。

永和宫,初名永安宫,嘉靖十四年更名,悬挂乾隆御题"仪昭淑慎"匾额。它的著名主人有康熙皇帝的孝恭仁皇后、光绪朝的瑾妃。

延禧宫内废弃的宣统年间西洋建筑遗迹(张程 摄)

东六宫最东北处的景阳宫，初名长阳宫，嘉靖十四年更名。因为距离乾清宫最远，不受宠的妃嫔才安置于此，景阳宫最符合传统标准中的"冷宫"。奇怪的是，景阳宫的建筑规制却非常之高，采用黄琉璃瓦庑殿顶。

景阳宫最著名的主人是明神宗万历皇帝的孝靖皇后王氏。皇后名分是追封的，王氏终其一生只是个冷宫中的可怜人。王氏十三岁时参加了选秀，没能成为妃嫔，留在万历皇帝的生母李太后身边当侍女。万历九年（1581）的一天，明神宗拜见太后时，私下临幸了王氏。王氏有孕，明神宗却讳莫如深，不愿承认。但是，盼孙心切的李太后发现了王氏身孕，且有内起居注佐证，便劝儿子承认。万历皇帝百般不情愿，嘟囔了一句："她只是一个都人①。"李太后大怒："你也是都人之子！"万历皇帝惊恐之下，不得不认下王氏。王氏非常幸运地诞生了皇长子朱常洛，又非常不幸地遭到了万历宠妃郑贵妃的迫害，儿子被夺，自己幽居景阳宫。丈夫冷落、宠妃迫害、奴才欺凌都没有击垮她，十多年的骨肉分离，即便儿子当了皇太子母子也不能相见，最终压垮了她。王氏哭瞎了双眼，于万历三十九年（1611）九月病危。

皇太子朱常洛奔跑向景阳宫，要见生母最后一面。太子赶到，景阳宫宫门深锁，朱常洛破锁而入，这才看到了弥留之际的生母。儿子近在眼前，王氏却看不见了，就连抚摸儿子脸庞的力气都没了，只能伸手摸着儿子的衣服。她凄然泪下："儿长大如此，我死何恨？"王氏死后，内阁建议厚葬，万历皇帝居然不同意。她的坟墓考古发现，陪葬品只有寥寥几件银器，满是破洞和缺口，应该是王氏生前的日用器皿。

清代的景阳宫挂上了乾隆御题的"柔嘉肃敬"匾额。康熙二十五年（1686）后，景阳宫改作收贮图书之所，后院正殿名为"御书房"。乾隆年间，御书房藏有宋高宗所书《毛诗》、马和之所绘《〈诗经〉图卷》，乾隆御题"学诗堂"三字。

西六宫内侧三宫为永寿宫、翊坤宫、储秀宫，隔着西二长街外侧三宫自南向北为启祥宫、长春宫、咸福宫。

---

① 都人，明代宫女的代称。万历皇帝生母孝定李太后，原本是隆庆皇帝身边的都人，因为生育了万历晋升为妃。

永寿宫，初名长乐宫，嘉靖十四年改名毓德宫，万历四十四年（1616）再更名永寿宫。正殿大堂高悬乾隆御笔匾额"令德淑仪"，东壁悬挂乾隆《圣制班姬辞辇赞》，西壁悬挂《班姬辞辇图》。其他十一宫的匾额，都是照永寿宫的式样制造的。永寿宫主人中出名的有明孝宗生母纪氏。之前，明宪宗朱见深谜一般地宠爱万贵妃，而万贵妃极妒，迫害后宫子嗣，导致朱见深长期无子。朱见深偶然临幸纪氏后，纪氏有孕，躲过了万贵妃的迫害，在安乐堂中生下了儿子。明宪宗与儿子相认后，百官恭贺，纪氏移居永寿宫，但在几个月后暴毙于此，留下明史中一桩不大不小的谜案。进入清代，雍正皇帝驾崩后，崇庆皇太后暂居永寿宫。由于永寿宫离慈宁宫、养心殿最近，多次作为内廷筵宴的场所，清代公主下嫁，多次在此宴请女眷。

翊坤宫，初名万安宫，嘉靖十四年改为翊坤宫，意为辅佐坤宁宫，做好皇后的助手。翊坤宫主人中出名的有万历朝郑贵妃，也就是生育了万历爱子福王的宠妃；雍正朝的敦肃皇贵妃，她更广泛流传的名字是"年贵妃"或"华妃"。作为权臣年羹尧的妹妹，年贵妃受哥哥的恩惠，也为哥哥所连累。她的结局不像影视剧中那般悲凉，而是为雍正皇帝生育了三男一女，得以善终；乾隆的第二位皇后乌拉那拉氏也住在翊坤宫。乾隆三十年（1765）南巡，乌拉那拉氏因忤旨剪发押送回京，囚禁于翊坤宫后殿。乾隆皇帝收回皇后册宝，不废而废。乌拉那拉氏第二年病故于此。之后翊坤宫的主人是惇妃。惇妃在此生育了固伦和孝公主。公主是乾隆皇帝的最小的女儿，也是乾隆皇帝最钟爱的女儿。乾隆皇帝"以其貌类己"，曾说："汝若为皇子，朕必立汝储也。"

如今，翊坤宫大堂高悬的是慈禧的御笔"有容德大"匾额。慈禧太后五十寿辰时在此接受朝贺。光绪皇帝选妃也在此举行，隆裕皇后、瑾妃、珍妃就是在这里决定了后半生的命运。

储秀宫，原名寿昌宫，嘉靖十四年改为储秀宫。清朝皇后不居坤宁宫，移居储秀宫的最多。乾隆皇帝第二位皇后乌拉那拉氏被废后，储秀宫皇妃魏佳氏统摄六宫，并生育了日后的嘉庆皇帝永琰。嘉庆皇帝继位后，魏佳氏追封为孝仪纯皇后。嘉庆原配皇后喜塔腊氏病逝，其子旻宁交由储秀宫的皇贵妃钮祜禄氏抚养。钮祜禄氏也晋升为皇后，即孝和睿皇后。钮祜禄氏自身生育有皇三子绵恺、皇四子绵忻，却对旻宁视若己出，关怀备至，一心推举旻宁为帝。旻宁

景阳宫（张程 摄）

与养母孝和睿皇后的感情亲近，视她如生母，称其为"皇母"。道光朝的孝慎成皇后佟佳氏，也住在储秀宫。清朝中期一连三代，储秀宫都是皇后寝宫，地位无可附加。谁能料到，储秀宫的辉煌竟然还在后面！

咸丰二年（1852），新科秀女兰贵人住进了储秀宫的后殿（后定名"丽景轩"），很快升为嫔妃，成了储秀宫的主位，又生育了咸丰皇帝唯一的儿子载淳，儿子成为同治皇帝后晋升太后，因为居所在西六宫，得名"西太后"。她就是慈禧太后。其后移居南边的长春宫，垂帘听政二十年。

同治驾崩后，他的皇后阿鲁特氏曾短暂入住储秀宫两个月左右，有说是为慈禧太后逼迫自尽的，有说是郁郁而终的。五十大寿时，慈禧太后又住回储秀宫，这一住就是十年。昔日的兰贵人此时已经是全天下的幕后主人了。储秀宫进行了大规模的内装，金玉雕砌，富丽堂皇。储秀宫换上了楠木雕万字锦底、五蝠捧寿、万福万寿裙板隔扇门；万字团寿纹的窗子；精巧华丽的油彩。储秀宫的大堂正中添设地屏宝座，后有五扇紫檀嵌寿字镜心屏风，上悬"大圆宝镜"匾额；东侧摆上了花梨木雕的竹纹裙板玻璃隔扇，西侧置办了花梨木雕的玉兰纹裙板玻璃隔扇，增加了空间层次。次间、梢间有花梨木透雕的缠枝葡萄纹落地罩、万福万寿纹边框的大玻璃隔扇。其中西梢间建为暖阁，是慈禧的寝室。

为了配合慈禧大寿，内务府置办了一对戏珠铜龙和一对梅花铜鹿，安放在储秀宫正殿台基下东西两侧。这对铜鹿梅花形犄角高高向上，眼神柔顺，嘴唇微张，驻足静立，整体造型温顺、秀丽。在中国传统文化中，鹿是祥瑞之兽，是在神山仙境之中陪伴仙人，与仙鹤、仙草灵芝、松柏神树构成了中国人理解的昌盛祥和、布福增寿的天堂景象。鹿的形象，遍布在传统建筑之中，象征永享禄寿，又和蝙蝠一起寓意"福禄双全"，又和仙鹤同衔一株灵芝仙草，寓意延年益寿、安康祥和。储秀宫前的铜鹿自然有祥瑞安康的寄托。鹿还象征爱情，古代婚娶男方要送女方两张鹿皮作为聘礼，同时爱新觉罗家族对鹿茸、鹿肉、鹿血青睐有加。慈禧太后在居所前面安放铜鹿，有追求家庭幸福、延年益寿的第二层期待。而作为政治人物，储秀宫的铜鹿也是"逐鹿中原"中的那只鹿，隐藏着慈禧太后对权力的向往。①龙、鹿配合幽静的庭院、苍劲的古柏，储秀宫真是一个富贵终老之处。

储秀宫是慈禧太后人生最重要的宫院。五十岁后返回储秀宫后，她似乎有将之扩建、在此终老的计划，可惜晚清不具备乾隆修建宁寿宫的财力，紫禁城也没有空地可供发挥，慈禧只能在储秀宫的一方天地里挥毫泼墨。慈禧将储秀宫与前方翊坤宫打通，拆除两宫之间的宫墙，又拆除了储秀门，在空出来的地方新建了体和殿，作为两宫的连接之殿，还把东西耳房各有一间改建为穿堂，形成相互贯通的"两宫四进院"格局。同时，体和殿两侧各连接原本的宫墙，只要将东西穿堂的宫门闭上，又恢复为独立的储秀宫、翊坤宫。体和殿周边建有回廊，廊壁上镶贴琉璃烧制的《万寿无疆赋》，为慈禧五十寿辰群臣集体撰献。

为了重修储秀宫，窘迫的清廷挤出了白银六十三万两，并且打破了乾隆皇帝定的后世不得更移六宫陈设的"祖制"。

储秀宫的最后一任主人是末代皇后婉容。她居住于此直到1924年遭驱逐出紫禁城。

---

① 周乾：《故宫兽像负载的文化与历史》，载于《决策探索》2019年第4期。

内西路外侧最南端为启祥宫，原名未央宫。嘉靖皇帝的生父兴献王朱祐杬生于此宫，因此于嘉靖十四年更名启祥宫，晚清改称太极殿。万历年间，乾清、坤宁两宫火灾，万历皇帝朱翊钧一度暂居启祥宫。启祥宫北边为长春宫，初名即为长春宫，嘉靖十四年改称永宁宫，万历晚期复称长春宫。乾隆皇帝的结发妻子孝贤皇后富察氏曾居于此。辛酉政变后，慈安、慈禧两位太后在此垂帘听政，并同居长春宫。

咸丰九年（1859），启祥宫和长春宫最早启动了连通工程。长春宫拆除了长春门，启祥宫的后殿改为穿堂殿，咸丰皇帝御题命名为"体元殿"。长春宫、启祥宫两宫也连通成了"两宫四进院"的格局。原本东西对称的十二宫，开始打破了平衡。本次改建的一大亮点是，体元殿后檐接出抱厦，延伸进入长春宫前院，建成戏台。慈禧五十寿辰，宫中在此演戏庆贺，长达半月之久。体元殿与长春宫东西配殿有回廊相连，廊壁绘有《红楼梦》题材巨幅壁画十八幅，为光绪十年（1884）所绘。另外，长春宫后殿有一个文雅的名字"怡情书史"。

内西路最西北角为咸福宫，初名寿安宫，嘉靖十四年更名咸福宫。它和景阳宫一样是离乾清宫最远的"冷宫"，前院正殿屋顶也是黄琉璃瓦庑殿顶的超高规制。

十二宫中最偏远的冷宫反而屋顶规制最高，在功能使用上都逐渐挪为御用。景阳宫后来成了御书房，咸福宫也逐渐不安置妃嫔，挪作皇帝的别院。咸丰皇帝曾在此为父皇道光守孝，守孝期满后仍经常来此居住。咸福宫后院化身为琴房画室，正殿名为"同道堂"，殿内东室为"琴德簃"，收藏古琴；西室为"画禅室"，收藏王维的《雪溪图》、米芾的《潇湘白云图》等无价之宝。这些宝卷都是董其昌"画禅室"的旧藏，此室因此得名。

　　宫门常闭舞衣闲，略识君王鬓便斑。
　　却羡落花春不管，御沟流得到人间。

整齐划一的东西六宫，很符合古人宫苑词、怨妇诗的舞台设定。千百年来，后妃的悲欢离合、喜怒哀乐，一而再再而三地在后宫重演，仿佛有天定的剧本。

后妃悲喜剧

正统七年（1442）五月，阳光明媚的一个夏日，十六岁的钱氏头戴九龙四凤冠，身着真红大袖祎衣、红罗长裙、红褙子、红霞帔，在鼓乐喧天、官民朝贺之中被抬入紫禁城。她将嫁给十五岁的当今圣上、明英宗朱祁镇，成为大明帝国的皇后。

这是紫禁城落成之后的第一场皇帝大婚。

等待这第一位紫禁城敲锣打鼓迎娶的皇后的，又会是什么样的命运呢？

阎崇年统计明清两朝二十八任"第一任皇后"，或早逝、或无过被废、或年轻寡居、或死于非命，从皇后顺利做到太皇太后的只有两人。明代皇帝一共十六代，被废的皇后有四位，被打入冷宫的三位，还有一位被烧死。明代后妃踏入宫城，甚至随时有生命之虞，洪武、永乐、洪熙、宣德各朝妃嫔殉葬分别为三十八人、十六人、五人、十人。明宣宗时期可怜的郭嫔，入宫不到两月便被殉葬。[①]具体到钱氏身上，她的皇后生涯会不会是一个悲剧呢？

故事的起点充满了幸福与温馨。钱皇后是太皇太后张氏（明仁宗皇后）给

---

① 程彩霞：《明代后妃制度的政治文化解读》，载于《山东社会科学》2006年第12期。

孙子挑选的妻子，但是朱祁镇对这位素未谋面的小姐姐相当满意。钱皇后祖辈寒微，曾祖参与明成祖朱棣靖难起兵，家族才开始崛起，但直到父亲钱贵时仍然只是金吾右卫的都指挥佥事，算是中层武官。朱祁镇可怜妻家势力单薄，便想封钱贵为侯。钱皇后再三逊谢，朱祁镇起初以为是照例客气，后来看钱皇后是真心实意的，才打消了封侯的念头。所以，钱氏是明朝历代后族中唯一没有封爵的。

明代紫禁城选妃的地域，主要限于北京附近。除了明成祖朱棣迎娶了开国元勋徐达的女儿为皇后，其他后妃都出身寒族单门，有的皇后甚至连家世都搞不清楚，上演了儿子称帝后满天下寻找舅舅的悲喜剧。明朝皇帝是故意为之，目的是防止有根基有声望的家族成为外戚后更加强势，威胁到皇权。清代紫禁城继承了朱明家族的选妃思路，除了与蒙古同盟的考虑，迎娶蒙古王公女子政治联姻外，后妃出自八旗中等人家居多，很大比例来自上三旗包衣奴仆。清代后妃出自钮祜禄氏的最多，共十二人，其中六人为皇后。出身包衣家庭的有十多人，集中在康熙、雍正、乾隆、嘉庆四朝。有的皇帝生母即为包衣之女，如雍正皇帝生母乌雅氏母家是镶蓝旗包衣、嘉庆皇帝生母魏佳氏出身正黄旗包衣之家、道光皇帝生母喜塔腊氏祖辈都是正黄旗包衣。

天潢贵胄和世俗暴发户一样在意婚配对象的家世背景，不过前者故意避开豪强门阀，后者一心攀附富贵大户。背后逻辑是一脉相通的，都是追求家族利益最大化。

朱元璋始终是一个传统农民，希望子孙迎娶的是"良家女子"即可，还定下家法："天子及亲王后妃宫嫔等，必慎选良家子而聘焉，戒勿受大臣所进，恐其夤缘为奸，不利于国也。"因此，前代存在的进献美女行为，在明朝是严禁的。朱明皇室没有让一个美女通过例外渠道踏入紫禁城。朱元璋吸取前代祸乱宫廷的教训，定后妃"备职事，侍巾栉"而已，即便"皇后之尊，止得治宫中嫔妇之事，即宫门之外，毫发事不预焉"。后宫不得干政，朱元璋明确要求子孙后代永世遵守。

明神宗万历皇帝最宠爱郑贵妃，一心一意要传位给她所生的皇三子。即便恩宠如此，一次司礼监文书房缺员，太监史宾善书能文，远近闻名，万历皇帝也说史宾可以补缺，在一旁的郑贵妃就势大赞史宾，推荐他出任文书房。万历皇帝闻言大怒,不仅改了主意,而且将史宾施以笞刑,再放逐到南京,弃之不用。郑贵妃战战栗栗,知道自己的无心之言触碰了万历皇帝最敏感的权力神经,怀疑后妃与宦官相互勾结。她待罪了多日,万历皇帝才释怀。至于史宾,前途算是没了。

明英宗的钱皇后,恪守祖制,与丈夫明英宗耳鬓厮磨。美中不足的是,钱皇后入主中宫多年没有生育。不过,小夫妻俩都才二十岁上下,来日方长。明

明代后妃冠冕(孙珊珊 摄)

清代后妃冠顶(孙珊珊 摄)

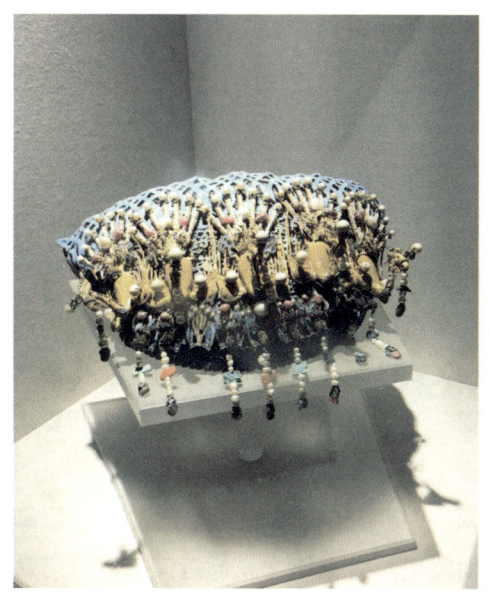
清代后妃冠冕(孙珊珊 摄)

清代后妃朝冠(孙珊珊 摄)

英宗并不着急，相信钱皇后一定能够生育嫡子。最大的证据就是虽然妃子周氏生育了皇长子，明英宗却迟迟不立太子。

人类永远不知道意外和明天，哪个先来。钱皇后二十三岁时，明英宗御驾亲征，结果在土木堡全军覆没，丈夫也成了阶下之囚。这场惊天巨变，将钱皇后的人生划分为截然不同的悲喜两段。

皇帝深陷他国囚笼，天下臣民措手不及，久居温柔富贵乡的钱皇后一介女流，更没有得力举措。她能想到的，就是倾中宫之财拼凑"赎金"幻想迎回丈夫。希望是如此虚无缥缈，失望却累积成了绝望。钱皇后唯有祈祷上天，日夜哀泣，因为长期蜷卧在地，一条腿瘸了；又因为没日没夜哭泣，一只眼睛瞎了。年轻的皇后在如花似玉的年岁，成了肢体不全的残废。

一年后，丈夫朱祁镇得释归来，不再是皇帝，而是幽居南宫的太上皇。南宫七年，是朱祁镇的至暗时刻，没有往日的排场，没有昔日的供应，连宫门的锁眼都被封死了，正常饮食都不能保障。钱皇后选择与丈夫共患难，亲自做一些女红央求下人出去售卖换钱，还时时刻刻照顾丈夫情绪，百般慰解。朱祁镇跌宕起伏的内心，仰仗发妻的劝慰来平息波澜。夫妻感情愈加深厚。七年后，朱祁镇在一场政变中复辟成功。有声音反对钱氏复为皇后，认为她身体残缺且已经无法生育。但明英宗朱祁镇毅然坚持以钱氏为皇后。

明英宗生前，后宫纷争已经出现。钱皇后无子，明英宗立庶长子为皇太子，其生母周贵妃事实上了压了钱皇后一头。为防止钱皇后日后受辱，明英宗临终遗言："钱皇后千秋万岁后，与朕同葬。"明英宗重申了钱氏的"皇后"地位，表达了与她"生同床死同穴"的明确意愿。书写大臣同情钱皇后，将这一句写入了遗诏。

明英宗的担忧并非多余，他刚驾崩，太监为讨好周贵妃，竟然传谕独尊周氏为皇太后！内阁力争后，继位的明宪宗朱见深同尊嫡母钱皇后、生母周贵妃为皇太后。内阁大学士又坚持将钱太后的名位排在周太后之前。

钱太后并未享几年清福，四年后追随丈夫而逝。钱周名位之争，变为了丧葬矛盾！

嫡后与皇帝合葬，礼制历代为之，况且明英宗遗诏指定钱皇后同葬。周太后却想取而代之，一心阻挡钱皇后入葬裕陵。钱太后在后宫孤苦无依，在外朝却得到了群臣的广泛支持。紫禁城传谕钱太后不与先皇同葬的当天，就有詹事、给事中等清要士大夫上疏劝谏。第二天，礼部尚书领头、四百七十名大臣联名上奏，为钱太后请命，要求帝后合葬。周太后一意孤行，反而谕令为钱太后另择葬地。第三天，数十名言官早朝后集体跪在文华门外哭谏。哭声嘹亮，传遍后宫。群臣不顾明宪宗的退散谕旨，自巳时（九点至十一点）一直跪到下午申时（三点到五点），钱太后不得合葬誓不罢休。最终周太后被迫答应了大臣要求。

钱太后终于入葬裕陵，与丈夫明英宗同穴。

周太后并没有完全认输。明英宗建裕陵时，只预留了钱皇后合葬的墓室，并没有预留第二个合葬位。周太后为了自己百年后也入葬裕陵，重新营建裕陵墓室。她暗中授意经办太监，将钱太后的墓室与明英宗"同陵异隧"，即堵塞了钱太后与明英宗墓室的隧道。她自己和丈夫明英宗的墓室通道，却畅通无阻——尽管明英宗并不想与她合葬。同时，在供奉前代帝后神位的奉先殿内，周太后也撤去了钱太后的牌位——她预备将来自己的牌位陪伴丈夫。

又过了三十六年，太皇太后周氏才病死。当时在位的皇帝是她的孙子明孝宗朱祐樘。

明孝宗，一位深知世态炎凉的传奇皇帝，年少时由周太后亲自抚育。他与祖母感情极深，如今一心要为祖母争取哀荣。周太皇太后生前不是皇后，却按照原配嫡后的待遇享受身后事。明孝宗要将祖母"祔庙"，即将神牌放置于太庙、奉先殿等祖宗祭祀场所，与明英宗并尊。礼制只有原配嫡后才可以祔庙，继后及嗣君生母可以尊为后位，却没有资格祔庙。内阁认为周氏毕竟只是先帝妃子，有嫡庶之分，不能祔庙，还拿出了明英宗的遗诏，指出先帝生前承认的是钱皇后。明孝宗的过人之处在于他遵从了内阁的意见，在个人情感和礼法之前找到了平衡。他将祖母周氏、生母纪氏一起别祀于紫禁城新建的奉慈殿。

奉慈殿，《明史》记载位于奉先殿西一区，可能就在现在的毓庆宫。顾名思义，奉慈殿是供奉没有资格祔庙的太后牌位，并早晚祭祀的场所，没有太庙、奉先殿之名，却享受二者的礼仪与供应。明宪宗生母周太后、明孝宗生母纪太后，还有日后明世宗嘉靖皇帝的祖母邵太后，三位的神位安置于殿中，享受后世香火。万历十五年（1587），万历皇帝将三位太后移奉于陵殿。奉慈殿礼罢，很快淹没在历史巨幕之中。

不过，明孝宗给祖母争取到了合葬裕陵的待遇。自周氏以后，明朝嗣君生母开始与皇帝合葬。祖母入葬时，明孝宗才发现陵墓中早先合葬的钱太后与祖父明英宗的隧道竟然是堵塞的。他想打通隧道，碍于风水问题没能施工。可怜的钱太后，终归没能与丈夫"死同穴"。

孝庄睿皇后钱氏的身后事，全赖文官士大夫的强力支持。钱氏是儒家思想观念中的理想皇后，忠贞不贰、恪守妇德，关键是从不干政。钱氏就是后宫的榜样。士大夫集团自然希望这样的榜样遍布后宫。他们的知音或许是爱新觉罗家族。清代紫禁城广立宫训，大搞典型榜样宣传。乾隆皇帝管理后宫，尤其推崇历代贤妃的示范教育。他制作《宫训图》十帧，分挂十座后宫：景仁宫《燕姞梦兰》、永和宫《樊姬谏猎》、承乾宫《徐妃直谏》、钟粹宫《许后奉案》、延禧宫《曹后重农》、景阳宫《马后练衣》、储秀宫《西陵教蚕》、启祥宫《姜后脱簪》、长春宫《太姒诲子》、咸福宫《婕妤挡熊》。这十帧画描绘的都是贤妃们德行的经典场面，是乾隆皇帝希望后妃们遵循的言行规范。

除了道德教育、典型宣传外，紫禁城还有明确的硬性制度，防止后妃干政、外戚揽权。

帝王沉溺女色，荒政废职，连累国势，历史教训历历在目。帝王话语体系称之为"红颜祸国"。努尔哈赤建国之初就告诫子孙不得纵欲，专门制订了"祖训"，赋予后代皇后在丈夫贪恋女色时候的规谏权、对迷惑皇帝的宠妃先斩后奏的权力。

清代皇帝御幸某位妃嫔，要造册籍申报皇后。皇后可以对不合格者进行杖责。即便侍寝正在进行，太监在寝宫门外诵读努尔哈赤的祖训，皇帝也必须立刻披衣起床，跪听祖训后，出朝办公。据说，咸丰六年（1856）春天，咸丰皇帝连续留恋于懿贵妃的寝宫，数日不视朝，皇后就行使了这项特权。她来到懿贵妃居住的储秀宫，头顶祖训跪在门外，命随侍太监在门外请皇帝起身听政。太监刚开始诵读祖训，寝宫里就传来了咸丰皇帝的声音："予即听朝，勿诵训。"他随即出宫理政，突然意识到不对劲，很快返回后宫，问懿贵妃何在，有宫人回答说随皇后前往坤宁宫了。咸丰皇帝大叫不好，坤宁宫是皇后赏罚嫔妃之所，他连忙赶往坤宁宫，果然发现皇后坐在大殿中间，懿贵妃跪在地下。

皇后历数懿贵妃的过错，要依祖制杖罚。咸丰皇帝急呼"懿妃有孕"，这才救下懿贵妃。

外戚依靠后妃，势力膨胀，导致皇权旁落，甚至篡朝夺位的，也是血淋淋的历史教训。紫禁城成功杜绝了外戚擅权，明清两代都没有出现飞扬跋扈的外戚。清末慈禧太后掌握实权，但其母系亲属没有一个人进入朝廷中枢。其弟桂祥只是虚衔的副都统。这客观上有慈禧太后母系力量薄弱的原因，另一方面是制约外戚的制度起效了。

陪伴朱元璋创业的马皇后曾经对外戚有清醒的认识："妾家亲属，未必有可用之才。且闻前世外戚家，多骄淫不守法度，每致覆败。陛下加恩妾族，厚其赐予，使得保守足矣。"明朝紫禁城不从贵戚中挑选后妃，从源头上杜绝外戚形成强大的政治势力，同时严格限制外戚参政，恩赐高爵厚禄作为交换。不过，一旦发现外戚干预朝政，轻者削爵，重者下狱，皇帝对岳父、国舅们丝毫不留情面。明宪宗的宠妃万贵妃，集万千宠爱于一身。其父万贵出身县衙门椽吏，经常接受皇宫的厚赏。每受重赏，万贵都忧形于色，看到儿子骄侈过度，反复告诫不要妄费、要居安思危。万贵说："官家赐物皆注于历，他日复来追，汝无以为偿。"明代外戚纯属皇权的附着物，皇帝可以重赏，也可以随时剥夺一切荣华富贵。清代继承了明代对外戚的严格限制，在措施上更进一步。清代外戚"名既专属，等复攸殊，裁抑制防，视明尤属。用是终清世，外家皆谨守法度，无预政事者，不可谓非诒谋之善也"。

紫禁城中预防后妃干政最残酷的措施，莫过于生生剥夺母子联系，不允许后妃抚养亲生皇子。毕竟，后妃干政最扎实的基础就是母子亲情——另一种紫禁城内的珍宝。人为淡薄母子亲情，就掏空了日后后妃干政的根基。

后妃衣食无忧，按说有充足的时间和精力照顾儿子，事实上却没有一个后宫的女子可以如寻常母亲那样抚育儿子。

万历朝皇太子朱常洛一家居住在慈庆宫。朱常洛有二子，长子朱由校生母被父亲宠爱的李选侍殴打致死，次子朱由检生母刘淑女①受父亲责罚含冤而死，两个孩子都交给李选侍抚育。兄弟二人的童年，充满委屈、无助与凄凉。朱由

---

① 刘景娴，宛平人，崇祯帝朱由检生母，初入太子宫为淑女。

校继位后,控诉李选侍:"侮慢凌虐,朕昼夜涕泣……朕之苦衷,外廷岂能尽悉。"童年阴影导致二人的人格、心智都不健全,对日后明朝政局造成了负面影响。

朱由检在哥哥登基次年获封信王。信王思念生母,无奈5岁时生母刘淑女就冤死了,母亲的印象早已模糊,而且权阉魏忠贤监视诸王,对信王的监视尤其严密,他只能偷偷委派亲信太监去西山的生母坟地代祭,不能亲临。七年后,二十三岁的天启皇帝朱由校驾崩,因为无子绝嗣而由弟弟朱由检继位,是为崇祯皇帝。朱由检追尊生母刘氏为皇后,一系列的礼仪都需要刘氏的画像,可惜刘淑女生前如同紫禁城的荒草杂藤一般,自生自灭,早已无人知晓她的容貌了。后来找到一位傅懿妃,当年与刘氏同为淑女,比宫而居。根据傅懿妃的描述,再经刘太后母亲瀛国太夫人指正,最终完成了刘太后的画像。崇祯皇帝以隆重的礼节迎生母画像入宫,亲自在午门跪迎,并将画像悬挂于宫内请老年宫女观看。有人说像,有人说不像。崇祯皇帝悲从心来,跪地不起,泪如雨下。

清代皇子呱呱坠地,即交予奶妈抚养。皇子在数以十计奴才的伺候之下,长到五岁就要站班当差,同时每日入上书房学习。皇子与生母相见次数屈指可数,不但有固定时间,而且受种种礼制约束,并不能如亲生母子般谈心论情。公主格格与生母的关系更为疏远,从诞生至下嫁与生母相见不过数十次。不客气地说,紫禁城要求后宫"多生不育"。后妃干政的梦魇,导致紫禁城把后妃们设定为近乎"生产机器"。

后妃们最大的希望就是儿子有出息,自己晚年能够有所依靠。明朝生子的前代嫔妃,经过皇帝恩准,可以投奔就藩的儿子。做藩王府的王太后,或许是前代妃嫔最好的结局了。清朝太妃们连这项微薄的待遇都惨遭剥夺。乾隆元年(1736),乾隆皇帝的两个叔叔庄亲王允禄、果亲王允礼奏请分别迎接自己的生母密太妃、勤太妃到自家王府养老。乾隆皇帝为此发了一道上谕:"若不允其迎养之请,则无以展二王之孝思;若允二王之请,迎养太妃于府第,则脱网于奉养,此心实为歉然。自今以后,每年之中,岁时伏、腊令节、寿辰,二王及各王、贝勒,可各迎太妃、太嫔于府第。计一年之内,晨夕承欢者可得数月,其余仍在宫中。"从此,太妃太嫔们一年可以有几个月住在儿子的府邸——前提是有儿子,且儿子有爵位和府邸。

孝和太后是清代唯一一位以皇帝继母身份尊封的皇太后。道光皇帝尊称她为"皇母"。道光三年（1823），道光皇帝委任孝和太后的亲生儿子惇亲王绵恺在内廷行走，算是委以重任，但很快以惇亲王福晋乘轿径入神武门，罢去绵恺的差使，又罚俸五年。不久，道光皇帝又陪着孝和太后去惇亲王府，"合家欢聚"，顺势减罚绵恺王俸三年。

孝和太后的真实境遇，道光皇帝的帝王之术，都包含在了这个小例子里。

女官与宫女

晚清宫女荣儿回忆,小时候离家入宫时,不知道宫里什么样,只当串亲戚,后来才知道这一别就是生离死别。(《宫女谈往录》)

朱红明黄壮丽辉煌、雕梁画栋栩栩如生、鼓乐旗仗响彻宫廷,构成了宏大富贵的叙事体系,这套体系过于高高在上,漠视了个体的鲜活和灵魂,消磨了人们的心智与梦想,对后宫生活的干枯沉闷难辞其咎。

年复一年日复一日,后妃、宫女们如阳光节令一样有规律,到时候更换皮裘、绸缎、轻纱,照制度更换内饰、打扫落叶、疏通沟壑……

后宫除了后妃,还有两类女子:女官、宫女。女官是管理后宫事务、指挥宫女的官员,最著名的女官或许是《还珠格格》里的容嬷嬷。

最早时,女官与妃嫔是高度重叠的。周天子曾立王后、夫人、嫔、世妇、御妻、女祝、女史等后宫女子等级,其中王后、夫人是天子之妻;嫔、世妇、御妻等既是姬妾也是女官,嫔负责教育后宫女子,世妇掌管后宫祭祀、迎送宾客,御妻照顾天子饮食起居;女祝、女史是专职女官。当然在实践中,皇帝可以临幸任何女官或宫女,不管她的"专职"是什么。

隋朝开始确立六局二十四司的女官体制。每局下辖四个司,司下又设若干层级，高者五品，低者九品，女官等级严明。唐朝出了一位重量级的女官——上官婉儿，她因罪入宫，凭借出众的文才专掌帝王文件，百官奏事多由她裁决，号称"女宰相"。

明朝延续了六局二十四司①体系，明初的六局尚宫掌政令、文科、印玺、玩器；尚仪掌礼仪、音律、朝见；尚服掌服饰、化妆品；尚食掌食品、药品、器皿；尚寝掌床褥、整理、用具；尚工掌营造、衣服、财务，此外独设宫正司，掌管纠察宫闱、戒令、谪罪之事。各局负责官员为正五品。比如，尚食局设女官"尚食"二人，正五品，负责膳馐饮食。凡皇帝进御，尚食要先试吃试毒。但是，女官掌管的后宫事务，与宦官存在竞争关系。宦官势力在明代紫禁城日渐膨胀，迅速侵蚀女官的职权，直至取而代之。明代中期即取消了六局，只保留尚宫"一局四司"，负责女官就叫"尚宫"。这套女官制度为朝鲜所仿照，如今在古装韩剧中还能看到这套女官制度的模样。

明孝宗生母纪氏，被俘入宫后担任女史。明宪宗就是在她工作的内藏库中撞见了她，引发了之后的传奇故事。女史是记录皇帝在内廷言行的低级女官，类似女版的"起居注官"，《红楼梦》中的贾元春入宫之初担任的就是女史。

清代紫禁城也有女官，遴选之时除了年龄、身体条件外，还要求精通女工、人品端正。秀女中选入宫后，先试绣锦、执帚等技艺，并观察秀女的言谈举止，其中的优秀者进一步接受掖庭规程的教育，每天一小时读书写字，持续一年时间。一年后，最优者侍奉后妃起居，其次分配为尚衣、尚饰，成为各方面的女官。

清代紫禁城虽然没有一手遮天的宦官，却有全知全能的内务府，女官也和明代一样弱势。加之清朝宫廷精简人员，便没有建立六局二十四司。清朝女官主要分为服侍各宫殿的女官，和专职专业的女官。比如，掌事嬷嬷管理所有宫里大事，负责分发俸禄，分配宫女等，正三品，比太监总管的法定品级都高；

---

① 女官六局为尚宫局，领司四：司记，司言，司簿，司闱；尚仪局，领司四：司籍，司乐，司宾，司赞；尚服局，领司四：司宝，司衣，司饰，司仗；尚食局，领司四：司膳，司药，司酝，司饎；尚寝司，领司四：司设，司舆，司苑，司灯；尚功局，领司四：司制，司珍，司彩，司计。另有一司为宫正司。

各宫主管女官，从五品；御花园、各处佛堂等处主管女官，正六品。从五品以上女官，可以称"姑姑"。各宫女官由该宫主位后妃管理。

女官之下为宫女，侍奉帝王后妃的生活起居、接受帝王后妃的驱使应承。明代宫女引发的最著名事件是"壬寅之变"。嘉靖皇帝强迫宫女提供处女经血炼长生丹药，为此大量征召十三四岁的少女入宫。少女们经期不能进食，只能吃桑叶、喝露水，于嘉靖二十一年（1542，壬寅年）不堪痛苦策划在夜晚勒死嘉靖，结果忙里出错结了一个活结，刺杀以失败告终。

明代宫女入宫服务五六载，可以回家，任由婚嫁。愿意留在紫禁城的，可以；一旦授职为女官，父母会收到俸禄。老死的女官与宫女，可以归葬母家；无家可归的，抬至净乐堂焚化。净乐堂有东西二塔，塔下有眢井，盛贮这些可怜女子的骨灰。

仰望深宫一角（张程 摄）

在高墙之内，宫人哪里还有自由（张碧君 摄）

清代宫女从内务府包衣佐领、管领以下家庭的女子中挑选。十三岁以上的女孩子都要参选，由内务府会计司负责。容貌姣好的入选者分配到各宫侍候太后、皇后、妃嫔起居。后妃依等级驱使相应数量的宫女，皇太后有宫女十二人，皇后十人，皇贵妃、贵妃各八人，妃嫔各六人，贵人四人，常在三人，答应二人；次等的入选者分配到尚衣、尚饰等处服役。宫女的分配，与女官相同。清代宫女数量进一步缩小，康熙朝宫女不过四五百人而已。

清代紫禁城对宫女的管理一如太监制度，极为严格。进宫第一天，姑姑就宣布宫女不许擅离宫门一步，"离开宫门，打死不论"；不许迈进其他宫殿一步，私自串门者"不是砍头就是发边疆"；不许在宫中独自行走，办差都是成双成对。宫女讲究"行不回头，笑不露齿"，即便有太大的苦楚也要笑脸示人，即便是挨打了也要谢恩称谢。严格管理之下，清代宫女似乎没有曝过丑闻。作为代价，荣儿等宫女天亮即起，深夜才睡，"不该问的不能问，不该说的话不能说，在宫里当差，谁和谁也不能说私话，就像每个人都有一层蜡皮包着似的，谁也不能把真心话透露出来"。（《宫女谈往录》）

清代宫女衣着锦缎，四时更新，表面看光鲜亮丽，实际吃住条件非常恶劣。宫女们居住在当差宫院的配殿耳房之中,"所居屋漏墙圮,巷十室,居十人"。房屋低矮、破旧,生活用具和器皿也十分简陋。现存宫女居所陈设,除了陶壶等简陋器皿,一无所有。伙食也很糟糕,"每餐置饭木桶,卤鸡、鸭肉一片佐之,臭腐不中食,还之,下餐复进,故宫女姿色多减"。(何刚德《春明梦录》)

清代宫女一般到二十五岁才能出宫,任由婚配,如果患病不愈则提前遣返。有的宫女到龄因为帝后中意,可以继续留在宫中当差十年,再次到龄出宫就已经三十五岁了,在清朝很难正常婚嫁了。这样的宫女可谓是将一生都献给了紫禁城。

很多包衣家庭不愿意女儿入宫,发动各种人情或资源免除这桩苦差。荣儿则是因为父亲吸鸦片,家道衰微,不得不牺牲女儿换取每月几两银子。有的人家是贪图宫女俸银,有的家庭则是希望女儿入宫学点规矩,找个好婆家。很多

在铁门之内,宫人哪里还有自由(张碧君 摄)

宫女往往嫁给侍卫，日后侍卫提拔了，宫女也跟着发迹了。可悲的是，荣儿最终被慈禧太后赐婚给了梳头太监。

女官、嫔妃们虽然地位高，生活不至于粗陋，却要在各种明枪暗箭、阴谋诡计中杀出一条生路来。她们的生活压力更大，生命更危险。宫廷最大的悲哀，莫过于可怜人之间相互倾轧残杀了。

明熹宗天启年间，住在长春宫的李成妃一次偶然得到了侍寝机会。她自身并不受宠，却在侍寝时为当时遭到幽禁的范慧妃求情。盘踞后宫的客氏、魏忠贤得知后，非常不满，将李成妃幽禁于宫墙之间，并断绝了饮食。之前，性格耿直的张裕妃就是得罪了客氏和魏忠贤，在怀孕的情况下仍然被囚禁在宫墙之间，活活饿死。李成妃吸取了张裕妃的教训，事先藏了许多食物在宫墙夹缝内。半个月后，明熹宗突然想起了李成妃。客氏发现李成妃竟然还活着，以为她有神助，没有进一步加害。李成妃虽然幸免于难，但被贬为宫女，逐去西五所干苦活。李成妃父亲李谦受到株连，贬官到几千里外，李成妃的几位兄弟则惨遭杀害。四年后，崇祯皇帝继位，拨乱反正，李成妃这才恢复成妃位，得以安享余生。说是余生，李氏其时才二十三岁而已。

宫里的女人们，和其他居民一样，都是紫禁城的过客，都是庞大宫廷的小螺丝钉。

她们的青春和梦想都消耗在了这座紫禁城，或八面玲珑，或郁郁寡欢，或孤老内宫，或遣返故里。

唐朝诗人元稹有《行宫》诗："寥落古行宫，宫花寂寞红。白头宫女在，闲坐说玄宗。"

在紫禁城养老

Biography of the Forbidden City

故宫传

孙珊珊 摄

皇太后安置难题

日月曝光下的紫禁城,总有一些光线忽略的角落和无人关照的可怜人。

在明朝正德年间的后宫,邵氏就是这样的可怜人。由于出身赤贫,邵氏从小就被狠心的父亲卖给了杭州镇守太监为奴为婢。没有人知道她确切的年纪,没有人知道她是否还有亲属,宫中只知道她来自杭州。

邵氏曾经给皇祖宪宗成化皇帝生育过三位皇子:兴王朱祐杬、岐王朱祐棆、雍王朱祐枟。她规规矩矩做人,只求老了能出宫投靠儿子。不想,儿子就藩封地时,邵氏出宫投靠的请求遭遇冷冰冰的拒绝。她只能老死宫中。

邵氏牵挂远在湖北、江西和湖南的三个儿子,担心他们在千里之外水土不服,牵挂他们的婚嫁生育和柴米油盐。起初,邵氏还给儿子们写信,陆续传回的却是三个儿子的死讯。其中两个儿子还因绝嗣而藩除。

上天似乎将所有的人伦悲剧都安在了邵氏身上。她时常哭泣,又哭瞎了双眼,日子更加艰难。在无尽的黑暗里,邵氏只能从闲言碎语中拼凑孝宗驾崩、武宗驾崩、朝廷刁难藩王等讯息。想来,自己都已经是三朝太妃了。

正德十六年(1521)五月,喧嚣与喜庆突然撞向邵氏。刚刚驾崩的明武宗无嗣,邵氏的独孙朱厚熜要继承皇位了!一位十五岁的少年来到邵氏跟前,她号啕大哭,颤抖着摸遍孙子全身,自顶至踵,难以自已。

这号啕大哭是几十年压抑、艰辛的发泄,更是对即将到来的幸福生活的喜极而泣。

不幸的是,邵氏于嘉靖元年十一月崩逝,只做了一年太皇太后。孙子嘉靖皇帝不顾内阁反对,将祖母迁葬茂陵,以皇后礼与祖父明宪宗合葬,上谥号曰"孝惠康肃温仁懿顺协天祐圣"。邵氏简称孝惠太后。

邵太后的传奇经历,只是紫禁城的特例。绝大多数妃嫔不会邂逅幸运之神。

邵太后的幽居终老,却是紫禁城的常态。所有后宫妃嫔都会生老病死,都面临终老问题。

皇帝与太后太妃的关系,是皇室家庭关系中最无害的一种。与父子、兄弟关系不同,母子利益一致,母以子贵。更何况天底下哪有不希望儿子好的母亲?母亲对儿子的付出是最无私纯洁的。母子间的血肉关联,是常力不能割断的。

历朝历代无不高调奉养前朝后妃,宣扬孝道,利于治政。

"以孝治天下"是中国传统治国理政的基本方略。帝王在封建宗法中是天下大宗,小家的孝最终导向大国的忠。宣扬孝道有利于王朝统治,国家长治久安。"夫孝,三皇五帝之本务,而万事之纪也。夫执一术而百善至,百邪去,天下从者,其惟孝也。"(《吕氏春秋》)以孝治天下,是帝王维护意识形态,表率天下垂范后世最廉价也最真实有效的方式。

于是,孝治大旗鲜艳夺目,飘扬在紫禁城上空。雍正皇帝有言:"朕惟古昔帝王,以孝治天下。诚以孝者,天之经,地之义,民之则也。"乾隆皇帝则说:"朕惟致治之本,孝道为先。"

不过明朝开国之初并没有皇帝尽孝的机会,明太祖、成祖、仁宗三位皇帝的母亲都早早去世,未能见到儿子位登九五。尤其是明太祖朱元璋,父母如同蝼蚁草芥般归于尘土,无尺寸葬身之地,给幼年朱元璋留下了深深的心理创伤。贵为帝王后,每逢父母诞辰,朱元璋都悲戚哀号。人间一大憾事就是子欲尽孝而父母不在,皇帝尤甚。

紫禁城第一次出现皇太后,是明仁宗朱高炽去世后,儿子明宣宗朱瞻基尊母亲张氏为皇太后。明英宗继位后，尊祖母张氏为太皇太后。

前朝后妃在丈夫驾崩后，便不能再居于东西六宫。明宣宗给张太后挑选的奉养之所是外西路中北部的仁寿宫。早期紫禁城，除了三大殿和后三宫，仁寿宫是体量最大的宫殿，整个建筑群整整占据了九个宫格。而就阴阳五行而言，西部属"金"，寓秋天收藏之意。因此将皇太后安置仁寿宫养老，较为妥当。这位张太后厉行节俭，不喜铺张，宣德三年（1428）过生日仅是与儿子儿媳同游西苑和景山而已。明宣宗"亲掖皇太后舆登万岁山，奉觞上寿，献诗颂圣德"。

仁寿宫最初的格局，应该与西六宫区域的九宫格相同，东边两进宫格是居住区，西边空出一宫格宽、三宫格深的区域留作机动，留作建造佛堂等用。

明宣宗驾崩后，张太后升为太皇太后，紫禁城出现了第二位皇太后：明宣宗之妻孙氏。孙太后历经正统、景泰、天顺三朝。她力挽狂澜，深度参与了土木堡之变和夺门之变的政局，化解了朱明王朝两次皇位危机，后人在《女医明妃传》《大明风华》中都能看到她的身影。从此直至明武宗的八九十年时间里，紫禁城都至少有两位皇太后或各有一位太皇太后、皇太后并存。两人显然不能共处一室。如何安置多位太后，成为摆在孝子贤孙们面前的迫切而微妙的问题。

凑巧的是，同时期紫禁城中没有出阁独居的皇太子，文华殿后的太子东宫便更名为"清宁宫"暂作太后居所。孙太后成了清宁宫的第一位主人。明朝前期的太后太妃，一代代轮流安排在仁寿宫、清宁宫两地。虽然不是制度，也渐成惯例。

其间值得一提的是，明孝宗朱祐樘是在仁寿宫中长大的。小朱祐樘横空出世后，生母纪氏受迫害致死。祖母周太后为防孙儿不测，亲自接入仁寿宫抚养，轻易不让离宫。在仁寿宫长大的朱祐樘，与祖母感情深厚，继位后尊周氏为太皇太后，隆重地移祖母入清宁宫居住。弘治十一年（1498）冬清宁宫火灾，朱祐樘亲自为太皇太后扶掖，安慰取悦，通宵不眠，陪侍左右，并请祖母暂移仁寿宫前殿居住，同时抓紧重修清宁宫。不到一年清宁宫重修完工，周氏还居清宁宫。朱祐樘事祖母亦至孝。周氏身体不豫，明孝宗都陪侍跟前，亲奉汤药，竭诚致祷。这三个举动，也成了日后帝王事亲的常规行为。

明朝前期奉养太后的惯例，在嘉靖皇帝登基后遭遇了危机。

嘉靖皇帝朱厚熜给紫禁城带来了一个太皇太后、两个太后并存的礼制和人情难题！

明武宗正德皇帝驾崩之时，紫禁城已经有一位皇太后：慈寿皇太后张氏，依惯例居于仁寿宫。张太后是明孝宗的发妻、明武宗的生母。明武宗无子而终，张太后和首辅定策引入血缘最近的朱厚熜为新君。不想，朱厚熜入主紫禁城伊始就爆发了"大礼议之争"。这场争吵的本质是朱厚熜坚持原生血脉，乃至替换明朝现有的传承脉络。具体到奉养太后上，便是如何安顿亲生母亲蒋太后的问题。

张太后已经占据仁寿宫，而明武宗皇后夏氏和妃子提前入住清宁宫。生母蒋太后无专宫可住，住在仁寿宫侧宫，面对张太后处于卑弱地位。嘉靖皇帝冥思苦想要破除这个难题。

两场火灾帮了嘉靖的忙。嘉靖元年（1522），清宁宫后部房屋发生火灾。嘉靖皇帝以此为借口，强迫明武宗皇后夏氏和贤妃、德妃等从清宁宫迁至仁寿宫，两代三家女眷同住。嘉靖四年十月，清宁宫修缮完工后，只有蒋太后入居了清宁宫。紧接着，嘉靖四年，仁寿宫也遭遇火灾。嘉靖帝以"岁灾民困"为由，没有马上修复仁寿宫。这一停就是十年。其间，张太后失去了专宫。

嘉靖皇帝的终极方案是舍弃旧仁寿宫，新建宫殿奉养前朝后妃，并定为"祖宗之制"。清宁宫恢复为太子东宫，在其后、外东路北部建起了慈庆宫，作为太皇太后居所；在仁寿宫基础上扩建慈宁宫，作为皇太后居所。① 慈庆宫和慈宁宫，一东一西，相互呼应。

嘉靖十五年（1536），嘉靖皇帝谕礼部："朕恭备祖宗一代之制，命建慈庆宫为太皇太后居，慈宁宫为皇太后居。今工有次第，以慈宁奉圣母章圣皇太后，以慈庆奉皇伯母昭圣皇太后，一应供张，悉取给内府，如祖宗例行，著为令。"

嘉靖皇帝给慈宁宫主殿东西拓展了半个宫格长度，南北占据两个宫格。新落成的慈宁宫是一座比标准一宫格宽敞、总面积三宫格的大宫殿，而且在嘉靖

---

① 根据当代考古挖掘结果显示，明代仁寿宫大殿应该在慈宁宫东南侧院落（清内务府造办处）。

十五年春便建成。慈庆宫要迟至嘉靖十九年冬才竣工。嘉靖皇帝的一扬一抑，可见一斑。

慈宁宫占地广阔，南北几乎与中轴线太和殿至乾清宫段平行，而建筑体量与密度明显小于后三宫。宫殿的布局更是比东西六宫要舒朗开阔，光照效果明显好于东西六宫乃至后三宫。光照条件是检验紫禁城建筑品级的重要标准。慈宁宫的这种设计，充分考虑到了老人家的尊荣和养老实际。

新落成的慈庆宫南北狭长，约占八个宫格，除慈庆宫主殿外有一号殿（本恩殿）、二号殿（哕鸾宫）、三号殿（喈凤宫）。张太后入居慈庆宫，孝宗朝的其他女眷依品位高低入住各殿及附属房屋。

慈庆、慈宁尚未竣工，张太后的两位弟弟就遭弹劾，嘉靖皇帝借故杀死大弟张鹤龄。张太后苦苦哀求，以至衣敝襦席藁求情。嘉靖不听。张太后苦求无果，郁郁成疾。嘉靖十九年冬，慈庆宫建成，张太后入居慈庆宫，第二年八月去世，葬礼被严重减杀。二弟张延龄在张太后死后也伏诛。

嘉靖生母蒋太后在入住慈宁宫两年半后，于嘉靖十七年十二月先于张太后去世。

慈宁宫正殿（孙珊珊 摄）

家家有本难念的经，只不过帝王家把这本经曝光在了历史星空之中。

尽管夹杂着皇帝的私心，紫禁城毕竟有了专门的太后奉养制度：皇太后居外西路慈宁宫、太皇太后居外东路慈庆宫。慈宁宫尊于慈庆宫。

明代慈宁宫最后一位重要主人是万历皇帝的生母慈圣李太后。万历皇帝幼龄登基，李太后一度居住乾清宫照顾儿子，同时大力支持张居正进行改革，是万历朝前期政坛擎柱。万历皇帝临终时，遗命封郑贵妃为皇后。郑贵妃与万历皇帝情深义重，可惜两人一心册立爱子、福王朱常洵为太子，与文官集团展开了旷日持久的争斗。郑贵妃本人在妖书案、梃击案、红丸案等事件中的角色不明不白。文官集团强力否决了郑贵妃的皇后提案。不过，这不妨碍郑贵妃依然是万历皇帝品位最尊的遗孀，依然入住了慈宁宫，掌管皇太后印玺。不过泰昌帝朱常洛在位仅一个月，郑贵妃只享受了一个月皇太后的实质尊荣，便在明熹宗登基后被移住慈庆宫。

接着入住慈宁宫的却是万历皇帝的另一位遗孀刘太妃。刘氏是万历朝第一批入宫的妃嫔，在宫中谦恭谨慎数十年，为明熹宗和文官选中迎居慈宁宫，掌皇太后印玺。刘太妃代行皇太后职权后，居慈宁宫直到崇祯末期才逝世。她继续与世无争，不越位不滥权，却在挑选崇祯皇后等内宫大事上坚持原则，是文官集团理想的皇太后人选。

而郑贵妃不仅在丈夫生前，而且在丈夫死后都遭遇了惨败，在慈庆宫郁郁寡欢三年多时间后去世。她要等到十多年后，孙子弘光皇帝在南京建立南明，才追尊她为太皇太后。

明朝末代皇帝崇祯，登基后也在太后问题上遭遇尴尬：慈宁宫有刘太妃、慈庆宫有郑太妃，哥哥明熹宗的懿安张皇后无处安置。以想法多、决策快著称的崇祯皇帝大笔一挥，改太子东宫清宁宫为慈庆宫，安置嫂子张皇后；原慈庆宫改为明朝最早太后宫的名字：仁寿宫。几年后，仁寿宫的郑太妃去世，崇祯皇帝移张皇后住进仁寿宫，改慈庆宫为端本宫，预备太子出阁使用。慈庆宫的名字就此成为历史。

崇祯皇帝的这一波"骚操作"，加上不久后李自成的那一把大火，人为造成了外东路宫殿群的历史复杂难辨。

慈宁宫的高光时刻

　　紫禁城的第二家主人——爱新觉罗氏是一个大家族。清朝入关，孝庄皇太后陪伴着年幼的顺治皇帝来到了紫禁城。她自己沿袭明朝制度，简单修葺了一番就住进了慈宁宫。

　　孝庄皇太后是清朝慈宁宫的第一个主人。她的入住，立刻将慈宁宫推到了历史的聚光灯之下。

　　作为清朝入关第一位皇帝顺治的母后和圣祖皇帝康熙的祖母，孝庄忍辱负重扶正了儿子、运筹帷幄辅佐着孙子，在清初诸多重大事件中都留下了身影，政治能量有如清末的慈禧太后。如果没有孝庄皇太后，清朝定鼎中原、巩固江山的过程将会曲折许多。孝庄本人在慈宁宫从皇太后晋升为太皇太后，度过了四十四载光阴。

　　慈宁宫见证了顺治皇帝暴病驾崩后宫廷的慌乱，孝庄太后压制丧子之痛，做主迎立了玄烨为继位者。紫禁城迎来了清朝第二位冲龄继位的小皇帝，孝庄陪着小康熙直面鳌拜的专权、三藩的反叛，慈宁宫见证了孝庄太后和孙子谋划在宫中擒拿鳌拜，调兵遣将应对半壁江山翻盘的风雨飘摇。血雨腥风意外降临了这片颐养天年的宫殿。慈宁宫中，祖孙二人风雨同舟，血脉亲情尤其深厚。

孝庄太后开始居住在慈宁宫后殿，随着后殿改造为大佛堂，太后搬迁至慈宁宫东南角的围房居住，数年后又搬到慈宁宫东侧的小别院居住。东侧别院空间不大且装修平实，好在太后不喜奢华铺张，反而喜欢这几处安静朴实的小院。有谁能想到，十七世纪晚期中国大地的许多风云变幻，策源地竟然是这几处不起眼的院落。

康熙皇帝主政以后，数十年如一日地奉养祖母颐养天年。在紫禁城之日，皇帝每天来慈宁宫问安，即便是出巡在外也每天必发折向祖母请安，沿途捞获的鲜鱼和野味就派人亟送北京，让祖母品尝。慈宁宫传来祖母欠安的消息，康熙皇帝迅速赶回来侍奉。他不仅继承了明孝宗当年的标准动作，还席地侍奉，亲调药饵，寝食俱废。康熙二十六年（1687），孝庄太皇太后病危，康熙悲急

慈宁宫侧影（孙珊珊 摄）

交加，昼夜不离地侍奉在慈宁宫，隔着帷幔席地而坐，一听到祖母有什么动静，就立刻赶到榻前问询。

遗憾的是，康熙的孝心敌不过自然规律。康熙二十六年，七十二岁的孝庄太后病逝于慈宁宫。深知孙儿性情的孝庄遗嘱要求康熙节哀，指示丧事从简且不必劳师动众运回千里之外的盛京安葬。这一回，一向孝顺的康熙皇帝并没有听从。他悲痛异常，连续几天昼夜痛苦，哀号至"五内摧迷"。尽管有大臣们竭力劝谏，康熙皇帝依然做出了几个不寻常的决定。首先是将按照礼法二十七天后即可除去的丧服，康熙皇帝执意延长穿着至二十七个月；其次，推翻年内办理丧事的祖宗之法，坚持要充分准备至年后再大办祖母丧事。康熙皇帝提出了一项令大臣们目瞪口呆的陪葬方案：

拆除慈宁宫，给孝庄太后陪葬！

在孝心与现实的反复协调之下，紫禁城最终取得了一项妥协方案：保留慈宁宫主体建筑，将孝庄太后生前居住并钟爱的东侧五间别院宫殿拆迁至孝陵附近作为"奉殿"。

根据孝庄太后遗愿，灵柩没有运回关外与丈夫皇太极合葬，埋葬在了河北遵化清东陵。

或许是孝庄太后在清朝地位过于崇高，或许是孝庄太后在慈宁宫居住了漫长的近半个世纪，之后的前朝妃嫔都以崇敬孝庄太后、不敢与之并肩为由，推辞入住慈宁宫。雍正皇帝即位后，其生母仁寿皇太后原本居于东六宫之一的永和宫，计划移居东北部的仁寿宫奉养，不幸于雍正元年（1723）五月病逝于永和宫。可证雍正时期，慈宁宫主体院落是闲置的。这一闲置便是两百多年，直至清终，慈宁宫主体成为专门的典礼场所。凡是与皇太后有关的重大典礼，紫禁城都选在慈宁宫举行：皇太后圣寿、恭上徽号、节日朝贺、进册宝及公主下嫁，等等。其中最隆重的典礼莫过于皇太后寿辰庆典。届时，皇太后登临慈宁宫正殿，皇帝率妃嫔、皇子皇孙行礼，并且和近支皇族一起彩衣起舞。皇太后薨逝，治丧礼也在慈宁宫举行。每逢婚丧嫁娶红白喜事，慈宁门外仪仗大盛、冠冕云集。

虽然无人居住，并不妨碍慈宁宫继续逗留在聚光灯下。

乾隆皇帝，王朝鼎盛时期的太平天子兼紫禁城的大拆大建者，在登基的第一个月就把自己对紫禁城的构想付诸慈宁宫实践。

乾隆皇帝之所以如此迫切，是其生母崇庆皇太后需要一处奉养宫苑。乾隆皇帝尊崇曾祖母，保留慈宁宫主体宫院不动，于乾隆元年（1736）在西侧空闲三宫格处辟建了寿康宫，作为慈宁宫的附院。同时扩建北侧、东侧院落并修缮了南边的慈宁花园，形成了今日我们看到的慈宁宫建筑群的模样。

乾隆元年十一月初六，乾隆皇帝陪着崇庆皇太后风风光光地移居寿康宫。修建一新的慈宁宫建筑群就此拉开帷幕，暴露在众人面前。

皇帝卤簿出隆宗门，前方正对着慈宁宫建筑群的东院墙。整个建筑群的主出入口在东院墙居中的永康左门。皇帝必须在永康左门降舆，然后步入慈宁宫，以示孝顺。所有人在慈宁宫内都只能步行，皇帝概不例外。

步入永康左门是一处东西狭长的封闭性庭院，因为北部是慈宁门，可称为慈宁门小广场。慈宁门小广场将整个建筑群分为南北两大部分。

慈宁门坐落在北边白玉石勾栏台基上，大门东西两侧有八字影壁墙，墙前有一对鎏金铜麒麟，盘踞两旁，威严肃穆，规制比肩乾清门。慈宁门中央设有龙凤御路石，进门有高台甬道通向正殿慈宁宫的月台。整座慈宁宫都矗立在月台之上，尊崇之余也有免除皇太后上下台阶的劳累，尊礼之余也有客观的考虑。走上月台，走进重檐歇山顶的慈宁宫，头顶是鲜艳繁复的藻井，正殿悬挂着乾隆皇帝的御笔"宝篆骈禧"和"庆隆尊养"两副横匾。另有乾隆皇帝御笔对联：

　　爱日舒长，兰殿春晖凝彩仗
　　慈云环荫，萱庭佳气接蓬山

慈宁宫正殿院落四周都是围房，后侧是太后们修身养性的大佛堂，左边有徽音左门通往左侧小院落，右侧有徽音右门通往寿康宫。寿康宫是一处南北狭长的庭院，通过徽音右门连通慈宁宫院落，南边是两个连续的院落连通慈宁门广场。向北步入寿康门是寿康宫正院，有正殿、后殿和东西北三面庑。两座宫殿也都建设在高台之上，后殿左右有围墙分割前后两院，却不违和，大大增加了寿康宫的层次感。寿康宫院落面积不大，但充分利用，规制齐全。

慈宁宫正北方、大佛堂之后，进深为一个宫格，并排三所三进院的陶瓦顶建筑，分别为寿西宫、寿中宫、寿东宫，称为"寿三宫"；东侧空地，东西宽半个宫格、南北长三个宫格，也有三所宫院，是康熙二十六年（1687）将此处的五间宫殿拆迁至孝庄太后孝陵后新建的头所殿、二所殿、三所殿。三座殿各成一院，自南向北排列，称为"慈宁宫东三所"。在覆盖黄色琉璃瓦的紫禁城中，这六处则是布筒板瓦，显得非常突兀。这是由这六处宫殿的所有者身份决定的。安置于此的是随主宫居住、名分较低的前朝女眷。东三所与慈宁宫并不直接相通，在东院墙北部另开慈祥门以供出入。慈祥门外是西筒子夹道南端，算是慈宁宫建筑群的侧门。

慈宁门小广场南端是长信门，取西汉太后所居的长信宫命名。长信门由相互独立的一大两小三座门组成，正对慈宁门。开门向南是一条狭长街道，百米长街的南端名"南天门"，一个霸气的名字。但南天门外是一个封闭小院，并不能继续南行。

寿康门（张程 摄）

长信门南长街,又将慈宁宫南端分为东西两部分。小广场和长街犹如一个"T"字,将慈宁宫建筑群划为三部分,其中东南部为清朝内务府的造办处,西南部(长街以西)就是慈宁宫花园。慈宁宫花园是紫禁城最靠南的御花园,东西长五十米,南北长一百三十米,连同花园南封闭院落,正好占据三个宫格。花园大小建筑十余座,布局疏朗。正门揽胜门开在东墙正中间,入园后一路坦途,没有一般园林的太湖石假山和曲径通幽,也没有登高望远的设计。这是考虑到太后太妃们的身体状况而设计的。慈宁宫花园除了平坦疏朗,就是按轴线左右对称,左右建筑严格呼应;且触目都是长寿安康的祝福意向,北半部以咸若馆为中心,突出"寿国福苍生",南半部以临溪亭为中心,祝愿太后"九如凝鳌",最南端清供大型太湖石,寓意"寿比南山"。

在一片慈云宁寿之中,崇庆皇太后安享晚年,直到乾隆四十二年(1777)去世。

崇庆皇太后在寿康宫的近半个世纪,度过了自己的六十、七十、八十三大整寿。性好喜庆、热衷高调的乾隆皇帝没有放过大操大办的机会。乾隆皇帝三次在慈宁宫大办太后圣寿庆典,庆贺崇庆皇太后诞辰。庆典当天,慈宁宫人群川流不息、遍布各方敬献的奇珍异品。乾隆皇帝率妃嫔、诸王、大臣向崇庆太后行跪拜大礼。庆典最富有满族色彩的是皇帝亲自跳舞为太后庆寿。乾隆皇帝三次身着彩衣,手捧酒觞,面向母后起舞称贺,皇子、皇孙、驸马等近亲属依次跟在皇帝后面手舞足蹈。崇庆皇太后八十大寿时,慈宁宫五世同堂,儿孙承欢膝下。当天,乾隆皇帝最后一次当众起舞。当天,他已经六十一岁了。

有后人对乾隆的高调,颇有微词。孝心在心不在形。可是,皇帝尽孝,不仅是家事,更有表率天下垂范后世的目的,高调自然有道理。家国一体,皇帝自有不得已之处。乾隆皇帝既是尽孝,也是工作。

崇庆皇太后逝世后,乾隆皇帝特意注明寿康宫"宜留为万万年奉养东朝"。寿康宫成为之后奉养皇太后的专宫,下一位主人是孝和太后。孝和太后是嘉庆皇帝第二任皇后,并非道光皇帝的生母,是清朝唯一一位以继母身份尊封的皇太后。孝和太后并非没有自己的儿子,相反生育了两位成年的亲王。她的过人之处在于远离皇位纷争,不希望亲生儿子出头,相反始终支持丈夫前妻的儿子、日后的道光皇帝登基。道光皇帝像对亲生母亲一样孝顺孝和太后,如明孝宗、康熙皇帝一样随侍左右。道光二十九年（1849）寒冬，孝和太后病重。道光皇帝在跟前席地而居，随叫随到。当时，孝和太后七十四岁，道光皇帝六十五岁——母子俩仅相差九岁。大臣们考虑到道光皇帝龙体原本欠安，劝谏皇帝保重自身。道光皇帝固执地坚持昼夜服侍太后。不幸的是，孝和太后依然于当年十二月薨于寿康宫。道光皇帝的身体也不堪重负，一个月后驾崩。当月，紫禁城覆盖在一片雪白之中，需要操办太后、皇帝两场大丧。

慈宁宫院落一角（孙珊珊 摄）

道光皇帝是一个中规中矩、勤俭顾家的守成之君，寿康宫可以作证。

宽泛而言，慈宁宫建筑群还包括寿安宫正北方的寿安宫、英华殿区域。虽说紧邻，寿康宫与寿安宫之间没有通道，必须辗转走出慈宁宫、沿西筒子夹道才能抵达寿安宫南侧两宫之间的夹道。道北有三个独立门户的大门：寿安门。同样，从寿安宫要前往英华殿，也要辗转西筒子夹道才能抵达。英华殿从明朝开始便是紫禁城的佛教重地，将会是"紫禁城的神灵"部分的重点内容。

寿安宫在明代称咸熙宫，嘉靖十四年（1535）改称咸安宫。天启年间，大名鼎鼎的客氏占据咸安宫。清初在此设咸安宫官学。乾隆十六年（1751），乾隆皇帝为筹办崇庆太后六十庆典，在此处建设了寿安宫，同时在西华门内另建咸安宫。新建的寿安宫是一处宽敞疏朗的宫殿，大体可分为三部分。南部左右两侧散落着几处房间；寿安宫位于中部，乾隆皇帝建造了一座三层大戏台，为崇庆太后大寿演戏之用。嘉庆四年（1799），拆除戏台，在寿安宫的左右建造了二层延楼，环抱着寿安宫正南的一座高大建筑"春禧殿"，形成了一座天井式庭院。庭院用来收贮宫廷演戏机构升平署的戏装；寿安宫后部曲廊佳石，树木成荫之中有福宜斋、萱寿堂，可算是一处小庭院。

慈宁宫区域，是紫禁城内居于三大殿、后三宫之下的第三大宫殿区。

慈宁宫区域，明清两朝的皇太后正宫，于清朝中期迎来了聚光灯下的鼎盛时期。

宁寿宫的颐养梦

乾隆三十五年（1770），爱新觉罗·弘历即将迎来六十周岁生日。雄才大略的一代帝王，开始步入晚年。

六十年对于弘历而言具有特殊意义。他最崇拜的祖父康熙皇帝在位六十一年，弘历于登基之初就立誓不超过皇祖父的执政时长。如果自己执政满六十年或者耳聋眼花，弘历决心就退位颐养。如今，自己也年齿衰老，该把颐养计划提上议事日程了。

乾隆皇帝计划修建一处理想的归政养老所。它既要体现皇家的气派与荣耀，又得是自己漫漫人生的缩影。这座理想的修养所将是乾隆皇帝辉煌绚烂人生的收笔之作。

任何美好的事物都是需要时间磨炼的。乾隆皇帝并不着急上马新的建设工程，而是开始了耐心的准备筹划。

当时紫禁城的后宫布局相对饱和，没有大块建设空地可用。乾隆皇帝把目光投向了之前帝王很少关注的宫城东北部仁寿宫（宁寿宫）建筑群。

清初，一般是一代遗孀居慈宁宫，下一代居仁寿宫，以此交替。皇太极遗孀居慈宁宫，顺治皇帝遗孀居仁寿宫。清初，一位默默无闻的可怜皇太后在此处

宁寿宫东配殿内景（马大乔 摄）

养老。她便是顺治皇帝的皇后、康熙皇帝法律上的嫡母仁宪皇太后。之前，孝庄太后的两位侄孙女嫁给了她们的表叔也就是顺治皇帝，长者为后幼者为妃。顺治皇帝与侄女皇后感情不睦，一度议论废后。可怜的仁宪太后没能生育，二十岁即守寡，然后就是长达五十六年的皇太后生涯，是清朝在位时间最长的皇太后。

时光推移，慈宁宫地位完全压过仁寿宫，后者疏于修缮，日渐败落。康熙皇帝曾对仁寿宫区域进行了一次技术性整修，康熙二十八年（1689）在此建造宁寿宫安置仁宪太后。孝庄太后的另一位侄孙女，康熙尊为皇考淑惠妃，陪着姐姐守在宁寿宫的孤灯寒雨之中。淑惠妃死于康熙五十二年，仁宪皇太后死于五十六年。五年后，康熙皇帝那些没有生育或年轻的妃嫔，搬进了宁寿宫，继续前辈的道路。

如今，乾隆皇帝看中了这块地方，也相中了宁寿宫的名号，只是觉得规模局促、格调欠雅。他大刀阔斧，拆除原有的仁寿宫、哕鸾宫、喈凤宫及其服侍设施，以及北面的兆祥所南部。康熙朝妃嫔已经在乾隆三十三年（1768）全部故去，现居宁寿宫的雍正朝嫔妃们全部迁往外西路居住。拆除工作花费了一年多时间，在北五所北界延长线以南、南三所以北，平整出一块跨越外东路一半长度、占紫禁城总面积六分之一的规整空地。

乾隆皇帝开始在这块硕大的画布上挥洒帝王气概和文人雅致。从正式宣布筹建颐养之所的乾隆三十五年（1770）八月，一直到乾隆四十四年（1779年）八月，这群名为"宁寿宫院"的太上皇居所才告竣工。工程耗时将近十年，仅硬装就耗银超过七万两。

后人形容宁寿宫院是缩小版的紫禁城。

这座"宫城中的宫城"最南端是一个狭长庭院。左右两侧各有三座分立的随墙琉璃门，东侧为敛禧门，西侧为锡庆门。东侧临近东城墙，鲜少人流，主要通过西侧的锡庆门进出。锡庆门外便是东筒子路最南端，再向外是一片正对着三大殿东院墙的开阔广场，门南侧有外奏事处值房。

宁寿宫南庭院的主体是靠南墙的九龙壁。高3.5米，长约30米。色彩鲜艳的琉璃瓦拼绘出身躯矫健、栩栩如生的九条龙，分置于五个空间，再坐落在雕刻精美的白石须弥座上。清代建筑有在大门外正南建造影壁的习惯，九龙壁则是皇家专享。此处是紫禁城内唯一的九龙壁。九龙壁后南墙外是一处更为狭长的

皇极门前九龙壁，这是紫禁城唯一的九龙壁（孙珊珊 摄）

庭院，建有绿琉璃瓦覆盖的排房，储藏戏装等，相当于宁寿宫的仓库区。

北边是一排三座随墙琉璃门，称"皇极门"。皇极门的规制非常独特，虽然是在墙上开凿的三个券顶门洞，却也有汉白玉须弥座，门洞上覆盖门楼，采用黄琉璃庑殿顶的超高规格。这座门兼具墙壁和大门的实用价值，又鲜艳炫目、做工精美，是不可多得的宫门艺术品。

迈进皇极门，豁然开朗，是一处空无一物的广场。广场正对着宁寿门。宁寿门变为了屋宇式建筑，黄琉璃瓦歇山顶，两侧接有八字影壁，壁正中间有黄绿琉璃纹饰图案。大门建在汉白玉石台基上，中设丹陛，门前左右有鎏金麒麟各一头。紫禁城内有三处如此规制的大门建筑，前两处分别为乾清门、慈宁门，这是第三处。可见宁寿宫的主人只能是与皇帝及皇太后相提并论的人物。

宁寿门内设有高台甬道，围以栏板，与皇极殿相连。皇极殿为重檐庑殿顶，殿中设宝座，殿内立有四根沥粉贴金蟠龙柱，顶置金蟠龙藻井，规制仅次于太和殿。乾隆皇帝预备归政后在此召见臣僚、参与政事。禅位的太上皇依然是九五之尊，皇极殿也就成了紫禁城最新一座，也是最后一座最高规制屋顶的宫殿。皇极殿后也有甬台通往后殿——宁寿宫。宁寿宫两旁又有围房，东西蔓延，环抱着皇极殿，汇总于正南的宁寿门。皇极殿一如太和殿，两旁也有宫墙将院落分为南北两部分。

如今故宫中很少有明朝嘉靖年间的遗构，且多集中在宁寿宫。嘉靖年间，慈宁慈庆两宫规制大致统一。皇极殿的

宁寿宫围廊（张程 摄）

乐寿堂（张程 摄）

基础是嘉靖年间慈庆宫的礼殿；宁寿宫的建筑面阔、进深、高度、材分与慈宁宫后殿大佛堂基本相同。宁寿宫基座高度与慈宁宫基座高度相近，宁寿门至宁寿宫之间进深也与慈宁门至慈宁宫后殿大佛堂之间进深相同，而且两座宫殿的前殿两侧都建垂花门以通后庭，富于生活情趣，与前朝女眷居所性质符合。①

紫禁城是数百年累积而成的，即便强悍如乾隆皇帝，翻建宫殿也不能随心所欲，无力将旧城涂抹为白纸从头开始。

上述是宁寿宫院的"前殿"，出了宁寿宫，有一东西小广场隔出了"后寝"。

宁寿宫院后寝部分也分为中、东、西三路。中路有养性门、养性殿、乐寿堂、颐和轩、景祺阁和北三所（已毁）。如今养性殿基础是原本恩殿，二号殿、三号殿位置大约是如今的乐寿堂、颐和轩。

顾名思义，养性殿参照养心殿，是乾隆预备批阅题奏、召对引见之所。如果说前方的皇极殿预备礼节性政务所需，为皇家规矩所系，乾隆还能用"身不由己"加以解释，那么养性殿的创建则完全暴露了乾隆归政而不放权的真实心

---

① 姜舜源：《紫禁城东朝、东宫建筑的演变》，载于《故宫博物院院刊》1995年第4期。

思。试想,一个真心实意退休养老的太上皇,还需要批阅政务、与臣工密商吗?养心殿喜暖阁有乾隆钟爱的"三希堂",乾隆皇帝是否动过整体搬迁的心思,后人不得而知。幸运的是,他恰好又获得大臣进贡的南唐古墨,便仿三希堂在养性殿里设"墨云室"收藏古墨。

后寝东路依次为畅音阁、阅是楼、寻沿书屋、庆寿堂、景福宫、梵华楼。

后寝西路便是著名的"乾隆花园"。乾隆皇帝在此倾注了毕生的审美心得,映射了自己漫长而辉煌的人生,收获了一处后人公认的宫苑精品。

乐寿堂明间内景。明间分两层,二层高悬"与和气游"匾额,左右对联为"座右图书娱画景,庭前松竹霭春风"(孙珊珊 摄)

乾隆花园建筑依次为古华轩、遂初堂、符望阁、倦勤斋。南部以古华轩为中心,垒以山石亭台,构筑一方院落。乾隆皇帝取王羲之兰亭修禊之意,在院西建"禊赏亭",其抱厦中设"流杯渠",曲水流觞,颇有雅趣。北部为整个花园最高、最华美的符望阁,铺垫有整座假山,有庑廊与最后方的倦勤斋相连。假山上修建了一个五柱五脊梅花形小亭,全采用梅花装饰,鲜艳别致,名为"碧螺亭",是宫苑亭式建筑的精品。倦勤斋,位于整个宁寿宫院的最西北角落,似乎是乾隆皇帝预留给自己的最隐蔽、最宁静的休养所。"倦勤"二字寓意主人操劳一生,终于天下太平,得以功成身退安享晚年。可见乾隆皇帝在内心最深处,仍然是积极入世的。追求功业,是他的人生底色。

乾隆花园的一园一景,弥漫着淡雅的江南园林的味道。江南是汉族士大夫的核心区,也是标榜满汉一家的乾隆皇帝数次南巡的目的地。除了盛世明君的渴望,乾隆的骨子里多少沉淀着江南书生的梦想。

纵观宁寿宫总体布局,确实像紫禁城的缩影。宫院最主要的建筑同样建于南北向中轴线上,自南部的皇极门到北部的景祺阁成一条直线。宁寿宫中轴线汇聚了十座建筑,其数量和体量仅次于紫禁城的主轴。其次,宁寿宫院功能齐全,有举行大典的正殿皇极殿,有祀神的宁寿宫,有议政的养性殿,还有寝宫、花园、戏台、佛堂、书房等。乾隆皇帝把一生中最喜欢的建筑几乎全部仿建到了宁寿宫,如养和精舍仿玉壶冰、符望阁仿延春阁、玉粹轩仿凝晖堂、竹香馆仿碧琳馆、倦勤斋仿敬胜斋,等等。

如今的宁寿宫,最引人瞩目的除了倦勤斋前、景祺阁西的珍妃井,就是后寝东路最南的畅音阁。畅音阁是一座大戏楼,建筑恢宏,崇台三层,见证了一个鼓乐喧嚣的太平时代。

畅音阁高二十多米,卷棚歇山顶,三重檐,覆绿琉璃瓦,黄琉璃瓦剪边。全阁面阔3间,进深3间,与南边五开间的"扮戏楼"相接,平面呈"凸"字形。演员在阁、楼之间上下场。畅音阁三重檐三层阁,上层檐下悬"畅音阁"匾,戏台称福台;中层檐下悬"导和怡泰"匾,戏台称禄台;下层檐下悬"壶天宣豫"匾,戏台称寿台,每层各有本层的上下场门。第二层禄台的演出部位只占前半部分,而福

畅音阁(张程 摄)

台的演出只能在前檐下，这是与观众抬头视力所及相一致的。因此寿台面积最大，福台最小。

畅音阁的热点在于它的机关。寿台中部下方设有地井，内装绞盘，盖板可根据戏剧内容开合，把布景和人物从地下托出台面，营造特殊戏剧效果。台下地面四角各有一眼窨井，南边中间有一口水井，可为喷水表演提供水源。更奇特的是，畅音阁有天井上下贯通三层台，禄台、福台井口安设辘轳，直对寿台地井。后人揣测，畅音阁天井和地井是演员用来串场，演出大型立体剧目的，比如仙女下凡、阴阳相隔，等等。光绪年间在畅音阁唱过戏的杨小楼先生解释道：

> 旧戏台天花板中间都有天井，那是为聚音的。在很少的戏里，也有从天井下来一些什么的，譬如《六月雪》、《走雪山》，从天井洒一些白纸碎片，当作降雪。《乾元山》太乙真人收伏石磷娘娘，从天井下来一个九龙神火罩。我唱《三进碧游宫》的广成子，跟龟灵圣母对剑的一场，末了从天井下来一个翻天印。这些都是轻易不演的场子。从宫里三层台天井系下一个云兜，上坐一个神仙，这在开场承应戏里也偶然有过，可是，承应戏里神仙菩萨出场还是从上场门出来的居多。总而言之，不能说是凡扮神仙的都从天井下来，那是胡说。有一出戏叫《地涌金莲》，是南府的群戏，昆腔，挺热闹，末了从五个井口慢慢升上五朵大莲花座，上坐五尊菩萨。每一个莲花瓣里都有灯。莲花座是井下有人推磨给托上来的，此外我再没见过从井下出什么东西。①

可见使用三层台的剧目不多，畅音阁主要使用底层寿台，只有一些神仙鬼怪戏才动用福台和禄台。

紫禁城与戏曲有着不解之缘。明清市井繁华，戏曲演出伴随着市井烟火弥散升腾开去，进入寻常百姓人家。紫禁城也早早引进戏曲，皇家尺度对戏曲表演进行删改框定的同时，丰裕的物质基础为宫廷戏曲发展提供了肥沃的土壤。

宫廷戏曲是一场场包裹在宣传教化外衣之下的世俗娱乐活动。紫禁城挑选

---

① 转引自朱家溍：《清代内廷演戏情况杂谈》，载于《故宫博物院院刊》1979年第2期。

的戏剧内容,都是神仙美眷、人间团圆、善恶得报的正剧。内廷遇喜庆事,奏演祥瑞戏《法宫雅奏》;万寿节奏演群仙神道添筹锡禧,以及黄童白叟含哺鼓腹,名为《九九大庆》;岁末演《劝善金科》,上元节演唐僧取经戏《升平宝筏》。演员演出时多有避讳,比如康熙禁止演员扮演孔子及诸贤,雍正禁演关羽;剧中情节须拜跪时,演员必须面朝皇上而跪,转场不得背向皇上,等等。乾隆时期是清代紫禁城戏剧演出高潮,专门设置了乐部统管内廷演出,并训练太监演戏,称为"内班",同时命大臣撰写进呈相关剧本。重华宫的漱芳斋,是乾隆时代戏曲演出的主场。

严格框定的戏曲内容,与后宫的娱乐需求存在较大的差距。而且太监们的表演水平参差不齐,能够完成的剧目有限。紫禁城便引进社会戏班入宫供奉,称为"外班",进而固定雇佣民间艺人在宫中教习与演戏。朝廷先后设置了南府、和声署、升平署等机构,专门管理内外艺人和演出事宜。内廷惯常的演出流程是,内班太监们先演宣讲教化的开场剧,再由外班演出真正的剧目。乾隆五十五年(1790),为庆贺乾隆皇帝八十万寿,紫禁城引入了四大徽班演戏。此举开启了国粹京剧诞生的序幕,无意间书写了中国戏剧史上的大事件。

看戏,就成了后妃们重要的消遣手段;演戏,也成了皇帝们庆贺节日、孝敬太后的重要内容。

清末慈禧太后是戏曲发烧友,紫禁城在她当政时期迎来了最后的演出高潮。当时戏曲演出的主场转移到了畅音阁。慈禧经常由光绪皇帝、皇后、妃、嫔、命妇以及王公大臣等陪同,浩浩荡荡地挤满畅音阁院落。戏台对面有观众席"阅是楼",分上下两层,皇帝和后妃在楼内看戏;东西北三面有两层圈楼围绕,大臣和宫女们只能在廊下看戏。演出开始,照例是内班太监们例行公事前来暖场,而观众们热切地期盼着外班的大戏早日登场……

紫禁城中戏台众多,至今保存完整的除了畅音阁,还有倦勤斋室内的小戏台、重华宫漱芳斋戏台及其室内"风雅存"小戏台。原寿安宫中院三层大戏台,长春宫怡情书史室内的小戏合,储秀宫的丽景轩室内小戏台都已不存。

宁寿宫院落成后,乾隆皇帝是相当满意的。这从他留在宫中的诸多墨宝就可以佐证。

乾隆给乐寿堂作诗《乐寿堂有咏》,诗中注解:"斯堂擅山水之胜,因以

智乐仁寿为名。"他希望在山水胜景和六十载仁政中,实现长寿梦。他专门建造了"颐和轩",取颐养和气之意,御题对联:

> 丽日和风春淡荡,花香鸟语物昭苏

春光秀丽,惠风和畅,万物生长,晚年的乾隆皇帝和凡夫俗子一样渴望如此美好的画面。自然,他清楚肉体不能永生,但他希望自己的功业和这座最后的作品能够永生。乾隆皇帝特意嘱托子孙:"若我大清亿万斯年,我子孙仰膺昊眷,亦能如朕之享国日久,寿届期颐,则宁寿宫仍作太上皇之居……勿得轻为改作,用垂法守。"

遗憾的是,颐和轩并没有伴随爱新觉罗家族岁月静好。多年后,他的四世孙光绪皇帝照搬了这个名字,在京西另建了颐和园——那是另外一个梦想与故事了。

颐和轩(张程 摄)

以孝治天下

乾隆六十年（1795）除夕过后，乾隆皇帝履行诺言，禅位于儿子嘉庆，成为明清唯一的太上皇。

太上皇一刻都没有住过宁寿宫，继续居住在养心殿，直至去世。

后人可以批评乾隆恋栈不去，但客观形势也不利于他立刻撒手不管。先是白莲教起义，蔓延华中数省；接着是水旱灾害，百姓流离失所，而国库空虚、无钱可支。所谓的"康乾盛世"眼看好似那泄气的皮囊，要一败涂地了。乾隆皇帝拖着迟暮之躯，幻想能够力挽狂澜。权力吞噬了爱新觉罗·弘历最后的生命力。

皇帝这份职业，是没有退休日期的。

事实上，皇太后、皇太妃、亲王郡王们，他们也是没有退休之日的。伴随尊荣富贵的是可怕的权力，而无时无刻地发挥作用，是权力的另一项本能。

紫禁城赋予前朝嫔妃的无上荣光和丰裕奉养，也是带有政治目的的。那便是用物质来交换权力。

防范后宫干政，尤其是杜绝太后干涉新君的皇权，是摆在历代帝王面前的现实问题。殷鉴不远，明朝从平民百姓中挑选后妃，就是为了防止后宫有日后干政的依靠；清朝则制度严明，祖训后宫不得干政、外戚不得掌权。

慈宁、寿康、寿安三宫清朝太后太妃"万亿年钧庭福地""慈云环荫之吉祥"处所。慈宁宫大殿正中高悬"宝籙骈禧""庆隆尊养"御笔大匾。看似尊享无比，可是钧庭福地也好，吉祥处所也罢，哪一个都没有在人间。所有的祝愿都是把太后、太妃捧在云端，绝对不让她们接触政治。崇庆皇太后一次与儿子乾隆闲谈，提及京城某处寺院衰败，应该重修。乾隆皇帝当即应允。事后，乾隆训斥寿康宫太监、宫女们"敢再拿俗务事劳烦太后，绝不姑息！"这条祖训，道光皇帝于几十年后再次搬出来，训斥太监与宫女。可见，太后是不能过问世俗的，只能徘徊在云端。"孝治天下"，只要天下看到皇帝尽孝就可以了，紫禁城不关心太后的感受。说到底，"孝治天下"是一种"治术"。

恰恰是尊养太后最为高调的乾隆皇帝，在约束后宫方面是最为严厉的。

乾隆皇帝亲自制定了紫禁城宫规《钦定宫中现行则例》，用严密条例规章来制约后妃，规定了后妃们生活起居的方方面面，不能逾越雷池半步。为了防范嗣君与年轻的太妃太嫔爆出家门不幸的苟且之事，清廷强制太妃太嫔随同太后居住，却要和皇帝双方回避。前代妃嫔只有年过五十岁，才能同皇帝见面。

乾隆帝即位之初，崇庆皇太后的弟弟进宫谢恩，进入了东六宫区域的苍震门内。乾隆皇帝震怒，严令迅速查明此事，并下谕："苍震门亦系宫闱之地，未奉旨意，岂可擅将外人领入门内？将来移居慈宁宫，若如此轻易带领，成何体制？姑念初次，从宽免究，嗣后万万不可。"对于舅舅尚且如此，乾隆皇帝还刻意降低外戚封爵，并且编制所有外戚的名籍，交给宗人府管辖。在弘历心中，江山只能永远是爱新觉罗家的，皇太后再亲，也是外姓人。

可叹的是，皇帝素质的持续降低，是历朝不能逃脱的历史规律。当后世子孙不能如康熙、乾隆这般乾纲独断，甚至冲龄继位，皇权不得不仰仗与后妃的联系。后宫干政便露出了或长或短的苗头。

慈宁宫正殿正中原本高悬"宝籙骈禧"大匾，为乾隆皇帝御笔。慈禧太后五十大寿也是在这所正殿举办的，作风强悍的慈禧亲笔书写了"仁德大隆"大匾，钤"慈禧皇太后御笔之宝"，替换掉了乾隆大匾。仁德大隆，是古代帝王自我标榜的好词，慈禧太后自比明君，可算是对"庆隆尊养"的回敬。她的六十大寿，挪到了宁寿宫的正殿皇极殿举行庆典，又在皇极殿宝座上高悬"仁德大隆"匾。这回轮到在天上的乾隆皇帝束手无策了。

对于几百年形成的尊养之所慈宁宫,慈禧太后没有搬进去一天颐养天年。

慈禧太后垂帘听政早期,与慈安太后一道,居住在打通后的长春宫、启祥宫。慈禧太后于辛酉政变后居住于此,垂帘长达二十多年,直到光绪十年(1884)五十大寿才迁居储秀宫。为改善居住条件,慈禧下令将储秀宫与前方翊坤宫打通。十年后六十大寿,慈禧太后干脆搬迁到太上皇宫殿——宁寿宫居住。光绪皇帝将宁寿宫修葺一新,慈禧太后入住乐寿堂,以西暖阁为寝室,一直住到八国联军入侵仓皇"西狩"为止。临出发前,慈禧下令将倔强的珍妃推入乾隆花园角落的一口井中,形成了日后的"珍妃井"景点。庚子回銮后,慈禧入居西苑仪鸾殿(今中南海怀仁堂),直至1908年病逝。而与慈禧太后一起垂帘听政的慈安太后,也没有入住慈宁宫区域,从长春宫搬迁至东六宫之钟粹宫常住,直至光绪七年去世。

乾隆皇帝不会想到,倾注毕生心血修建的宁寿宫唯一的住客,竟然是慈禧太后。

不过,令乾隆皇帝聊以欣慰的是,慈禧太后再强势,也不敢入住比肩三大殿的宁寿宫前朝部分,毕竟她只是一个后妃,是皇权的附属品。宁寿宫前部闲置了两百多年。

皇极殿大堂(孙珊珊 摄)

聚天下珍馐

当月光不紧不慢地游走在宫阙之上、虫鸟纹丝不动地酣睡在草木之间时,紫禁城内外的很多人已经开始了一天的奔波忙碌。

来自盛京的运送兵丁在搬运关外的熊掌、鹿肉,从更远的黑龙江而来的八旗佐领在指挥兴安岭的人参、乌苏里江的鲟鳇鱼入库,他们都有些看不上从张家口赶着牛羊而来的同行。看着这些远道而来、气势凌人的队伍,来自京畿周边运送家常蔬果、瓜菜的庄头们纷纷避让到路旁;在紫禁城内,内管领们率领执役苏拉,前往西华门外的官三仓支取米面,到西宫墙内西北排房的菜库领取蔬菜、东筒子路侧院落的果房挑选瓜果,再去造办处东侧的冰窖凿冰,然后分头送往散落在宫中各处的厨房。早已在凌晨入宫的御厨们,开火、烧水,升起了一缕缕炊烟;而在内务府衙门,灯火通明,堂官们正在审核新一天的御膳菜单,有司官指出新的菜品与昨天的某道食材相克……

紫禁城,就在这纷纷攘攘中慢慢睁开了眼睛。

食物,唤醒了宫禁中的人们。

吃,是紫禁城最具烟火气的项目,也是最能体现家国一体、公私相融的领域,当然更是所有人不能或缺的基础需求。

既然不可或缺，那么量国家之物力、聚天下之珍馐供养九五之尊，便成了题中之意。在现实中，紫禁城也是这么做的。晚明宦官刘若愚留下了"以国家供养一家"的记载：

> 所尚珍味，则冬笋、银鱼、鸽蛋、麻辣活兔，塞外之黄鼠、半翅鹖鸡，江南之蜜罗柑、凤尾橘、漳州橘、橄榄、小金橘、风菱、脆藕、西山之苹果、软子石榴之属，水下活虾之类，不可胜计。本地则烧鹅鸡鸭、猪肉、冷片羊尾、爆炒羊肚、猪灌肠、大小套肠、带油腰子、羊双肠、猪臀肉、黄颡管儿、脆团子、烧笋鹅鸡、炸鱼、柳蒸煎赞鱼、卤煮鹌鹑、鸡醢汤、米烂汤、八宝攒汤、羊肉猪肉包、枣泥卷、糊油蒸饼、乳饼、奶皮。素蔬则滇南之鸡㙡，五台之天花羊肚菜、鸡腿银盘等蘑菇，东海之石花海白菜、龙须、海带、鹿角、紫菜，江南蒿笋、糟笋、香蕈①、辽东之松子，苏北之黄花、金针，都中之土药、土豆，南都之苔菜、武当之鹰嘴笋、黄精、黑精，北山之榛、栗、梨、枣、核桃、黄连茶、木兰芽、蕨菜、蔓菁，不可胜数也。茶则六安松萝、天池，绍兴芥茶，径山虎邱茶也。

（刘若愚《酌中志》）

这尚且只是明代宫廷正月一个月所用的食材，已经汇聚了天下山珍南北海味，读之垂涎。

这些食材闪耀着权力的光芒，洋溢着帝王的尊荣！

见过或不曾见过的食品、喜欢或没有感觉的材料，从天涯海角来到紫禁之巅，汇聚成琳琅满目的货架。这是市面繁荣的表现，也是天下一统、尊崇皇帝的象征。

正如紫禁城不仅是皇帝的家，更是最高权力中心，公私合一，山珍海味也不是皇帝一个人独享，而是保障宫中所有人的饮食吃喝。清代中后期，紫禁城内的皇室居民大约二三十人；日常在宫内值班的满汉大臣、军机章京、翰林、

---

① 香蕈，又叫香菇、花菇、香蕈香信、香菌、冬菇、香菰，我国特产，民间素有"山珍"之称。味道鲜美，香气沁人，营养丰富。

举办过千叟宴的皇极殿（孙珊珊 摄）

御医、教习、喇嘛，再加上侍卫、宦官、宫女等，人数在四百到八百人之间。①他们都是天下珍馐的食客。

紫禁城最高的食客记录，诞生在乾隆六十年（1795）。当年，八十五岁的"十全老人"弘历志得意满，预备来年禅位退养，他在新建的宁寿宫皇极殿举行了一次千叟宴，邀请了五千名耆老参加盛宴。这是紫禁城六百年来最大规模的一次筵席。

美味食材从天南地北汹涌而来，每天又有数百人需要保障饮食，那么到底是谁在负责管理、操持紫禁城的吃吃喝喝呢？

饮食自古以来就是明尊卑、定礼数的要务，历代高度重视宫廷饮食，设有专责专职衙门。从北朝开始，中国形成了外朝的光禄寺和内廷的尚食局（尚膳

---

① 张平真：《清代宫廷的蔬菜供应》，载于《紫禁城》1995年第2期。清朝内务府接手了大量明朝使用宫人承担的劳役，而内务府官役几乎不在宫中饮食，所以清朝膳食系统供养的人数已经大大减少。

监等）共同执掌宫廷饮食的制度。二者的分工，大体是与帝后、宗室相关的饮食、筵席由内廷负责，有政府参与的官方筵席、招待等则由外朝，也就是光禄寺操持。然而，在家国合一的体制下，很难清晰划分内外与公私，于是人们经常看到光禄寺与内廷共同负责很多大宴席，比如君臣同庆、王公大朝，等等。能够确定的是，皇室内部的饮食，完全是由内廷负责的。

紫禁城建立后，沿用了这套制度。明代外朝由光禄寺主膳馐之事[①]；内廷掌管饮食的机构众多，司礼监、尚膳监、惜薪司、酒醋面局都直接涉及宫廷饮膳。尚膳监为主要机构，下辖的汤局、荤局、素局、点心局、干炸局、手盒局、冰膳局、馏膳局、面筋局、冻汤局等具体办膳部门，直接在乾清宫内为皇帝服务。此外，隶属内廷的上林苑在京畿附近占地耕牧，下属的良牧署、嘉蔬署分别为紫禁城供应禽肉与蔬果。从嘉靖时期开始，御膳开始为御驾左右的权阉垄断。天启皇帝每日所进御膳，都由司礼监掌印或秉笔太监、掌东厂太监等两三人轮流置办。宦官以办膳为市宠，材料及制作求丰华。这是明代宦官权势高涨的例证。

清代的饮食管理体制大体未变，光禄寺负责外朝饮食，坐落于皇城内、东华门外的智德巷——相较位于皇城外的朝廷衙署，光禄寺与宫廷关系更为紧密。清代内廷饮食则由内务府接手。内务府根据收储、烹饪两个原则，分别设置"掌关防管理内管领事务处"和"御茶膳房"主持其事。其他机构参与部分材料的收储，如广储司的茶库采买糖、蜡、油；营造司的炭库、柴库提供薪炭；掌仪司的果房和庆丰司管辖的牛羊群等提供特定的材料。

聚天下珍馐的重担，就落在了"掌关防管理内管领事务处"身上。内管领处好比是紫禁城后勤管理的实操部门，而中国人一想到后勤管理，往往与饮食联系在一起。内管领处最首要、最日常的工作，便是操持宫廷膳食；下辖五千多名包衣奴才中，相当一部分人是围绕着"吃"高速运转的。

该处是紫禁城的粮仓和食库，在西华门外的围房设官三仓，收储皇室所

[①] 光禄寺创立于秦朝，定名于西汉，下辖主体机构有四个：大官署、珍馐署、良酝署、掌醢署。前两署掌管禽肉鱼蛋、筹办各类筵席；良酝署管酿酒、水质、乳酪；掌醢署掌管盐、酱等佐料，管辖盐库。光禄寺设光禄卿、少卿、丞等官员，机构与执掌比较稳定。

用食材；在东华门外围房设恩丰仓，收储宦官所用食材；又设内饽饽房、外饽饽房、酒醋房和菜库等，供应内宫所需点心、饽饽、祭点，制作、收储相关材料。①

菜库和酒醋房是清代宫廷蔬菜的主要供应渠道。菜库，也叫青菜库，地址在紫禁城西北隅、城隍庙南的排房，常年供应叶菜、黄瓜、茄子、胡萝卜等。皇室所有的瓜地、菜圃每年额交"园差"20余种、17万余斤瓜菜。不足部分或者急需品种，菜库便到市场采购。菜库负责将征收与采购的蔬菜加工、择净，供厨房领取。

清朝同光年间，宫廷每年消耗蔬菜180~200万斤，超过50个品种，涉及根菜、茎菜、叶菜、花菜、果菜以及食用菌等六大类。从品种上分析，青菜、萝卜类分别占供应量的六成和一成，这其中白菜又占了总量的三成。②值得一提的是，爱新觉罗家族对大白菜情有独钟。乾隆、道光祖孙俩都曾写诗吟诵过白菜，慈禧太后则喜欢吃白菜腌渍的酸菜。嘉庆十三年（1808）出巡热河，内务府备带食材中包括白菜250斤、腌白菜9坛共计540斤，可见白菜是绝对的主材。

酒醋房与明代的酒醋面局一脉相承，地址与菜库不远，在神武门内路西侧连房，绵延三十多间房屋。酒醋房负责供应内宫所需的酒、酱、醋等物品，同时制作腌菜、酱菜。酒醋房相当于一座大酒坊兼制酱大作坊。清代宫廷酿酒分玉泉酒和白酒两类，其中玉泉酒年使用量较大，凡宫中各处各类节庆筵宴、祭祀等多用玉泉酒。紫禁城年消耗量在1000斤至数千斤之间。酒醋房制酱原料糯米由江苏省苏松太道、浙江省杭嘉湖道下属州县解交，且必须为白熟糯米和已经去壳的舂米；每月加工酱菜十余种、两千斤。清朝宫廷饮食有浓厚的关外满族特色，重厚味，喜酱料，由此可见一斑。

乾隆五十四年（1789），当年宫廷各处使用玉泉酒1039斤4两，醋11844斤3两5钱，姜488斤14两2钱，另有茄子1784斤、胡萝卜1448斤。③

除掌关防处收储食材外，内务府其他机构也参与食材供给：掌仪司下属

---

① 王树卿：《清代宫中膳食》，载于《故宫博物院院刊》1983年第3期。
② 张平真：《清代宫廷的蔬菜供应》，载于《紫禁城》1995年第2期。
③ 王志强：《清乾隆年间整顿内廷酒醋房述论》，载于《故宫博物院院刊》2014年第4期。

的果房掌管部分干菜和姜、蒜等调味蔬菜的供应，每年收贮20余种、约300箱（桶），还管理500余个果园；庆丰司下属各牛羊群供给，仅张家口外三旗牛群每年就额交乳油1397斤8两、乳饼619斤、乳酒2530斤；广储司下属茶库管理各地进贡的名茶，仅安徽省六安州每年额交茶叶400袋（每袋1斤12两），浙江额交上等龙井茶28篓（每篓800包）；都虞司管理打牲乌拉处，兼管渔猎采捕事务。

还有一样特殊的食材，是紫禁城自产自用的。

三九天，当刺骨的冷风刮过紫禁城筒子河和西苑三海时，内务府的苏拉们穿着厚棉服，开始开凿坚硬如铁的冰面，拖曳出一块块寒冰。部分苏拉却把凿出的冰块弃之不顾，先在河海中挖出水池，再倒入净水结冰，准备第二天再凿取纯度更高的冰块。前者是准备冷藏驱暑之用，后者则是入口的食材。从大自然中采冰，紫禁城称为"打冰"，仿佛打鱼狩猎一般。打冰，是紫禁城内外最欢快的时刻之一，也是苏拉们最喜欢从事的差事之一。

长期打冰的经验告诉苏拉们，将寒冰凿成每块半米见方的尺寸，冰块最不易融化。一块块方方正正的冰块生产出来后，马上有苏拉用绳索拖走，在冰冻的大地上滑行，运至大内冰窖中。冰块之间铺盖稻草，防止凝结在一起。

紫禁城内隆宗门往南、慈宁宫东南墙外有五座冰窖，最大藏冰量2500块。

冰窖是古代中国最先进的冷藏发明。紫禁城冰窖均为南北构造，硬山瓦房，半地下室结构，下沉地面约两米。冰窖内地面满铺大条石，一角留有沟眼通向暗沟、旱井，方便融化的冰水流走。建筑墙体厚两米，没有窗户只有门。此种设计，最大限度地利用地下低温来保持室内温度恒定；厚墙体有利于将高温隔绝在室外；光洁的石材地面有利于冰块净化。即便如此，每年仍有三分之二左右冰块会在使用前融化。

清代紫禁城设立冰祛署，专管宫城用冰。重要寝殿中都有冰箱，大约有一米立方大小，木质方形，金属镶裹，下端开孔排泄融冰。这种冰箱的主要功能是吸热降温，在酷暑难耐的北京城颇有效果。御膳房使用的冰箱，则是为了冷藏食物、制作凉饮。这种冰箱通常四周放满冰块，食品放置在内胆中保鲜；也有食材与冰块杂放的设计，待冰块融化殆尽，拔出底部木塞，放水后可以添冰再用。最常见的是冰镇水果的大冰盆，水果与冰块同置于盆内，冰化后瓜沉李浮，自由取用。每年春夏，冰镇绿豆汤、酸梅汤、果汁等饮品，沁人心脾，爽口凉快，绝非一般官民能够享受。

正是由于珍贵，紫禁城用冰有严格的等级标准。就连内务府，每年五月至七月各司员每日每人只可以用冰一块。皇帝赐冰便成为夏季的一项隆恩。试想，当远道前来觐见的南方官员、风尘仆仆前来朝贡的藩属使臣，获准每日赐冰一方，怎能不惊叹天朝物力、帝王恩典？

每年，掌关防处、掌仪司、庆丰司、广储司各处收纳着源源不断、眼花缭乱的食材。

每天，掌关防处、掌仪司、庆丰司、广储司各处根据指令，将食材送御茶膳房备用。

周而复始……

在御茶膳房，珍馐将最终变成美馔。御厨们择取时鲜海味、搜寻山珍异兽，精心烹制出花样无穷的佳肴、眼花缭乱的美味。

御膳房

　　皇帝的饮食专称御膳,因此严格地说,只有专供皇帝饮食的厨房才能称为御膳房。皇太子的厨房都不能僭越称御膳房。

　　嘉庆十一年(1806),管理御茶膳房大臣呈递一件奏章,内有"阿哥内膳房、外膳房字样"。对此,嘉庆皇帝龙颜大怒,认为此举"殊属错谬",指出:"定制,惟承应御馔之处称为膳房,岂可率意书写?"从大臣到经手官吏,分别遭到了从罚俸到革职不等的处分。

　　在实践中,人们通常将紫禁城里的厨房统称为御膳房。清朝官民日常也是如此称呼的,即便他们清楚真正专供皇帝御膳的厨房只有一处。因此,我们也随俗用御膳房称呼紫禁城的所有厨房。

　　人们混称的原因或许是食材是不能专用的,进入掌关防处等处的绝大多数食材是随机送往宫廷各处厨房的。君恩雨露均沾,各处都分享到了帝王特供的光彩。

　　接过掌关防处等收储机构的接力棒,协调宫廷各处厨房烹饪菜品的机构正式名称是"御茶膳房"。御茶膳房,掌宫内备办饮食及典礼筵宴所用酒席等事务。这一句话也属"字少事多",御茶膳房的工作极其烦冗,这是因为宫廷筵宴、典礼、祭祀繁多。仅列为制度性典礼的就有：慈宁宫筵宴仪、皇帝躬侍皇太后家宴仪、乾清宫家宴仪、皇后千秋内宴仪、皇贵妃皇妃千秋宴仪、乾清宫曲宴群臣仪、瀛台赐宴仪、丰泽园凯宴仪、紫光阁赐宴仪等大型宴饮，以及宫内帝后各节庆日庆贺仪、后妃册封仪、太后上徽号仪、公主下嫁、皇帝大婚等典礼上的筵席，等等，更勿论数百人的日常餐饮和不定期餐饮了。

或许考虑到御茶膳房关系重大、事务繁重，设总理事务大臣管理全局，无定员，下设尚膳正、尚膳副、尚膳和尚茶正、尚茶副、尚茶等分管茶、膳事务。另有主事、笔贴式等文职官员办公行政。其中，尚膳正、尚膳副、尚膳等授予一等、二等、三等侍卫，蓝翎侍卫等亲近武职，足见御茶膳房之显要，亦证皇帝之重视。

御茶膳房下设御膳房、御茶房、买办肉类处、肉房、干肉库、银器库等。各膳房设总领、庖长（行政总厨）、副庖长和庖人（御厨）。紫禁城大大小小的院落里建有许多"膳房"。其中供奉皇帝的主要是内、外膳房。外膳房在外朝，主要为外朝值班的大臣和侍卫们备膳，筹办大规模宫廷筵席比较多。君臣大宴的"满汉全席"就是他们的作品。外膳房位于南三所西侧、箭亭东外库，是一处南北向院落，东西各有门，有瓦房约三十间。

内膳房专为皇帝供膳，位于养心殿正南，也称"养心殿御膳房""大内御膳房"。内膳房是一处东西狭长的独立院落，院南有一座东西走向的排房；南侧另有一处小些的东西院落，为内膳房专用的南库。帝王独享的珍馐异馔、金杯玉盏就诞生在这两处院落。

内外膳房起初也供应皇太后和高等级妃嫔的饮食，渐渐的后者也有专属厨房。比如，嘉庆二十五年（1820）寿康宫茶膳房建成，专办皇太后、太妃茶膳；皇贵妃、妃、嫔所居宫殿也开设小型膳房。妃嫔品级越低，所属的膳房越小、制作水平越低，所用餐具也从金、银到锡、瓷不同。至贵人、常在以下，后宫没有膳房，只能随本宫主位妃嫔饮食。在小膳房烹制小菜，或许是后宫女子消除寂寞、邀宠争斗的利器。此外，紫禁城还设有皇子饭房、皇子茶房、侍卫饭房，也归御茶膳房管辖。军机大臣、南书房翰林、上书房老师、军机章京、值班奏事官员、御前和各处侍卫等人，均由侍卫饭房管理饭食。热乎乎的宫廷膳食，或许是对大臣、侍卫们高度紧张、伴君伴虎的宫禁生涯的些许安慰。又或许，对于一个宦游数十年的官场中人而言，短暂的紫禁城印记深深镌刻在了他的脑海中，当他端坐在江湖之远的州县衙门里，当他回忆在风烛残年的迟暮岁月中，侍卫饭房的膳食都是关键词。

各处膳房的炉灶烟火，和庭院草木一样，焕发着勃勃生机，给这秩序井然、铺陈蔓延的宫禁缭绕上层层生气。

御茶膳房的另一重要机构是茶房，御茶房位于乾清门内东庑，此外还有收管人参、茶叶、香纸等物的茶库（位于永和宫东侧院落，与果房同处）。清朝皇室并不热衷饮茶，宫廷中的茶饮需求不高，因此茶房在紫禁城中是一个略显尴尬的存在。

内廷厨房的御厨，是除了皇帝、皇子之外，固定长留后宫的正常男人。出于男女大防的考虑，只许他们烹饪菜肴，严禁步入后宫闲逛。上传下达、办公保障等事务则由太监接手。内膳房这些"司膳太监"数额可观，总数在一百人以上，仅抬水差使太监就有十人。（后妃也有用女官掌管膳食的，因此有尚膳、尚茶女官）目的是限制御厨们于膳房之中。晨曦初现，御厨就凭腰牌入宫，天色昏暗后径直回家，不许无故逗留宫中，更不会给他们接触妃嫔和宫女的机会。皇帝会赏赐钟爱菜肴的制作御厨，可即便极为欣赏，也不会当面召见，而是由太监转交赏银。因此，绝大多数御厨连后宫女人的脸都没见过一次。他们对所谓"宫闱秘闻"的获取，来源与外人无异。

与"厨房大拿"的刻板印象不同的是，大多数御厨一辈子只做寥寥几道甚至一道菜。这是御膳房分工过于细化导致的。内膳房细分为荤局、素局、点心局、饭局、挂炉局等机构，各局各司其职，制作特定菜品。荤局主做鱼、肉、海味菜；素局烹饪青菜、干菜；挂炉局主管烧、烤菜点；点心局制作包子、饼类、糕点等；饭局煮粥、做饭。各局中每道菜品都由一个三人小组负责，在单独的灶台操作；小组中的三个御厨，各司其职：先由打杂御厨挑洗原料，经内务府笔帖式检查合格后，进入配菜环节，配菜御厨按照膳单处理各种原料、搭配相应调料，再经笔帖式检查无误后，由掌勺御厨烹饪。可见，专切葱丝的丫鬟的传说是虚构的，但各局的御厨不是全才却是千真万确的。

御厨事实上还是世袭的。满族特色菜"黄金肉"（油塌猪肉片），据说为清太祖努尔哈赤所创。清宫大典筵席必先上黄金肉作为第一道菜，后世的历代皇帝都将黄金肉奉为至上珍馐，以示不忘祖宗恩典。而制作黄金肉的御厨雅咯穆，就靠这道菜行走了紫禁城一辈子。他年迈告退后，孙子接班做了御厨，继续做黄金肉。其他御厨的情况也类似。御膳房允许年迈的御厨带一个孩子入御膳房传授厨艺，实质上默认了御厨世袭。这种御厨替换制度，保证了菜肴的品质和特色，也是为了保护皇帝饮食安全、防止下毒谋害事件发生。

如果该道菜肴没有出现在膳单中，负责御厨就没有烹饪的机会。因此，有的御厨每年仅做一两次菜点，有的甚至一年到头都没有开张。如果遇到御厨不擅长的菜品，御膳房反而要额外招募厨役——这也是宫廷御膳制度的弊端之一。

与宫外的同行相比，御厨的待遇可谓丰厚且有保障，算得上是肥差。一般厨师，想必也以跻身御厨为荣。至于其中有否围城悖论，外人就不得而知了。

纵观上述宫廷膳食制度，负责部门纵横交错，事权不一。清朝在内务府的统筹指挥之下，情况略微好转，内廷膳食机构的作用超过了光禄寺。当时和现在都不乏批评内务府贪腐的声音，其中就涉及膳食官员贪贿剥扣的丑闻，最常见的是后宫食材价格百倍于市价的故事，比如道光皇帝吃不起片儿汤、光绪皇帝吃的鸡蛋每只耗银三十两，等等。且不论清朝有乾隆这般事无巨细"不耻下问"的皇帝，也不论有嘉庆、道光这般熟知世情的长君继位，但就制度而论便不可能。宫廷食材供给途径有三，各地各部门定额缴纳、藩属与地方长官进贡，为最主要的二途，数量庞大且是无偿的。内宫采购仅是支流杂途，数量占比不大，且采购银两有支取、奏销手续，偏离市价太多是通过不了流程的。

宫廷膳食机构的弊病，不在贪污贿赂，而在于铺张浪费。

乾隆二十四年（1759）正月，乾隆皇帝宴请王公大臣和藩属使臣，发现筵宴准备的玉泉酒浑浊无味，显然是劣酒冒充。"玉泉酒案"发。内务府大臣迅速彻查，发现当时宫中每次筵宴平均用酒高达二百二十斤之多，浪费严重。再查酒醋房账簿，发现每次支取酒量多寡不一，毫无规矩，且账目多系事后补记、错讹百出。酒醋房原本有专门的规章制度，随着时日蔓延，首领太监等人逐渐不再按规行事。内管领等人便日益大胆领取物资，用度标准形同虚设，最后竟发展至办理筵宴、祭祀时铺张糜费、以次充好。酒醋房总管太监等渎职，任由所负责部门滥支滥用。乾隆皇帝将酒醋房一众太监重责四十板，发配东北或交香山充当苦差,不许出门;亡羊补牢建立严格奏销程序,对宫廷用酒总量和不同筵席用酒量进行限制。

酒醋房如此,其他部门也不能全免;乾隆朝尚且如此,其他各朝更会如此。

皇帝的食谱

所有的铺垫都是为了满足帝王的口腹之欲，所有的制度都是为了君主安享珍馐美馔。

二月，"清明之前，……食河豚，饮芦芽汤，以解其热。……此时吃鲊，名曰桃花鲊也"。鲊，腌鱼。

五月，"初五日午时，饮殊砂、雄黄、菖蒲酒，吃粽子，吃加蒜过水面。……夏至伏日，戴草麻子叶，吃长命菜，即马齿笕也"。

十一月，"糟腌猪蹄尾，鹅脆掌、羊肉包，匾食馄饨，以为阳生之义。冬笋到，则不惜重价买之。是月也，天已寒，每日清晨吃辣汤，吃生爛肉、浑酒以御寒"。

这是明代刘若愚记录的紫禁城食谱。历朝的宫廷饮食，都经历了由俭入奢的过程。大抵是开国君主励精图治，不乐于奢侈享乐，之后的守成之君不知民生多艰、耽于荣华富贵，宫廷饮食日趋奢靡铺张。

这个历史规律在明代的紫禁城体现得尤为明显。明成祖朱棣篡位创业，生活节俭，曾怒斥宦官用米喂鸡："此辈坐享膏粱，不知生民艰难，而暴殄天物不恤！"明初紫禁城御膳多用豆腐和猪肉鸡鹅等寻常畜禽，到中后期山珍野味充斥了紫禁城的膳房。比如，万历皇帝"喜用灸蛤蜊、炒鲜虾、田鸡腿及笋鸡脯，又海参、鳆鱼（鲍鱼）、鲨鱼筋、肥鸡、猪蹄筋共烩一处，恒喜用焉"。就连宦官、宫女都食不厌精脍不厌细，"多不以箪食瓢饮为美"，对食物的色香味形都极其挑剔，进而安逸懒惰，不愿意亲自烹煮。当时，高级宦官、宫女常常雇佣有烹饪之长又贫贱无依的底层太监打工，而后者也甘于受人驱使，做饭取酬。后宫的这种享乐堕落是彼时政治黑暗的表现之一。

鉴于明代后期宫廷奢侈误国，爱新觉罗家族入住紫禁城后，以史为鉴，顺治等前期皇帝亲加厘定、制定饮食标准，清宫"日用饮食，皆有恒经"。清初建章立制的原则，一是节约。雍正曾谕膳房："凡粥饭及肴馔等类，食毕有余者，切不可抛弃沟渠。或与服役下人食之。人不可食者，则哺猫犬。再不可用，则晒干以饲禽鸟。"善于乾纲独断的乾隆皇帝，更是没有放过规划膳食的机会，在膳金、奏销等方面多有筹划。第二个原则是严格的等级制。食物定尊卑，不同身份的紫禁城居民享受不同的供应、菜肴和器具。后妃们的常例饭费，从五十两到十来两不等，等级越低，份例越低，待遇越差。蔬菜供应，乾隆时期皇后每天29斤，贵妃和妃15斤6两，嫔12斤2两，贵人和常在10斤2两，答应2斤，宫女以及乳母等每天供应蔬菜不足1斤。清朝中后期，宫中大臣、侍卫的蔬菜供应每天人均1斤左右。再以鸡为例子，皇帝每月150只，皇后、皇贵妃、贵妃每月递减为30只、15只、7只，至嫔仅有5只，常在、答应等低级后妃则无额定的鸡鸭供应。

皇帝无疑占据着膳食金字塔的顶端。

清朝皇帝每日食材供应如下："盘肉二十二斤、汤肉五斤、猪油一斤、羊二只、鸡五只（其中当鸡三只）、鸭三只，白菜、菠菜、香菜、芹菜、韭菜等共十九斤，大萝卜、水萝卜和胡萝卜共六十个，包瓜、冬瓜各一个，苤蓝、干闭蕹菜各五个（六斤），葱六斤，玉泉酒四两，酱和清酱各三斤，醋二斤。早、晚随膳饽饽八盘，每盘三十个，而每做一盘饽饽需要上等白面四斤、香油一斤、芝麻一合五勺、澄沙三合、白糖、核桃仁和黑枣各十二两。"另外，御茶房还要恭备皇帝每天用的茶、乳等。皇帝例用乳牛五十头，每头牛每天交乳二斤，共一百斤，又每天用玉泉水十二罐（皇上只喝西郊玉泉山的水）、乳油一斤、茶叶七十五包（每包二两）。这些还仅仅是常规供应，不包括各地定期不定期进贡的数量可观的鹿、野猪、狍、野鸡等野味，以及燕窝、百合、鲜笋等特产。守成日久，奢侈之风日长，清朝后期紫禁城供应已经突破了祖宗的规矩，日益铺张。溥仪回忆，他五岁的时候一个月就要"吃"掉810斤肉和240只鸡鸭。他和隆裕太后、四个太妃"一家"六口人，一个月共吃猪肉14642斤，合银2342两7钱2分。除此之外，每日还要"添菜"——添的菜比正常供应还要多得多。溥仪一家一个月的御膳用银高达14794两1钱9分。

清宫御膳分早、晚两顿正餐。早餐一般在卯正一刻（上午六点以后），有时推迟到辰正（上午八点以后）。晚餐在午正一刻（上午十二点以后），有时也推迟到未正（下午两点以后）。正餐之外，还有酒膳和各种小吃，一般在下午或晚上，没有固定时辰，随皇帝喜好而定。现代人习惯的晚餐，在紫禁城并不是正餐，清朝皇帝常常在酉时（晚六时）进一些小吃，宫中称"晚点"，但并不固定。

膳单，是对皇帝菜单的专称，是现存最多的宫廷饮食文献。这得益于严格的膳单审核规定，也得益于御膳房对此的重视。每天膳单详细注明早晚用膳的时间、用何膳桌摆膳、在何地用膳，以及饭菜的品名。有些膳单还注明何人做何菜、各种菜肴用何餐具盛送。御茶膳房逐日开单具稿，呈送内务府大臣画行，再交予御膳房承做。

乾隆十二年（1747）十月初一，御膳房所进晚膳膳单：

> 万岁爷重华宫正谊明道东暖阁进晚膳，用洋漆花膳桌摆。燕窝鸡丝、香蕈丝、白菜丝、馓平安果一品，红潮水碗。续八鲜一品，燕窝鸭子、火熏片馅子、白菜、鸡翅、肚子、香蕈。合此二品，张安官做。肥鸡、白菜一品，此二品五福大珐琅碗。肶吊子一品，苏脍一品，饭房托场澜鸭子一品，野鸡丝酸醒菜丝一品，此四品铜珐琅碗。后送芽韭炒鹿脯丝，四号黄碗，鹿脯丝太庙供献。烧狍肉、锅塌鸡丝、晾羊肉攒盘一品，祭祀猪羊肉一品，此二品银盘。糗饵粉餈一品，象眼棋饼、小馒首一品，黄盘。折叠奶皮一品，银碗。烤祭神糕一品，银盘。酥油豆面一品，银碗。蜂蜜一品，紫龙碟。拉拉一品，二号金婉；内有豆泥，珐琅葵花盒。小菜一品，南小菜一品，菠菜一品，桂花萝卜一品，此四品五福棒寿铜珐琅碟。匙筯、手布安毕进

呈。随送粳米膳进一碗,照常珐琅碗、金碗盖;羊肉卧蛋粉汤一品,萝卜汤一品,野鸡汤一品。

当天晚膳,乾隆皇帝是在其钟爱的重华宫东暖阁吃的。他经常在重华宫用膳,还将重华宫西侧的原乾西三所改造为重华宫膳房。不知道当天的晚膳是重华宫膳房还是内膳房的作品?这顿晚膳,各式菜、汤二十余品,用珍贵的金、银、珐琅、瓷等餐具盛放,而且是由御膳房的名厨承做,对升斗小民而言称得上是饕餮盛宴。在乾隆皇帝看来,只是寻常一餐,可称节俭。当天晚膳有两品大菜由著名厨师张安官承做。张安官也是乾隆欣赏的御厨之一。乾隆皇帝一次进食时,感觉膳单中注明厨师的四品菜不像张安官的手艺,命太监传旨令张安官再做一品呈上。①

乾隆四十一年(1776)四月二十八日,乾隆在西苑颐年堂春藕斋进的早膳。当日膳单真正称得上俭朴:"五福珐琅碗菜四品,攒盘肉一品,点心三品(黄盘),珐琅葵花盒小菜一品,珐琅碟小菜四品,汤膳碗照常珐碗金碗盖。"虽说相对俭朴,御膳分量还是远超常人正常饮食所需。不管皇帝用膳与否、多少,御膳房每日都按照审核过的膳单,进膳呈达。这也是皇帝不自由之处。饮食制度既是因皇权而生、为皇权服务,作为皇权化身的皇帝遵守制度不仅责无旁贷,表率天下,更与自家的尊荣享受休戚相关。每顿膳食,人人皆知超越了正常需求,又日复一日不敢逾越规章制度一丝一毫。保障御膳定制规模,是政治,是仪式,是生活,正如数百年岿然不动并将千百年亘古不变的紫禁城一样。

分析食谱,朱明皇室的膳食与汉族豪门饮食基本相同,更丰富、更精致、更豪奢。朱明皇室祖籍江淮,又曾定都南京,饮食立足汉家特色,将传统的汉族饮食发挥到了极致。而爱新觉罗家族祖籍白山黑水,饮食满汉结合,以关外满族特色为主。清朝皇帝御膳以鸡肉、鸭肉和猪肉、羊肉为主,辅以白菜、茄子、韭菜、豆腐等,间有鹿肉、鱼肉,但鲜有海鲜。现代人追捧的鱼翅、鲍鱼、海参等,要迟至道光年间才进入紫禁城。这倒不是海鲜没有普及,而是爱新觉罗家族对海鲜的陌生和忽视——事实上,明代后期的御厨已经多有海鲜

---

① 徐启宪:《清代皇帝的用膳》,载于《紫禁城》1980年第4期。

佳肴。

清朝皇帝对海鲜的漠视，是满族膳食特色之一。更大的特色是饽饽在清朝紫禁城的普及。

饽饽，是一系列满族特色面食的统称，包括馒头、花卷、花糕、寿桃，等等，是满族人喜爱的主食。清朝宫廷也以饽饽为主食，而不是汉族人的粥饭。

清朝在京西的玉泉山、丰泽园和汤泉等地设置专门人员种植黄、白、紫三色稻米，供紫禁城食用。这些稻米就成了宫中饽饽的原料。宫中饮宴、馈赠都离不开饽饽。晚清大臣何刚德奉命勘查紫禁城工程，见到宫中妃嫔院中"必排百数十个饽饽"，庭院两廊排列满饽饽，"盖宫人食料固以是为常品也"。他的同僚恩灏是慈安太后的内侄，每次年节都要送些鞋子针线等当作礼品入宫，宫中则以饽饽回赠。

御膳的味道

紫禁城御膳制度的最后一个环节,最诱人,最享受,那就是:吃。

皇帝要用膳了,御前侍卫下令"传膳"。大小膳食官员立即动起来,用膳地的高级太监指挥小太监布置膳桌。由于膳食品种太多,清朝宦官往往需要拼凑数张桌子才能预备好餐桌。此后,御膳房太监迅速将当日膳食抬来,再由小太监们各将膳盒搭在右肩上,鱼贯而入,递给内侍太监;内侍太监接过膳盒,一一摆上膳桌。

传膳队伍,抬着食盒,紧步前行,行走在院落宫墙之间,是此时此刻人人瞩目的队伍。

之前的劳作,即将接受最终的检验。多少的心血,就是为了这最后的一笑一颦。

布置完备后,传旨"开膳"。太监们簇拥着皇帝来膳桌入座,但还不能开动。传说,每道御膳上都有一块小银牌,只要菜肴中有毒药,银牌就会变色。又传说,内侍小太监还要试吃每一道菜试毒。紫禁城确实有"尝膳"环节,最后一次确保膳食安全。明朝的做法是制定严格的卫生消毒内容。上菜的内侍要"口兜绛纱袋,侧其面,防口鼻息出入触于馐也";每道御膳的盘面罩以金丝，防尘保温。清朝的做法是更接近试毒。御膳烹制完毕后，负责御厨要首先试吃，接着由负责官员试吃。这是必需程序，稍有违反就会遭受笞杖。事实上，在御膳中下毒的可行性不大，加上皇帝饮食无常，下毒的针对性太弱，成功概率渺茫。御膳房更在意的是"食禁"，也就是食品搭配安全。御厨"误犯食禁，厨子杖一百"，其处罚比忘记尝膳要重。

尝膳完毕，才是皇帝真正用膳之时。只有一位紫禁城的主人留下了品尝御膳的感想，那就是溥仪。他在《我的前半生》中感叹："耗费人力物力财力最大的排场，莫过于吃饭。""我吩咐一声'传膳！'……一个犹如过嫁妆的行列已经走出了御膳房。这是由几十名穿戴齐整的太监们组成的队伍，抬着大小七张膳桌，捧着几十个绘有金龙的朱漆盒，浩浩荡荡地直奔养心殿而来。""隆裕太后每餐的菜肴有百样左右，要用六张膳桌陈放，这是她从慈禧那里继承下来的排场，我的比她少，按例也有三十种上下。（这只是便餐，大餐的菜品数量要乘以十倍）"

"这些菜肴经过种种手续摆上来之后，除了表示排场之外，并无任何用处。它之所以能够在一声传膳之下，迅速摆在桌子上，是因为御膳房早在半天或一天以前就已做好，根在火上等候着的。他们也知道，反正从光绪起，皇帝并不靠这些早已过了火候的东西充饥。我每餐实际吃的是太后送的菜肴，太后死后由四位太妃接着送。因为太后或太妃们都有各自的膳房，而且用的都是高级厨师，做的菜肴味美可口，每餐总有二十来样。这是放在我面前的菜，御膳房做的都远远摆在一边，不过做个样子而已。"

溥仪对御膳的观感，显然是寡淡无味的，评价相当负面。考虑到宣统年间是紫禁城日暮之际，溥仪品尝的御膳水准或许是宫廷膳食的底线。但是，御膳真实的味道远不如摆放的那般光鲜美味，当是定论。紫禁城的历任主人，应该都类似溥仪，只品尝少数面前的或者亲人送餐的菜品；明清御膳房也难免有反复温菜、蒸碗的做法。

御膳至此，最能体现家国一体背景中，皇室的生活无限扩大为天下大事，而真实的需求掩埋在了盛大浮夸的表象之下。

对个人而言，御膳如同诸多典仪一般华而不实、费而不惠。紫禁城的二十四位主人对这一点自然是最有体会，但只有回归为普通人的溥仪真切表露出了这一点。

皇帝餐后剩余的大量菜品，成了赏赐物品。清朝皇帝将可口的饭菜赏赐给宠妃、近臣；将剩余的膳桌赏赐给太监宫女侍卫们。考虑到明清的保温能力，臣工收到的御膳不再是美味佳肴，可大臣们依然以御膳赏赐为荣。因为赏赐的不是美味，而是彰显恩宠、分享尊荣。

更能分享权力的荣光的行为是紫禁城赴宴。

皇帝万寿庆典，冬至、元旦等重大节日，大军凯旋万邦来朝等大喜事，紫禁城都会大宴群臣、普天同庆。幸运的文武大臣便会收到紫禁城的邀请。

这是对整个宫廷运作的考验，更是对宫廷膳食系统的大考。光禄寺和内廷机构必须通力合作，有时还要加上礼部、太常寺等相关衙门，方能完成规模巨大的宴席。

清代紫禁城盛筵，一般在太和殿举行。

太和殿筵宴之前，首先要在殿内宝座前设皇帝的御宴桌张，殿内再设前引大臣、后扈大臣、豹尾班侍卫、起居注官、内外王公、额驸以及一二品文武大臣和台吉、塔布囊、伯克等人员的宴桌共一百零五张。其次，太和殿前檐下的东、西两侧，陈中和韶乐和理藩院尚书、侍郎及都察院左都御史等人的宴桌。太和殿前丹陛上的御道正中，南向张一黄幕，内设反坫①，反坫内预备大铜火盆二个，上放大铁锅两口，一口准备盛肉，另一口装水备温酒。丹陛上共设宴桌四十三张，在这里入宴的是二品以上的世爵、侍卫大臣、内务府大臣及喜起舞、庆隆舞大臣等。再次，丹墀内设皇帝的法驾卤簿②，如同大朝之仪，两翼卤簿之外，各设八个蓝布幕棚，棚下设三品以下文武官员的宴桌，外国使臣的宴桌设在西班之末。太和门内檐下，东、西两侧设丹陛大乐。

太和殿筵宴之日，王公大臣均朝服，按朝班排立。吉时，礼部堂官奏请皇帝礼服御殿。这时，午门上钟鼓齐鸣，太和殿前檐下的中和

---

① 古代设于堂中供祭祀、宴会时放礼器和酒具的土台。

② 古代帝王驾出时扈从的仪仗。

韶乐奏"元平之章"。皇帝陛座后,乐止,院内阶下三鸣鞭,王公大臣各入本位,向皇帝行一叩礼,坐下以后,接着是一套繁琐的进茶、进酒、进馔仪式,然后进舞……(通常挑选矫捷的侍卫扮演进喜起舞的大臣,人数在二十人上下)均穿朝服,先入殿内正中向皇帝行三叩礼,然后退立东侧,等西边的乐曲奏起,喜起舞大臣按对依次进舞,每对舞毕,行三叩礼后退居原处。舞毕进蒙古乐曲,还有朝鲜族、回族等人表演杂技和百戏,筵宴进入高潮,然后鸣鞭奏乐,皇帝还宫,众皆出,宴毕。①

如此盛筵不是饮食,而是朝廷礼制。礼以导敬,乐以宣和。赴宴大臣如同上朝,是参加典礼,是完成政务。有幸参加者,留下的更多的是一项项流程的记载,而不关心菜肴的色香味——一如他们收到赏赐的御膳一般。翁同龢便在日记中记载自己赴宴入席后,先象征性吃几口点心,接着皇帝便一道接一道地赏菜,每赏赐一道菜他就要跪地叩一次头,三刻(四十五分钟)后宣布宴会结束,他再磕头回家。

翁同龢是帝师,是内阁大学士,能够享受皇帝当面赏菜的荣耀。赴宴的大多数官员连太和殿入席的资格都没有。吏部郎中何刚德就是后者之一,他参加了甲午年(1894)六月光绪皇帝的万寿盛筵。若干年后,他在《春明梦录》中回忆当日情形:

> 赐宴太和殿,每部司官两员。宴列于丹陛,接连及殿下东西。两人一筵,席地而坐。筵用几,几上数层饽饽,加以果品一层,上加整羊腿一盘。有乳茶有酒(酒系光禄寺良酝署所造)。赞礼者在殿陛上,赞跪则皆起而跪,跪毕仍坐。行酒者为光禄寺署正。酒微甜,与常味不同。宴惟水果可食,饽饽及余果,可取交从者带回。赤日行天,朝衣冠,盘膝坐,且旋起旋跪,汗流浃背;然却许从者在背后挥扇。历时两点钟之久,行礼作乐,唱喜起,舞歌备极整肃。

太和殿的这场盛筵,显然没有给何刚德留下好的印象,相反不停跪拜磕头以致汗流浃背的狼狈,几十年后都印象深刻。对于膳食,何刚德给予了负面评

---

① 王树卿:《清代宫中膳食》,载于《故宫博物院院刊》1983年第3期。

价,"惟水果可食"而已。当然,他对赴宴本身还是深感荣耀的(毕竟只给了吏部两名司官名额),拿了些饽饽和水果交给随从带回家享受宫廷余晖。他对筵席也相当新鲜,估计四处张望,看到"宴之坐次,自王公大臣在丹陛上,各官各按宪纲,递为坐次",西边末座是圆领大袖、手执牙笏的朝鲜使臣。甲午战败后,朝鲜就不复为大清藩属,何刚德再未见过朝鲜衣冠,在书中不禁嗟叹一番。

何刚德不知道的是,他面前的膳食,是满席四等席,每桌用银四两四钱三分。

谈"吃在紫禁城",最后不能遗忘的是太监、宫女们日常饮食。清代宫人们饮食仰仗于自己伺候的妃嫔、皇子的地位,当时紫禁城管理严格,不允许宫人自办餐饮。而在宦官专权的明朝,宫人们的餐饮灵活而丰盛,自成一体。

太医院与御药房

人生是一个走向死亡的旅途，没有人能够例外。

尊享荣华富贵的帝王们却很难接受这一点，幻想能够一直欣赏旅途的美景而不会抵达终点。于是，协助帝王延年益寿的医疗保健机构应运而生。

帝王康健与王朝兴盛有着直接联系。帝王医疗鲜明体现了"家国一体"。历朝的中央医疗机构就是皇帝的私人医院，元朝正式定名太医院。明朝在元朝皇宫基础上兴建了紫禁城，也继承了太医院的设置。

和其他所有中央辅助性机构[①]一样，太医院既是国家最高医政衙门，又是最优质的中央医院，还是国家医学院，职责繁多。凡此种种，都不如太医院的另一项工作重要：为紫禁城提供医疗保健服务。太医院官员在法律上是朝廷命官，是庞大文官集团的一员，实质上却是昼夜供奉紫禁城的私人医生。

明清两代，太医院有院使一人，负责医政管理和医疗服务。院使是正五品官，可证太医院大体是一个司局级建制。下面有左右院判各一名、御医十数

---

① 隋唐以后，中国传统政治制度形成了以六部为中央主体行政机构，各寺、监、院为辅的行政体系。如国子监，既是全国教育管理机构，又是国家最高学府。

人、吏目数人、医士数十人、医生数十人。他们都是官员兼医生，总人数维持在一百人上下。后人习惯上将他们都称为"御医"，但真正有御医头衔的是太医院的顶端人才。术业有专攻，明代将这百名医生分为十一科：大方脉、小方脉、伤寒科、妇人科、疮疡科、针灸科、眼科、口齿科、正骨科、咽喉科、痘疹科，至清朝后期调整为大方脉、小方脉、外科、眼科、口齿科五科。此外，太医院还有药剂、文案人员，建有生药库收储各种药材。

医生的水平，直接关系到帝王的寿命。紫禁城恨不得将天下名医掐尖而为己用。

太医院建立了严格的医生选拔制度，挑选可资造就的年轻人才入院学习，然后沿着上述医生序列培养选拔。挑选范围起初聚焦在名医世家，后来扩大到普通子弟。这些青年在太医院边学边练，三年一试五年一考，至少要在太医院供职六年以上才有资格候选入宫看病。如果没有合适人选，太医院宁缺毋滥。特殊情况下，太医院也从各省官员举荐的名医中挑选人才。从明清实践来看，出名的御医主要是两类人，一类是在民间自学成才然后入院的青年才俊，另一类则是中途弃文从医的读书人。明朝中期名医刘溥，早年致力儒业，专心仕途，景泰年间都御史将其荐于明廷，却没被任用，无奈习医入太医院为官。在传统观念中，医生与术士一样，都属于方伎之人，医官在官僚系统中属于"伎术官"，不为清流所纳，不为朝野所重，平台狭隘、仕进乏力。大学士丘濬就对刘溥深为惋惜："好端端的一个人才，怎么就去当医生了呢？"（负有用之才，徒以末艺终于一太医院吏目，天下惜之。）

太医院在行政上隶属于礼部，位置也与礼部相邻，在皇城南端、大明门（大清门）东侧，约在如今国家博物馆西南角。太医院三座大门向西开，面朝天安门广场方向。

读者可能注意到了，太医院位于紫禁城之外，万一帝后有个头疼脑热，如何及时就医呢？御医们又怎么做到随叫随到呢？

紫禁城从创建开始，就在宫内设置了御药房，与太医院"互为表里"。

御药房职掌引见御医诊治、配熬宫廷药饵，明朝设于紫禁城外东路文华殿后的圣济殿。御药房设正副提督太监各一员，另有太监二三十员，是明朝庞大的宦官机构的组成之一。有新的小太监入宫，紫禁城从中挑选三五十人送给医官教习，待掌握中医基本理论后送御药房当差。太监之外，御药房有尚药奉御、直长、御医、药童、吏目等数十人。药从口入，关系帝王的生死，因此御药房"祖宗以来，无敢有闲人入药房者，防至密也"。御药房另有御药库，建于圣济殿之后。严格来说，御药库不是仓库，而是宫廷用药的出纳场所。日常宫廷所需药品，主要从太医院生药库领取，御药库则负责烹熬配置，然后呈送御用。御药房的药品进出记录、库存清单，有着严格的造册清查制度，重要材料要送外朝留存备查。一旦出现医疗事故，追查责任，御药库首当其冲。

圣济殿毁于李自成大火，清朝在原址修建了文渊阁。清代药房迁至南三所东墙和紫禁城东城墙之间的狭长区域，此地成了清代医疗机构的汇聚场所：南边是太医院的值班房，中间修有药王殿，奉祭药王孙思邈以及历代名医，北边就是御药房，还有中草药切片、烘干、研磨、蒸煮等加工用房。这片建筑共有殿宇五十多间，全都覆盖绿琉璃瓦。清代御药房在继承明代基本职能外，还多了一项特殊职能：清朝王公大臣通常由东华门入宫，觐见皇帝之前需要换朝服。大家更衣整容的官舍就在御药房之中。

清代御药房更大的变化，是体制上的。它由宦官掌管改为内务府下属机构。内务府，这个清朝紫禁城的巨无霸，本就凌驾在宦官之上，顺势接管了御药房。御药房的长官变为了管理大臣，由皇帝委派，但不常设。日常工作由内务府的司官负责。此外还有主事、内管领、笔帖士等官员，以及碾药苏拉、合药医生和首领太监、使唤太监等，共计数十人。太监依然在御药房，但不再具有明代的分量。

与御膳食材同样，紫禁城所需药材也是量中华之物力、聚天下之精华。

宫廷药材的主要来源是各地的义务供给。比如，西宁或凉州进贡大黄，杭州进贡白芷，浙江进贡白芍，吉林、抚松进贡人参、鹿茸，都是本地特产。御药房只选用药材主产地的精品，其他产地的不用。

随着商品经济的繁荣和药材市场的成熟，从京城药店采购就成了御药库更有针对性、更高效率的药材来源。越往后，紫禁城越依赖市场采购。清朝的北京城是人口数百万的大都市，药铺林立，自行开发了许多中成药。乾隆朝以后，御药房经常向药铺传药交进，定价购买。御药房采购的都是生药材，只有一家例外。那就是同仁堂。浙江宁波人乐梧冈乡试落第后，从医谋生，于康熙四十年（1702）在前门外大栅栏开设了同仁堂药店。雍正初年，乐梧冈一度供奉御药房。①之后同仁堂成为御药房传药采购的固定店铺，不仅是生药材，丸散膏丹等成药也在传进范围内。清末，固定有同仁堂八名药生供奉御药房，由太医院开支薄薪。同仁堂定期与御药房结算，届时凭着内务府的行文向户部领银。

清朝开始，外国药品开始进入紫禁城。疟疾曾经是中国人健康的一大杀手，康熙三十二年，康熙皇帝得了疟疾。传教士进献特效药金鸡纳（奎宁）。慎重起见，康熙皇帝委派四个大臣验明药力，先给患了疟疾的人使用，痊愈后四个大臣又都亲自服用少量，结果证明无害，然后才请康熙皇帝服用。几天后，康熙的疟疾就好了。此后，金鸡纳作为"圣药"供赏赐用，在中国传播开来，同时有更多的外国药物进入紫禁城。晚清时候，紫禁城赏赐王公大臣"西洋贡药"成为一景。武英殿在东梢间开辟了露房，专门收贮西洋药物。

如果把医疗比作战争，那么最精良的弹药通过多种渠道源源不断地输送到紫禁城战场。

如今翻看御药房遗留下来的实物，动物类药材有庸香、猴宝、狮子宝、狗宝、虾须、黄连蛇、穿山甲、虎骨、熊胆等；植物类药材有获苓、母丁香、金果榄、五加皮、槟榔、竹叶、藏红花、金佩兰等；矿物类有蟹化石、朱砂、紫牙石等；成药有六味地黄丸、人参固本丸、七厘散、金黄散、益寿膏、活血祛风膏、延龄愈风丹、御制回生第一仙丹等。②它们构筑了紫禁城医疗最扎实的基础防线。

御药房药材除了为皇帝延年益寿外，还保障朱明、爱新觉罗两大家族的健康，更承担着整座宫城的医疗保健重任。在养尊处优的紫禁城，"过度"医疗是顺理成章的现象，因此御药房传药、碾药、配药，活计是相当繁忙的。光绪五年（1879）十月至十二月，自两宫皇太后至嬷嬷宫女，并各处宫殿来文从御药房领取的药品就超过一百味，将近五百斤重。有一个有趣的现象：清朝内廷

---

① 御药房供奉，清代受征召入御药房帮忙、顾问的百姓，由宫廷发给微薄饭食银两。
② 恽丽梅：《论清代紫禁城药材来源及应用》，载于《中国紫禁城学会论文集》（第六辑下）2007年。

用药记录显示太监频繁使用"金衣八宝坤顺丹",此丹是妇科用药,八味药材配合使用,专治妇女经脉不调及胎前产后诸虚百损等症。这些丹药应该是太监替宫女甚至是妃嫔主子们要的,而后者隐藏自身的目的,是难为情遮羞呢,还是另有隐情?这里面就存在八卦和想象的空间了。

上文提及各处宫殿来文向御药房取药,是因为清代紫禁城常用中药熏殿除虫,宫中佛堂也经常使用中药。每逢年节大庆、重大法事、宫殿修缮时,宫中对中药的需求量大、时间要求紧。到时,应该是御药房的碾药苏拉最忙碌的时候。值得一提的是:紫禁城的重要宫殿、大门的建筑顶部正中脊筒内放置有宝匣。宝匣在古建筑室内的最高处,匣内呈放镇物,辟邪镇宅。紫禁城发现的宝匣,质地有铜、锡、木三种,长方形,所装的镇物基本相同,有五色丝线、五色丝绸、五色宝石、五个元宝、五种香木、五种药材、五谷、二十四枚金质压胜钱和经咒等[①]。其中"五药"分别为五个纸包,并用墨字注明木香、地黄、沉香、人参、茯苓各三钱。五药也由御药房提供。

在太医院和御药房之外,明清宫廷医疗还有其他关联机构。明朝有东宫典药局,负责皇太子的医疗保健,建制规格等同于太医院;内安乐堂,位于养蜂夹道中,即现在北京图书馆(旧馆)西侧,安置生病的低级妃嫔和宫女之用。事实上,安置在此处的并非全是病人,还有后宫争斗的失败者。此处形同"冷宫"。成化早期,内安乐堂中出现了一个小男孩的身影,他就是日后的明孝宗朱祐樘。由于生母纪氏受到万贵妃迫害躲藏于此,朱祐樘一出生就是个"不存在的孩子",全靠内安乐堂一群苦命女子的掩护抚养才长大成人。喝着内安乐堂的米汤艰难活下来的朱祐樘,长成了一位好皇帝、一个正常人;外安乐堂,安置没有私宅、没有家人的生病太监之所,在皇城内地安门附近。太监们在此自生自灭,万幸痊愈了,消假供职,如不幸病故了送出地安门,内官监给棺木收尸,惜薪司给薪柴焚化,抬到西直门外的净乐堂焚化。内安乐堂的住户如果无法救治,则多一道手续,先送到浣衣局,死后再送净乐堂火化。

清朝没有典药局、安乐堂等,巨无霸内务府包揽了一切。只是御药房的

---

① 五色宝石为红宝石、蓝宝石、翠、碧玺、玉石;五个元宝为金、银、铜、铁、锡各一;五谷为麻、黍、稷、麦、豆。

权力分散了。乾清宫东围房南端设置了内御药房，规模小，但直接服务皇帝本人；同治以后，紫禁城内太后、皇后、贵妃等人居所陆续设置了寿药房，定向服务。现在坤宁宫后端则门南屋、北五所的西二所都有寿药房留存。当然，这些都是衍生机构，紫禁城的健康主要还靠太医院和御药房。

太医院、御药房共事紫禁城医疗，为什么机构重叠呢？两者又是什么关系呢？

"传御医！"

"传御医！"

圣体违和，传御医诊治。

始终处于待命状态的太医院高级医官，带着数名低级医官，吉服入内。他们将在极端繁苛的规矩之下，开始一场奇妙的诊治之旅。

御药房的太监负责将太医们领到相关宫殿门口。不论冬夏，殿门之内都设炭火一盆，中间焚烧苍术杂香等，一行人从盆上跨入，焚香消毒，以示郑重。

太医叩头完毕，开始"跪诊"：全程跪着诊断，用膝盖爬行。太医和皇帝虽然是医患关系，更是臣与君的关系，要恪守君臣之礼，不能僭越。诊断开始，一名御医膝行跪诊左手，一名御医跪诊右手，然后交换再诊。诊脉完毕，两人各将御体情况面奏皇上，各自提出诊断结论，奏报给皇帝。通常情况，御医提出的方案只是略有差别，如果出现截然不同的诊脉结论想必两位御医会提前协调，再奏报皇上。皇帝点头认可后，诊治就算告一段落。

御医接着汇聚御药房：对症开方，御药房存档供不时稽查。明朝的皇帝药方，太医院还要抄送礼部、内阁。清代药方，御医要抄送每位内务府大臣，如果是重病另需加送每位军机大臣，毕竟皇帝的病情也是国家大事。病情公开,也有利于监管,反过来保障皇帝安全,避免用药危险或暴毙而亡;照方抓药,也是御医和太监同时在场,配齐后连同药方一同封好,将药性和疗效写成文字,签上日期后由御医和太监同时署名,恭请皇上过目;登记造档,在御药房留存,以备日后查验;煮熬汤药,照样是御医和太监同时在场,先前的处方御药房备了两份药,煎熬时合二而一,熬出双倍剂量的汤汁后分成两碗。开方御医、太医院院判和随同太监依次试尝随机一碗,几个人都安然无恙后,将另一碗进呈御用。御药房进的药,用金罐盛放,罐口有"御药谨封"封缄。接下来,就是等待皇上服用后的疗效了。

种种监视、多重防范,目的不言自明。整个流程中,如果发现御用药剂与处方不符,或分量有丝毫增漏,所有相关人等都将以罪论处。

皇帝既要借重御医的精良专业,又不完全放心。御药房及其太监,就在皇帝和太医院之前搭建了沟通与防范的桥梁。《明史》说太医院与御药房"互为表里",一是两者一在外一在内,太医院的业务工作离不开御药房的引见、烹制等环节的辅助;二是在实践中,皇帝更信任御药房。紫禁城将完整的医疗流程划分为两个机构,人为制造复杂,显然是为了双方相互掣肘、互相监视。皇帝盘踞在二者之上,确保安全。说到监视,皇帝显然更信任宫城内的御药房。御药房太监的在场,贯穿治疗始终,除了必要的辅助工作,根本目的还是防止御医不尽职、动手脚。乾隆以后,制药环节全改为太监操作,御医不再参与煎药。

这才是"互为表里"的深层目的。

御医出诊的多数病人,是后宫妃嫔。男女授受不亲,臣子与妃嫔更要大防。御医不能目睹妃嫔的芳容,更不能与后者有身体接触。问题就来了:看病怎么办?

民间传得神乎其神的"悬丝诊脉",确实是部分御医破解妃嫔诊断难题的方法。将丝线的一头搭在后宫女眷的手腕上,御医在另一头凭借着悬丝传来的手感诊断脉象。且不说其中的不可控因素,就算有微弱的丝线反应,诊断准确率也非常可疑。可中医诊断的方法,除了切脉,还有望、闻、问。"望"和"闻",御医肯定也不能实施,剩余的就是询问病情了。御医及其随从,通常会仔细问妃嫔身边的太监、宫女,大至妃嫔的饮食起居,细至大小便和微表情，事无巨细都不敢遗漏。因此，即便悬丝诊脉是表面文章，御医们也能做出判断。他们基本依靠询问病征来完成诊断。皇帝也意识到了男女大防问题，明初紫禁城规定："宫嫔以下，遇有病，医者不得入宫，以证（征）取药。"宫嫔以上，御医们还得跪着，做一遍悬丝诊脉的表面文章。

多数时候，御医们不用跪着，而是安静地在值班房中待命出诊。

明朝御医们每天两班，在御药房轮值；清朝分为宫值和外值，宫值地点在御药房，外值则在南三所东的太医值房。宫值一般由太医院院使、院判、御医承担，外值则由吏目、医士、医生等，少有御医及以上医官值班。显而易见，宫值主要为皇帝及少数高等级后宫服务。外值则为紫禁城中的各色群体，宫女、太监、嬷嬷等提供服务，同时更多承担公共保健和宫殿用药需求。根据晚清太医院报送内务府的《太医院入值官员名册》，每日轮流入值的医官，上至院使下至肄业生共一百零二人，占太医院医官总人数近百分之八十。太医院为皇帝的私人医院，家国一体，又添一个明证。

外界对御医有诸多美好的想象，民间医生更是以跻身御医为至高荣耀。

"晓月禁垣双佩入，春风都市一壶悬。"在明清人看来，紫禁城大夫是风光的美差，环境优雅、待遇优渥，即便有诸多限制，那也是"金门花暖春归早，玉漏香浓夜语多"。史实证明，这些都是外界的想象。紫禁城大夫业务繁忙，压力巨大，绝不是一桩美差。

日夜待命，不能出丝毫差错，还要承担扈从、保健、防疫等差使，无形的重压时刻敲打着御医的每一根神经。

每一次诊治、每一道方子，都在种种规章制度注视之下，御医能够发挥的空间很少。传统中医又无固定之法，诊病多有仁者见仁智者见智之时，稍有创新的病案便通过不了同行评议、长官审核。人人自然希望龙体康泰、诊疗没有丁点冒险，如此才能皇上安康，皇上安康方能大家安全。须牢记，皇权生杀予夺，随时可取人性命。龙体有变，都无须皇帝下令，层层安保制度便会严惩御医。

《名医类案》记载，唐代御医秦鸣鹤为唐高宗治疗风眩头重，提出要"刺头出少血即愈"。武则天闻言大怒，要斩秦鸣鹤。幸亏唐高宗同意一试，秦鸣鹤刺脑户及百会后，高宗病体好转。针灸一直是传统中医的重要诊疗手段，可除非有唐高宗这样配合的患者，御医们几乎提都不敢提。道光二年（1822），道光皇帝干脆下令："针灸一法，由来已久，然以针刺火灸，究非奉君之所宜，太医院针灸一科，着永远停止。"

皇上龙体欠安之时，便是御医们战战兢兢之日。御医出诊，便踏上没有援手、只有潜在危险的未知征途。明朝嘉靖"壬寅宫变"，嘉靖皇帝被宫女勒得奄奄一息，御医许绅赶来急救，冒险急调峻药给皇帝服下，经过几个时辰后嘉靖吐出数升紫血，从生死线上活了过来。事后，嘉靖皇帝加封许绅太子太保、礼部尚书，许绅无福消受，很快就病死了，留下遗言："吾不起矣。曩者宫变，吾自分不效必杀身，因此惊悸，非药石所能疗也。"（《明史·方伎列传》）许绅战胜了病魔，却输给了巨大的精神压力，搭上了性命。

中肯而言，历代御医的水平起码在中等之上，几乎不会有昏医庸医。然而紫禁城依然经常遇到疑难杂症，御医们束手无策，甚至要各省举荐名医引入"外援"。这并非御医们水平低劣，而是特殊的治疗环境塑造了太医院中庸求稳，遇事裹足不前的部门文化。

明仁宗朱高炽宠妃张氏经期不至数月。御医"悬丝诊脉"后都祝贺张氏怀有身孕了，唯独盛寅认为张氏并非有孕而是有病。过了十个月张氏还未生产，得知盛寅的判断后，指定由盛大夫一试。盛寅开出的处方是破血剂。朱高炽阅后，勃然大怒，断然否决。又过了一段时间，张氏病重。紫禁城再传盛寅诊治，他坚持使用破血剂。张氏自己也愿意服药试试。朱高炽念念不忘"龙种"，一边同意尝试，一边将盛寅关押起来。如果爱妃服药后是堕胎，就杀了盛寅。张氏服药后，排除大量瘀血，病体慢慢好转。朱高炽释放盛寅，还大加赏赐，礼送回家。此时，盛寅的家人已经在准备他的丧事了。

生老病死是不可抗拒的自然法则。疾病对人体的伤害是不可逆的，任何医术都不可能药到病除，更不可能包治百病。遗憾的是，几乎不会有人聆听御医详细剖析病理、陈述方案。从皇帝到太监，不听细节、不担责任，只要疗效。如此环境，医术再高超的御医都磨成了中规中矩的泛泛之辈，不敢越雷池一步。御药房最常用的药材，大抵是人参、熟地、枸杞、鹿茸、杜仲、苁蓉、何首乌、补骨脂、松仁等补气益血的保健药。

太医院不求有功但求无过，御医们明哲保身，谨小慎微。

这么说，丝毫没有贬低御医们的意思。正是这些中庸谨慎的紫禁城大夫们，在医疗技术极为落后的明清时期，保障了宫城一方天地之内的卫生，延长了宫廷众人的寿命。这是一项了不起的成就。

皇帝没有实现长生不老，紫禁城最长寿的主人乾隆皇帝也只活了八十八岁。但紫禁城众人的平均寿命远高于全国。仔细分析，太医院的风格对急病、重病的医治谈不上是最好的选择，但对公众健康、防疫抗疫确是相当有效。它办事周到细致，它有雄厚的物质保障，它还有机会接触到最新的药物和治疗技术。其中一项杰作，就是紫禁城率先消灭了天花。

天花，是长期以来萦绕在中国人头顶的死亡使者。患者严重的引起脓毒败血症，死于数日之内，轻者痘溃破结痂脱落留下疤痕，余生成为麻子。更可怕的是，天花还是传染病。古人闻天花而色变。北京城是天花一再光临的大都市，紫禁城也不例外。顺治皇帝死于天花。康熙皇帝能够从皇子中脱颖而出，一大重要原因就是他得过天花，具备了免疫力。清朝早期，来自草原的蒙古人将进京朝觐视为畏途，担心感染天花。康熙皇帝设置木兰围场，"习武绥远"，一大主要原因就是免除蒙古贵族的天花恐惧。康熙中期，玄烨指示太医院倾全力消灭天花。太医院广纳天下贤士，率先在宫中推行种痘术，终于在局部地区消灭了病魔。从此，皇子皇孙不再受此恐惧，蒙古等四方朝觐者也踊跃前来紫禁城朝贡。

弘治十八年（1505），明孝宗患热得疾，太医院诊治服药后，不日竟然驾崩，年仅三十六岁。

内阁追查责任，发现这是一起"药不对症"的医疗事故！当日跪诊的太医院院判刘文泰在所配药剂中，竟投大热之剂。除刘文泰外，当日监视太监张瑜，之后相继出诊的掌太医院事施钦、院判方叔和、医士徐昊等负有直接责任的医官，前太医院院使王玉，现任院使李宗周，院判张伦、钱钝、王槃等坐视用药不当而不纠正，全部有罪。继位的明武宗判决：张瑜、刘文泰等依律处死，施钦、方叔和革职，徐昊发原籍为民。

这是我读到的紫禁城内发生的最严重的一起医疗事故。

紫禁城名医

光绪六年（1880），名医薛宝田受浙江巡抚举荐，入宫为长期亚健康的慈禧太后诊治。

薛宝田先到太医院，接受了御医们的集体考试，通过后入宫为慈禧太后诊断，开方经过御药房严格把关后，呈送慈禧服用。他深得慈禧亲近，获得了切脉十五次、开药二十多方的殊荣。慈禧太后服药后身体感觉好转，对薛厚加赏赐。舆论称薛宝田恩遇为天下名医之冠。

薛宝田成功的秘诀在哪里？他留下了《北行日记》，自述诊断慈禧太后病因为"郁怒伤肝，思虑伤脾，五志化火，不能荣养冲任"，因而建议慈禧"节劳省心"。而这个建议是政治敏感、深知宫闱实情的御医们断然不敢提出的。或许是薛宝田年近古稀，或许是薛宝田来自千里之外，慈禧太后听后不怒反叹，对薛宝田感叹道："我岂不知，无奈不能。"

这一刻，权力欲旺盛、操生杀予夺实权的慈禧太后变成了一个普通病人，开始和主治大夫拉家常、倒苦水。

这个幸运的大夫就是薛宝田。他感叹："宫中之人，此类疾患，势所不能免。"

紫禁城大夫，能否成为名医，关键在于医患关系，在于皇帝的医疗观念。紫禁城大夫的业务水平差距不远，成功与否就在于是否遇到了一位合适的皇帝。

人生是一个逐渐走向死亡的过程，谁都不能抗拒。大夫能做的，只是延缓这个过程。

好几位紫禁城的主人不接受这样的观念，重蹈前辈帝王的覆辙，追求长生不老。明代有嘉靖皇帝修道炼丹，甚至摧残宫女来谋求永生；清代有雍正皇帝崇道修炼，幻想用丹药保持旺盛的精力。其他很多帝王，虽然不似这般固执，但多多少少迷信过旁门左道。另外一些帝王则自负为天之骄子，将无限的皇权泛溢到了医疗领域。比如，"十全老人"乾隆皇帝自诩精通医道，常反过来指导御医们如何诊疗、如何开方。如果臣下进贡一方"华佗再世"匾，估计弘历也会笑纳；光绪皇帝从小身体羸弱，又长期精神压抑，本不是药石能够治愈，偏偏又频繁传医诊治，还追求速效，亲自动笔删减御医方子中不中意的药材，添加上猛料。可以想见，乾隆、光绪时期的御医只能"打破牙齿和血吞"。

康熙皇帝或许是紫禁城最理性务实的主人，而且博学好问，对医术颇多涉猎。更难能可贵的是，康熙皇帝能够以相对平等的姿态听取御医的专业意见，不固执己见。

康熙四十五年（1706）八月，御医刘声芳等人奉旨诊治护军参领莫尔洪之病。经过诊治，莫尔洪病势时好时坏，食欲大减，最后竟然茶饭不思了。康熙皇帝得知，甚为恼火，痛批刘声芳等御医"皆因医学粗浅之故，所以往往不能救人！"不过，康熙皇帝也就是动动嘴皮子，骂完便罢，再根据自己经验，提出了他的治法，让刘声芳等人"照文试治可也"。

此处的刘声芳，就是六百年来最成功的一位紫禁城大夫。

刘声芳由民间大夫遭延揽入太医院，其行医风格高度契合太医院的做派风格。他本是平和稳重之人，用药平稳，主张剂量适中，激发人体自身免疫调节功能来对抗疾病。入宫之后，刘声芳先后给康熙皇帝、赫世亨、苏玛拉、大阿哥福晋等位高权重者治病，逐渐得到重用。康熙四十九年，刘声芳升迁为太医院右院判；康熙五十二年，因为经手诊治的宫女死亡，刘声芳受加级革退处分；康熙五十五年，刘声芳因"开错药方"，内务府拟处以降三级、罚俸一年的处分，康熙皇帝开恩宽免；康熙末年，刘声芳升至太医院院使，雍正年间再经历太常寺卿、户部侍郎，后加太子少傅、尚书衔。有幸遇到了康熙皇帝，刘声芳收获了天下大夫所能追求的最大荣光。

继位的雍正皇帝对医学涉猎不多，这并不可怕。可怕的是，他不愿意接受自然规律。康熙皇帝承认药石不能活人，躯体终将归于尘土。雍正皇帝相信超自然力量的存在，而这股力量可以从药石中提炼。

雍正初期，皇帝四十出头，春秋鼎盛，兼之皇权的加持，雍正皇帝精力充沛，对太医院的需求不多。刘声芳继续平步青云，雍正八年（1730）因治疗雍正皇帝及其最亲密的弟弟兼政治盟友怡亲王允祥有功，加太子少傅，尚书衔，达到荣耀的顶峰。当年六月，刘声芳卸任太医院院使，赵士英继任。不料，仅仅半年后的十一月，雍正皇帝便痛骂赵士英"举动言语荒谬乖张，是其福量浅薄，下贱小人"，革去职衔，暂留太医院戴罪立功。御医刘裕铎的命运更为悲惨。他在雍正六年还是雍正皇帝称赞的"当代第一名医"，两年后就成了草率行医的庸才，而且是潜伏着的、雍正竞争对手胤禵的党羽，要被推出去正法！在众人搭救之下，刘裕铎遭革职，流配新疆从军。

此时的雍正皇帝，高负荷的工作正在摧毁肉体。身体感觉越差，雍正皇帝就越怀疑御医误人。正如他相信皇权可以改天换地一样，雍正深信世间总有办法对抗生老病死。这个办法，就需要御医去寻找、去施行了。雍正皇帝不满足于延年益寿，还要炼丹服药长生不老。如此一来，太医院的日子就更难过了。种种纠结与压力，直接间接地汇聚到负责太医院的刘声芳那里。刘声芳此时年逾古稀，还要兼职在圆明园督炼"长生不老药"，身心老迈、不堪重负了。

大剂量服用丹药后，雍正身体大滑坡。他怀疑这是刘声芳越来越不用心了。雍正的不满先宣泄到刘声芳的儿子身上。雍正八年十一月，朝廷明发上谕："刘声芳之子刘经邦从前在知县之任声名甚属平常，久为户部司官，甚属庸碌无能，不能办理一事，着将革职。"革职后，雍正还不解恨，要求刘经邦将"在户部司官任内历年坐食分规饭银悉追出交还户部"。朝野无不将此视为刘声芳即将失宠、失势的信号。一个多月后的雍正九年正月，指责刘声芳对自己从去年夏秋开始的"病症"玩忽职守，居心巧诈，革去职衔，效力赎罪。雍正的一贯风格是"一撸到底"，几年前赏赐给刘声芳儿子的功名，全部追回。刘声芳大约在一年后的雍正十年（1732）去世，享年七十八岁。

一代名医，黯然谢幕、悄然退场。雍正、乾隆年间，紫禁城再无名医。

晚清的慈禧太后，是另一位工作狂。受长期高强度工作的影响，慈禧太后的左臂一度不能屈伸，经数位御医诊治、数日用药，症状不见好转。太医院的一位年轻大夫张仲元，赶鸭子上架，竟然手到擒来，治愈了太后左臂。张仲元名声大噪，深得慈禧太后信赖，后来居上出任太医院院使，五品顶戴。笼统而言，张仲元的成功在于理性务实，更在于慈禧太后对他的宽容接纳。即便如此，张仲元的御医生涯，也谈不上平顺。

光绪三十四年（1908），慈禧太后寿诞将至，西藏达赖喇嘛来朝。慈禧太后计划请达赖吃饭看戏，但身体发烧，不一定能出席。她就自己开了五钱羚羊药方。御医劝谏说，药不对症。慈禧太后不听，结果喝了药汤还是发烧。恼怒之下，太医院院使张仲元竟然挨了四十板子。

张仲元职业生涯中期，长期遭受光绪皇帝的责难，起因是光绪慢性病持续不断，太医院总不能药到病除。光绪皇帝归因为御医们敷衍了事、平庸颟顸。张仲元顶着责难，还要张罗考核各地举荐进京的名医们。光绪晚期，是紫禁城医疗体系最繁忙的时期，一位位名医受邀入宫诊切龙脉，又一位位名医摇头失望而去。他们和张仲元一样，都清楚光绪皇帝的病在心不在身、在养不在药剂。无奈，光绪皇帝观念完全不到同道上，道不同自然无处讲理。

天下名医为博取虚名而来，浅尝紫禁城大夫苦楚而返。

旁人只羡慕御医的文官身份和优厚待遇，却看不见御医的压抑束缚，冷暖自知。张仲云似乎理解了大学士丘濬对刘溥的惋惜，卿本佳人，奈何行医？精神独立是士大夫阶层追求的核心价值观之一，凡是人格不独立思想不自由的，就是粗鄙低贱之人。御医完全依附于皇帝，个人荣辱乃至生存绑定在皇帝欢喜好恶之上，自然入不了士大夫的法眼。

光绪皇帝驾崩，太医院院使张仲元、御医全顺、医士忠勋等因未能尽职尽责，俱遭革职。

张仲元是进出紫禁城的最后一位太医院院使，也是中国最后一位太医院院使。

月子房与三婆

生产，繁衍后代，是人生最重要的事情之一。

千古帝王家尤其重视子孙繁衍。生育关系到国祚绵延、江山永固，关系到宫中女眷的进退荣辱。宫廷医疗的另一项重要的、太医院又不能参与的内容，就是嫔妃生产问题。

为确保血统纯正，紫禁城的生育医疗前移到了帝王临幸女眷环节。明代紫禁城女官中有专司记录后宫事务的女史，其中尚仪局司赞司彤史二人（正六品女官）就负责记录皇帝临幸后妃群妾，明确到年月日和临幸地点，有的甚至详细记录当时情形。这种对帝王隐私的侵犯，是保证皇室血统纯正的必要手段。后宫不敢假冒龙胎。当然，紫禁城也没有"私生子"一说，皇帝不能否认自己的子嗣——毕竟皇家血脉比皇帝个人好恶更为重要。

一旦确认有孕，紫禁城便开始布置产房：月子房。

月子房一般临时选在紫禁城内僻静地点，安静是为了给孕妇营造安宁的生产环境，偏僻是因为传统观念认为生孩子产生的污血等物为不祥，不便放在冲要之地。宫中也有称之为暖房、产阁的。传统观念还认为产妇不能受寒、受风和光线直射，所以月子房四周装饰大量的绢罗绸缎，起到保温、遮光和防风的效果。房间里准备各种生产所需材料、工具，皇家产妇不会有任何匮乏之忧。

太医院照例有照顾月子房之职，配有数十名医生伺候生产，相应药材也由太医院统一调配，但御医不能踏进月子房一步。即便产妇出现问题，御医也只能在月子房外听取症状描述，然后拟方子进呈。

没有御医，谁负责月子房内母子平安康健呢？三婆。

月子房内配备稳婆、乳婆、医婆数十人，服务生产的全过程。三婆从京师民间挑选，她们是明清时期唯一能入宫的民间女子。有些文献尊称她们为"女御医"。

明代沈榜《宛署杂记》记载："民间妇人不能入紫禁城，即便是后宫妃嫔，她母亲没有圣旨也不能入宫探视。只有三婆可以进出紫禁城。三婆，一是奶婆。内庭如果将有诞生喜事，就预先招募奶婆在内直房候命；一是医婆，挑选精通产科方脉的女子，等宫中有旨就送司礼监等候挑选待诏。入选者，妇女多荣之。一是稳婆，即民间收生婆，也是预选后人等候召用。"具体挑选工作，在宫外主要是锦衣卫负责，在宫中由司礼监统筹。清朝应该也沿用了三婆，可惜没有找到明确的文献记录——或许在明代文人看来，有关月子房母子安危的民间三婆并不值得记载。清代无司礼监，估计三婆入宫后由内务府统筹安排。

三婆中最重要的是接生的稳婆。紫禁城要求候选人必须是有多年接生经验、技术娴熟并且家世清白、人品贵重的妇女，而且还要外貌端正。入选的候选人，基本上是北京城内外经验丰富的接生婆。她们没有受到系统的医学训练，但能够代表北京地区最高的接生水平。在没有专业产科教育与产科医生的明清时代，这些出身低微的稳婆凭借经验，接住了帝国的希望、未来的九五至尊。

皇城内、东安门外北部有仪礼房，是奶婆等候宣召入宫的场所，俗名奶子府、奶子房。

哺乳是妇女的本能，宫中女眷却被剥夺了这一项母性本能。毋庸讳言，哺乳将对女性的身体造成负面影响，影响她们很快投入下一场孕育。紫禁城外的豪门大户女眷，也是如此。不过，紫禁城还有更多考虑。宫闱庄严，不允许女眷袒胸露腹。哺乳无疑会强化母子情深，自私的帝王担心妻子与儿子的亲情会威胁皇权。综上，招募奶婆便成了不二之选。

奶婆是皇子公主的奶妈，是三婆中需求量最大的，要求也是最严格的。明代奶婆入选的标准是十五岁以上、二十岁以下，容貌端正，生育过三胎且第三胎诞生在三个月内，丈夫与子女俱全的女子。初选后送给稳婆检验，主要是验看身体是否有隐疾、是否有疤痕等；验看无误后，由稳婆具结送司礼监终选。每个季节，紫禁城都要精选奶口四十人，养在奶子府，同时还要选八十名候补，随时待命。

奶子府中的奶婆，最后要经过婴儿的"亲口检验"。皇子公主降生后，有数名奶婆入月子房给婴儿哺乳，经过比较，留下表现最佳的那位作为奶娘，其余送回。当稳婆、医婆在孩子满月后就得出宫时，奶婆的紫禁城生涯才刚刚开始。①

原本应该籍籍无名的奶婆，却在紫禁城内外留下了诸多传说。

民间传说最著名的奶婆也许是明宪宗的贵妃万贞儿。万贵妃大明宪宗十七岁，深得明宪宗的宠爱，可惜专横极嫉，是当时紫禁城许多传奇剧的幕后导演。人们相信，从小离开生母由奶娘哺育成长的皇帝，与奶娘产生终身难舍的感情。这是万贵妃独霸紫禁城的感情基础。但是，万贞儿并非明宪宗的奶婆，而是保姆。同样的情况还有《红楼梦》作者曹雪芹的先辈孙氏，曾经为康熙皇帝的保姆，而非奶婆。曹家于江宁一带风光数十载，孙氏助力良多。

明朝借助皇帝深情进而干政的奶婆，确有其人。她便是天启朝的客氏。在残酷的权力斗争中，明熹宗朱由校从小丧失了父母的关爱，客氏陪伴、抚养他长大。朱由校登基后，册封客氏为奉圣夫人，入住咸安宫。客氏出入宫禁，清尘除道、香烟缭绕，宫人恭称为"老祖太太千岁"。天启朝魏忠贤的崛起，重要助力就在其勾搭客氏，狼狈为奸。

紫禁城最后一位奶婆、溥仪的奶娘王连寿记录最多、影像齐全。溥仪出生时，醇亲王府采纳宫中做法，选定了河北大城县的王焦氏为奶婆。王焦氏不幸丧父，为了养活与溥仪同岁的女儿，入王府当奶婆，后来随溥仪入紫禁城，日夜照顾，直到他九岁断奶。溥仪在《我的前半生》中承认，自己从这个不识

---

① 陈豆豆：《明代宫廷月子房探析》，载于《文史杂志》2017年第4期。

字的妇女身上学到了为人处世的道理，从这个毫无血缘关系的妇女身上感受到了母亲的温暖。推而广之，紫禁城里的其他帝王与奶婆之间，应该也有类似的感情。

三婆的挑选非常严格，待遇也远比服务一般人家优厚。官宦人家和豪门世族的女眷，有各种方法躲过挑选，候选的女子多是贫寒女子。比如，王连寿出身赤贫，连真实的姓名都没有，王是她的夫姓，连寿是溥仪的"赐名"。她们基本上都非常愿意进宫，不仅能带来一笔丰厚的收入，而且是她们中的绝大多数人改变僵化单调生活的唯一途径。

溥仪九岁时，宫中太妃不愿小皇帝与奶婆感情日深，加之太监排挤迫害，王连寿与溥仪不辞而别，离开紫禁城。她返乡后发现女儿在自己当奶婆的第二年就夭折了，为避免她情绪波动影响哺育，醇亲王府封锁了消息。王连寿孤苦无依，一度乞讨为生。好在不久后溥仪当家做主，接王连寿至身边照顾，非常尊重，时常问安。与皇帝产生深情的奶婆，估计后半生都差不到哪里去。①

万事俱备后，入住月子房的宫中女眷，或焦虑或兴奋地迎接她们人生中最重要的时刻。她们的余生、她们的人生价值，都押在了月子房。在长达一个多月时间里，女眷们将吃住在月子房，度过与子女最亲密的时光，然后在一月之后离开，迎接下一阶段的人生。

她们的丈夫、紫禁城的主人，不论如何牵挂亲生骨肉，也不能踏入月子房半步，即便是周边区域也不行。皇帝们除了履行的职责，保障持续供应物资和人员外，只能静静祈祷皇嗣平安诞生、准备进入父亲角色。

丈夫不能陪伴在生产的妻子身边，母亲不能如愿哺乳初生血肉，都预示着这是一户不平凡的人家。

在皇室、后宫、朝堂万众瞩目之下，当"哇哇"声从小小的月子房响起，尘埃落定。孩子，欢迎踏上不平凡的人生旅途……

---

① 王连寿后随溥仪前往东北，日本投降后1946年死于乱军之中。

紫禁城警卫

Biography of the Forbidden City

故宫传

赵萌 摄

侍卫处 / 御前大臣

嘉庆十八年（1813）九月十五日是紫禁城天翻地覆的一天。

一小股造反者竟然攻进了紫禁城，差点攻占了这座城池！

造反者兵分两路。东路暴露过早，只有五六个人在太监内应下闯入东华门。直到造反者冲到协和门，清军才展开阻击。西路有四五十人冲入西华门，杀奔养心殿而去。沿途，造反者攀爬城墙、屋檐，摇旗呐喊。防守午门的清军将领得知起义军打进皇宫，率兵打开紫禁城的正门，逃跑了！眼看造反者就要攻克天朝的心脏——养心殿了。

太监紧闭宫门，造反者开始翻越养心殿的宫墙。皇次子旻宁在养心殿台阶下以鸟枪击中两名起义者，并指挥侍卫、护军抵抗。此役，旻宁拉开了与其他皇位竞争者的距离，日后成了道光皇帝。双方在隆宗门外激战，清军越聚越多，造反者寡不敌众，或战死、或跳墙而逃，更多的散入紫禁城，潜伏在慈宁宫、五凤楼、南薰殿等处。之后两天，清军彻底搜查紫禁城，又抓捕了三十多名起义者。这场"癸酉之变"才告终结。

百余人的小股队伍，在中国历史上第一次攻入了宫城。嘉庆皇帝不禁哀叹："千古未有事，竟出大清朝！"

隆宗门的匾额左侧至今留有一小截箭镞,据说是当日激战的遗迹。嘉庆皇帝留下箭镞,为了警醒后人,更为了居安思危。

遗憾的是,这种千古未有之事,嘉庆皇帝在十年前的嘉庆八年闰二月二十日也经历了一次。当日嘉庆皇帝回宫,竟然在神武门遭遇失业厨子陈德行刺。神奇的是,嘉庆的重重护卫形同虚设,陈德如入无人之境,持刀冲至御前,直到侍卫丹巴多尔济舍身相救,才以行刺未遂告终。上一次与皇帝面对面的行刺未遂事件,或许还要上溯到荆轲刺秦王了。

那么,紫禁城的警卫制度如何,又是由哪些人守卫呢?

明清时期,京畿是防卫要地,重兵屯守。明朝在北京城周边设置了三十多个卫所,拱卫京师,其中腾骧前后左右四卫负责随驾护卫,旗手卫掌管紫禁城旗鼓,协助保卫,而日常守卫宫廷、保护皇帝的是锦衣卫,还有武装宦官。这其中,锦衣卫负宫廷侍卫的主责。大朝、常朝时,锦衣卫长官随驾扈从,魁梧雄健的锦衣卫校尉负责大殿内外和贴身保卫;夜间,四十余人的锦衣卫精锐

紫禁城原藏清代甲胄

宿值后宫的"内直房"。明代宦官势力膨胀,自然不会放过近身把持皇帝的机会,值夜安保工作主要由武装太监负责。其中,司礼监太监值宿在寝宫乾清宫值房,一旦出现意外可以迅速穿戴戎装,赶赴御前防卫。如果有大臣要联合皇权对宦官不利,他们也能第一时间侦知并做出反应。警卫权其实也是亲近皇帝、分享皇权的权力。

清代,八旗铁骑的主力驻扎在北京,称为"禁旅八旗"。皇家警卫部队主要由亲军营、护军营、前锋营、神机营、骁骑营、健锐营等组成。他们从外到内,构成了紫禁城的三层警卫体系。最外层的北京内城警卫由步军营负责,他们也是京城卫戍部队。八旗步军营大约有步兵一万人,另有五个营的绿营兵,总兵力接近三万人,统归提督九门步军巡捕五营统领管辖。此职原本是步军营的长官,简称"步军统领",正二品武官;因为他负责警卫的北京内城一共九个城门,又称为"九门提督",由于职责重大升为从一品武官。九门提督所辖部队是整个内城的卫戍部队,在清朝常备军中称得上装备精良、人员干练。在

紫禁城原藏清代着盔甲骑兵

清朝历次政治风波中，九门提督及其部队发挥了举足轻重的作用。

第二个层次是皇城警备，由护军营负责，统辖于护军统领。护军营称得上是清朝的禁卫军，由满族和蒙古八旗的青壮精锐组成，又分为上三旗和下五旗两部。下五旗护军营负责警备皇城。上三旗护军营负责最内层的宫城警备。紫禁城四门及内部宫苑、殿门，乃至皇帝的巡游都由上三旗护军营负责。护军营精锐多达数千人。这两层护军营都由护军统领指挥。护军统领为正二品官，却不像九门提督一样相对独立，而是听命于领侍卫内大臣。

领侍卫内大臣是领侍卫处的长官。侍卫处职责不同于前三层警备，他们直接侍卫皇帝，是清朝皇帝的贴身警备力量，是真正意义上的"大内侍卫"。

领侍卫处的办公机构在前朝的太和门两厢、崇楼南边围房。领侍卫内大臣为正一品武官，之下有从一品的内大臣、从二品的散秩三臣。领侍卫内大臣和内大臣，都是上三旗每旗各二人，散秩大臣无定额。在实践中，领侍卫处长官多从满蒙王公、近臣中特恩补授，不受员额的限制。侍卫处攸关自身性命，皇帝自然要从亲近人员中选任。

领侍卫处下属武装力量主要由亲军营、侍卫两部分组成。亲军营挑选上三旗精锐情壮组成，定额1770人；侍卫更是武士精锐中的精锐，定额只有570人，只从护军营、亲军营、前锋营的上三旗子弟中挑选，后来也从宗室后裔中挑选，增加了93名宗室侍卫。

侍卫由低到高分为蓝翎侍卫、三等侍卫、二等侍卫、一等侍卫，分别为正六品、正五品、正四品、正三品武职。清代侍卫的品级极高，多数文武官员奋斗一辈子都未必能达到蓝翎侍卫的品级。单就此而论，侍卫就是很多人眼中的美差。他们负责紫禁城重要宫门的警卫工作，同时随扈皇帝左右，因为工作性质也称"大门侍卫"。在四等侍卫之上还有乾清门侍卫、御前，顾名思义前者在乾清门内值班，后者随侍皇帝左右。乾清门是前朝与后寝的分界，非有特旨不得擅入。乾清门侍卫并非只在乾清门站岗，而是保卫御驾，还承担传谕宣旨、引见官员等近侍工作。御前侍卫比乾清门侍卫更进一步，是皇帝的贴身保镖。御前侍卫、乾清门侍卫并非一级职官，选拔极严，却是所有侍卫奋斗的目标，万人仰望。他们的身份、待遇与一般的大门侍卫有天壤之别，"大门侍卫之仰望乾清门侍卫，有若天上神人"。

忠诚和能力，与出身无关。侍卫后来也突破皇帝亲信的上三旗、宗室子弟范围，从武进士中挑选。武状元授为一等侍卫，榜眼、探花授为二等侍卫，领侍卫处再从二甲武进士中简选十名为三等侍卫、三甲简选十六名为蓝翎侍卫。除此之外，汉军八旗或者普通汉人几乎没有可能入选领侍卫处。贵州汉人杨芳，身经百战，又于道光七年（1827）平息张格尔叛乱，生擒张格尔。道光皇帝封杨芳为三等侯爵，赏戴双眼孔雀翎，晋升为御前侍卫。这是特例中的特例。

侍卫也不全是赳赳武夫，集中了八旗子弟中的精华。后来名扬四海的"清代词宗"纳兰性德，作品清丽婉约、格高韵远，生前的职业却是乾清门侍卫，是同龄的康熙皇帝的贴身侍卫，常伴左右。

留存于世的功臣像中有不少是侍卫，让我们可以一窥他们当年的风采。美国大都会博物馆所藏的呼尔查巴图鲁·占音保像就描绘了一位威武精悍的乾隆朝一等侍卫形象。占音保四十岁开外，笔直肃立，左手持弓右手按箭，紧闭双唇，肌肉紧绷，神态严肃，保持警惕状态，仿佛身处战场边缘。一把青绿色佩刀，横在占音保的腰间。那是八十厘米长的制式佩刀，刀柄例用缠绳，外套绿鲨鱼皮鞘。清代侍卫用刀，可算是中国古代刀具制造业的巅峰杰作。佩刀正反面各有血槽一道，刀口两寸处向上反开刀刃，因此增强了杀伤力。钢铁合金经数十道制造工具，富有韧性和强度，切削性良好，据说皇太极征讨朝鲜时，清军的佩刀常常把朝鲜士兵的配刀拦腰砍断。这种刀刀刃锋利，熠熠放

乾隆头等侍卫占音保像

光，刀体较轻，灵巧方便，便于携带，尤利近战，最适合侍卫使用。

占音保采取了奇怪的左侧向后佩刀，这是清朝骑射风气的一个例证，方便在马上驰骋时右手从腰后抽刀。占音保像穿着一件暗绿色棉衣，密密麻麻的针脚留下了一道道清晰的条纹。钢铁铠甲在清朝前期就逐渐退出了历史舞台。随着火器的发达，铠甲的防护作用日渐降低，纯粹就成了摆设，只有在阅兵典礼上还穿戴使用。战斗时，清朝官兵一般穿绵甲，不穿铠甲。绵甲是以纺织品制造的甲，内衬铁片，外用铜钉固定。绵甲用材比较轻软，较铁甲行动较为自如，而防护功能并不落铁甲多少。绵甲沾湿后还可以抵御一般火器的射击。不仅防护功能不弱，绵甲还有保暖效果，是清代侍卫乃至警备部门的制式军装。

占音保顶戴后缀单眼孔雀翎。戴翎是清朝大臣特殊的政治待遇，起初只赐予侍卫等内廷近臣，以壮军容。蓝翎侍卫戴蓝翎，染鹖翎为之；三等侍卫以上戴单眼花翎，以孔雀翎充之。后期，花翎可以捐纳得之，获得者越来越多，也就不再彰显尊荣。侍卫与戴翎相配合的服饰是黄马褂。御前侍卫、乾清门侍卫多数享有此项殊荣，黄马褂的颜色是御用的明黄色，非常醒目，目的也是以壮观瞻。其他官员非有殊功不获特赐，不得穿黄马褂。此外，侍卫还有端罩、蟒袍、缘貂朝衣、朝珠等待遇，远比同品级的官员尊贵，值班时，侍卫在侍卫膳房就餐，享有值班、马匹等津贴，随同皇帝出巡、谒陵、木兰巡狩时例有赏银。仅大门侍卫一次赏赐就可高达八十两，相当于三等侍卫一年的俸禄。此外在朝会大典、升迁调转等诸多方面侍卫都享有特殊待遇，远胜于其他官员。

清代侍卫自我认知："平明执戟侍金门，也是随龙护驾的臣。翠羽加冠多荣耀，章服披体位清尊。腰悬宝剑威风凛，手把门环气象森。问尊兄荣任是在何衙署？鞠躬道小弟当辖在大门。虽然难比翰林爵位，要知道比上步军是人上人。"①

清代紫禁城侍卫制度有两大鲜明特色。第一是特殊的待遇，不仅令同品级官员心生羡慕，就是封疆大吏也未必有他们那般尊享。皇帝赋予侍卫们生活、政治方面的特殊待遇，笼络侍卫为己所用倒是其次，更重要的是侍卫关系到皇

---

① 转引自郭晓婷、冷纪平：《从子弟书看清代旗人官吏的日常工作》，载于《海南大学学报》2011年第6期。

室脸面。一支光鲜亮丽的侍卫队伍，也是君权强盛的象征。

第二是上三旗满蒙家族和王公贵戚子弟垄断了侍卫群体。汉人担任侍卫，三五年就外放地方武官，不能长留领侍卫处，更毋庸说担任长官了。明朝紫禁城亲军缺员，倡议从其他卫所中补充兵员。兵部尚书李庆反对："旧制无散卫军守卫者。守卫事严，散卫军何可尽信？"明仁宗笑道："人未可尽信，亦未可尽疑。为人上者，在布德施仁，以得众心耳。"没有绝对可信之人，仁德收获人心，人心才是最可靠的侍卫。清代皇帝的觉悟显然没有明朝皇帝高，固守满汉之别、偏爱上三旗。

侍卫体面优越，工作却不轻松。"佩刀鹄立禁门里，夏热冬寒苦万重"，守门站岗是侍卫们的日常工作，常朝时在太和门外值房"坐班"，此外还要承担诸多差事。比如，内务府的诸多衙署都有侍卫兼职，一些衙署的长官例由侍卫担任。奏事处、武备院、上驷院、奉宸院、养鹰狗处、御茶膳房、尚虞备用处、十五善射等处皆有侍卫任职。这些衙署大抵是与皇帝生活密切的部门。这其中有设于东华门内、上驷院附近的养鹰狗处，又称鹰鹞处。清朝保留游民本色，紫禁城每年收纳东北呈进的鹰鹞。其中首推名鹰"海东青"。海东青俊健无比、擅长捕猎。这些关外鹰手进贡的鹰鹞，由养鹰鹞处收缴饲养，供皇帝御用，也用来猎获雉鸡，供御膳和祭祀用。养鹰鹞处后来还饲养猎狗，又称狗处。

侍卫常随左右，和太监一样是皇帝最可亲近的人群。清代皇帝常常派遣侍卫处理专项事务，类似钦差大臣。从西域的屯田治安，到江浙的督办海塘，帝国的疆土上四散着紫禁城侍卫。占音保就以一等侍卫身份参加了清朝平定新疆的战役，斩获俘虏众多，还长途传檄巴里坤（在今新疆哈密），因功勋卓著才得以留下了肖像。这些差遣便利了皇帝对于特定事项的控制，也锻炼了侍卫，方便佼佼者脱颖而出。宫廷侍卫是紫禁城驾驭帝国的重要力量。

领侍卫处俨然是八旗亲贵子弟的储才所、大学堂。许多满蒙权贵都是在领侍卫处完成了仕途的积累，奠定了与皇帝的亲密关系。清中期的权贵福康安于乾隆三十二年（1767）以三等侍卫踏上仕途，三十四年升为二等侍卫，三十五年荣升头等侍卫，三十六年授户部右侍郎、副都统，仅用四年就由闲散人员成为实权在握的二品大员。"不数年则致显者"在领侍卫处比例很高，"满洲将相多由此出"。

疑心病是皇帝的痼疾。警卫大事，皇帝自然不会把性命交给唯一的机构。侍卫带领着亲军、护军们警戒紫禁城的日日夜夜，领侍卫处是统辖协同的指挥机构。万一领侍卫处出现纰漏，将会置皇帝于险境。于是，"御前大臣"横空出世，构筑了又一道警备网。

御前大臣的官制相当奇特。作为一个正式职官，他似乎没有辅官，没有公署衙门。虽然领侍卫内大臣也没有大臣公署，但是领侍卫处是有简陋的办公场所的。然而，御前大臣的权力却非常大。首先，他管理奏事处，把控着御批文书流动的最核心的一道流程；其次，他分割了领侍卫处的权力。御前侍卫、乾清门侍卫从领侍卫处产生，却听从御前大臣指挥，相当于有两重领导。双方权责就发生了交叉。御前大臣统领皇帝贴身侍卫，随侍皇帝左右，在事实上掌控了内廷事务，实权在领侍卫内大臣、掌銮仪卫事大臣、九门提督等人之上。可见，判断一个官职的实权高低，切不可以衙门公署的富丽堂皇与否为依据。

皇帝居宫之时，御前大臣伴随左右，领侍卫内大臣督率侍卫处、护军统领等把守宫城各处，次外层的皇城也由护军统领守卫，再外层的北京内城由九门提督率领步军营把守，而最外层就是数十万禁旅八旗了；皇帝出宫巡游，前锋营负责前导，掌銮仪卫事大臣负责车驾仪仗，御前大臣与领侍卫内大臣任后扈大臣，督率侍卫、亲军营、护军营护驾。

没有一个部门掌握皇帝的全部警卫武装，就好似紫禁城有好多条权责交叉的安全支架。在理论上，支架越多，物体越安全。

御前大臣地处要害，只从满蒙王公、皇亲国戚中特授，从不授予其他出身之人。其他警卫长官也极少授予汉人甚至汉军旗人。从康熙至同治的八十六位满蒙内阁大学士和军机大臣，担任过御前大臣、领侍卫内大臣、掌銮仪卫事大臣、内大臣、散秩大臣、侍卫等警卫官职的比例约达百分之八十，显示出"满汉殊途，近御治国"[①]。清朝皇帝的警卫近臣，也是帝国最高的权力层。

紫禁城警备重任，还是交给自家人放心。

---

① 陈章：《满汉殊途，近御治国——侍卫系统与清代中枢政治关系初探》，载于《北京社会科学》2019 年第 4 期。

紫禁城防线

每当夜色深重、乌云遮月之际，有关紫禁城的恐怖传说就会粉墨登场。在街巷谈资中，这是一座危险的宫廷。

在现实中，江湖高手、侠客死士有没有可能突破重重防守的紫禁城呢？

紫禁城高城深池、固若金汤，且有层层精锐武士守卫，正面强攻成功的可能性微乎其微。紫禁城唯一一次失陷，也不是正面攻破的，而是明朝灭亡，李自成兵不血刃进入紫禁城。

筒子河河宽五十二米，水深五米，河底夯筑灰土，两边用花岗岩条石灌白灰浆砌陡直的驳岸。突破者无处藏身，无法潜游。紫禁城城墙高达十米、顶宽近七米；墙基用灰土和碎砖层层夯实，均为五步深的灰土砸坚实，再砸三步深的灰土，名曰"护城根脚"；墙根往上有"横七竖八"十五层砖质结构，内外磨砖对缝包砌"细泥澄浆砖"，用江米加石灰水混合搅拌而成的"雪花浆"浇灌了三次；墙顶外缘砌品字形垛口、内侧砌女墙。八国联军的大炮都轰不塌城墙。紫禁城的城防建筑用"坚如磐石"来形容，并不为过。

再坚固的硬件，如果缺乏合理完善的制度配套，也是形同虚设。

紫禁城竣工后，朝廷设置了严苛的防备制度，构筑了层层禁卫防线。制度的主要目的是杜绝假冒、偷渡、盗窃、行刺等事件的发生。这套制度要从门禁讲起。

接近紫禁城四门处，都有"下马碑"，任何人至此都得下马落轿，获得"紫禁城骑马"赏赐的则换乘宫中的肩舆，其他人只能用脚丈量宫城。百官正常情况下从午门进出，清朝文武官员走东偏门，宗室王公走西偏门。内大臣、侍卫、内务府官员、太监、厨役、工匠、苏拉等人分别从东华门、西华门和神武门出入。王公百官根据官爵等级可以携带不同数量的随从人员入宫，嘉庆十年（1805）规定亲王、郡王带10人，贝勒、贝子、公及一品文武大员带8人，文职八品以下、武职七品以下官员带1人。乾隆三十八年（1773）曾经做出一次统计，日常进出紫禁城的杂役就有7451人[1]，可见进出紫禁城的人员规模之大。

紫禁城四门由上三旗护军守卫。午门左右门各有护军参领1人，阅门籍[2]护军2人，护军校、护军30人。雍正元年（1723），午门增加护军统领1人。东华门、西华门、神武门各设护军参领2人，阅门籍护军2人，护军19人。四门内蹬道栅栏处各设护军校1人，护军9人。四门护军保持临战状态，全副武装，每日都要张弓、磨枪。道光年间，守门护军配备了鸟枪。

王公大臣出入宫门要主动报名核对，工匠差役则佩带腰牌为凭。如果有人进出随意不庄重，或者不报名擅自前进，每门都有护军2人，各执杠杖，负责笞打无礼之人。

凡在宫中各处供事的书吏、苏拉、皂隶、厨役、工匠、演员等需要经常出入者，都由内务府发给腰牌。腰牌为木质，满汉合璧，尺寸各异，正面烫有"腰牌"字样，写有年代、所属衙门、姓名、年龄、相貌特征及编号等。腰牌上内务府的火印戳记是验证真伪的主要标记。每三年更换一次，差事如有变动随时更换，然后报景运门外护军值房及各出入口查核。

京城各衙署入宫值日、办事的官员，和需要临时出入的人员，由本部门提前一两天详细开列清楚，报知值班护军统领，以便查核。他们通常需要携带本

---

[1] 郭琪：《档案里的清代腰牌》，载于《中国档案》2017年第3期。

[2] 门籍：古代出入宫廷的名牌，自古有之。唐代制度"宫门皆有籍禁"，"应入宫殿，在京诸司皆有籍"，无门籍者不能进入宫内。

部门的文书证明身份，查验放行后护军收管文书，等该人出门时再取回。如果遇到有紧急公文需要临时入宫请示汇报的，由持文官员通知守门护军，护军再传讯宫内该衙门长官的随从，由随从到宫门口领取文件入内；如果文件内需要面呈、面议，持文官员可以跟随长官随从入宫。外省官员来京陛见、请训、请安、谢恩，也要准备印文到门缴纳，各门护军认文不认人。

　　紫禁城周长七里的城垣，要比四门门禁难守得多。筒子河到城墙之间的间距是二十米，明代在这片狭长地带砌造了红铺四十座，每座有房屋三间，驻扎十名亲军昼夜看守。紫禁城便多了一道防线，防守更加封闭、严密。白天还好，红铺间隔不到百米，肉眼即可察觉偷渡者。到了夜里，守卫亲军需要巡逻。夜巡从头更更初（十九点）开始，在阙右门发铃，顺时针传递。亲军提着铃铛绕城垣一周，一边巡逻一遍摇铃，直到阙左门的第一铺为止，算完成了一次巡逻。每更一次，直到五更天亮（五点），每夜五次。城垣四周每一更还有轮坐将军二十人，并有走更官八人，分东西两面巡逻，称为"走更"。东面以

午门箭楼（张程 摄）

东华门为中心，管界南至阙左门，北至玄武门；西面以西华门为中心，南至阙右门，北至玄武门。阙左门每夜驻扎一名勋贵大臣，值宿负责。夜巡与走更，交互往来，监视着夜幕下的筒子河和城垣。

清代紫禁城外垣的值夜，由下五旗护军轮流。前朝的摇铃，如今换成了"传筹"。筹，是一根长约一尺的木棒。清代夜巡也从每更更始开始，一直到次日五更天亮结束。夜巡传筹的路线是：从阙左门出发，西行过午门，出阙右门，经西华门、神武门、东华门回到阙左门。其中共经过十六所"堆拨"、六处栅栏，因此有"一周二十二汛（汛是清代哨卡）"之说。堆拨是清代驻兵屯所的意思，设在明代的红铺里。清朝中叶以后红铺改建为通脊瓦房，共计736间，环绕着城垣，称为围房。

筒子河畔的这些围房，除了继续为护军驻守外，更多的挪作了紫禁城的后勤保障用房。储藏着米、菜、盐、肉等生活必需物品，也存放车、鞍、木料、档案、账本等工作必需品。其中重要的有三大仓、三大库。

三大仓分别是：官三仓，坐落在西华门外北城根，主要储藏各处分例及祭祀筵宴所需米、麦、盐、蜜、糖、蜡、油、面及一切杂粮，并荆筐、扁担、木锨、席等家伙什。恩丰仓，在东华门外北围房，贮存、发放太监的粮米，有大廒七座，每座储米三千石；小廒五座，每座储米八百石。家伙仓，在西华门外北城下，有连房二十五楹，专门供应坤宁宫槽盆和各处柳器、绳斤、笤筹、担箅等物。

围房内的库房有东库、炮库、肉库、弓箭库、马皮库、鞍板库、账房库、木植库、桦皮库、菜库、器皿库、御茶膳房库、武备库、镫库等，最重要的三大库位：肉库，储藏盛京将军、打牲乌拉总管、黑龙江将军等处以及外省进献的禽兽蛋肉等。菜库，储藏新鲜蔬菜和各种腌菜等。①器皿库，坐落在西华门外

---

① 肉库收贮的食材有：盛京将军等处交送野鸡、野猪、野熊、树鸡、站鹅、鸭及鹿舌、鹿尾、鹿肉、鹿肠肚、鹰肠、野猪肉等；打牲乌拉总管等处交送鲟鳇鱼、赭鲈鱼、杂色鱼等；船厂将军等处交送鹿尾、野猪、野鸡；黑龙江将军等处交送赭鲈鱼、细鳞鱼等；外省进献石花鱼、太和鸡、银鱼、野鸡蛋等。菜库收贮的新鲜蔬菜有：白菜、韭菜、菠菜、生菜、香菜、小葱、芹菜、豌豆、香瓜、西瓜及萝卜、茄子、黄瓜、瓠子、倭瓜、冬瓜、丝瓜、豇豆、扁豆、蜜豆、葫芦条等。

宫门紧闭（张程 摄）

南侧围房，储藏宫中所用的金漆硬木类桌几椅凳、临时差用的糙木类桌几椅凳及贵重木料等。此外，东华门、西华门外的大围房内，各存放了内务府激桶四架，俗称唧筒处。[1]

清代的紫禁城，外人是看不到鲜红的城墙的，因为有围房的遮挡。从清末开始，围房年久失修，陆续坍塌、拆除，露出了一段段城墙。如今，除保留小部分围房外，沿河栽种了株株垂柳，拐角处的围房还改造为敞轩，供人游玩的同时增加了景色的层次，俨然紫禁城一大新景。

清代也有走更，移到了城墙之上。前锋营和护军营轮流负责城垣巡守，弥补了围房间隔和传筹间隔可能产生的纰漏。

紫禁城内，领侍卫处日夜警备，重点有五处：太和门（领侍卫处衙署及侍

---

[1] 张振国：《宫藏档案与清代紫禁城围房研究》，载于《白城师范学院学报》2018年第5期。

卫值房就在此处），乾清门、内右门（这两处是内廷的门禁，内班侍卫值宿处就设于乾清门庑下），慈宁门（侍卫什长率十名侍卫日夜守卫皇太后居所，夜宿于慈宁门下），神武门（紫禁城的后门）。明代的警备重点大体相同。最大的不同或许是明代锦衣卫等武装主要守卫紫禁城外部，只有朝会时官兵才列入仪卫，入夜后硕大的紫禁城内只有数十名锦衣卫，他们值宿"内直房"，以备传报。内直房在左右掖门内的午门内侧，临城门极近，离后寝区很远。明代紫禁城之内，是太监的天下。清代则是领侍卫处的天下。

入夜，领侍卫内大臣带领内大臣或散秩大臣各一人，在侍卫处值班夜宿。侍卫们分六班轮流值守重要宫门。其中，宿卫乾清门、内右门、神武门、宁寿门的为内班，宿卫太和门的为外班。内班四十人，每处十人，外班由三名侍卫率亲军四十人守卫。

每当夜幕开始降临，更鼓咚咚响起，侍卫分为六班，按分管地区分头巡逻。景运门司钥长率侍卫和护军，依次到后左门、后右门、中左门、中右门、左翼门、右翼门、太和门、昭德门、贞度门验视扃钥。同时，午门以隆宗门护军参领、东华门以苍震门护军参领、西华门以启祥门护军参领、神武门以吉祥门护军参领分别查验各处扃钥。查验无误后，司钥长和各处护军参领给宫门上锁，然后上缴钥匙给司钥长，贮于筐内，筐上再加一层扃钥。当夜，这筐钥匙由司匙长亲自保管。可以这么理解，夜幕下的紫禁城，除了重要宫门交通畅通外，各处宫苑封闭成一个个独立的空间。当晨曦降临，各门护军再向司钥长申领钥匙，开启一道道宫门，日复一日，天天如此。

如果事发紧急需要出入，怎么办？遇到奉旨差遣、紧急军务等确实需要出入的，侍卫和护军查验"合符"。合符是铜制的，分为两扇，每一扇内侧分别铸有阴文和阳文的"圣旨"二字。阴文一扇由各处护军参领掌管，阳文一扇藏于大内。夜间出门者持阳文，各门护军参领合对阴文，准确无误后给予放行。所有夜间出入门禁的人员名单，次日汇总奏报皇帝。①

夜间宫禁如此森严，外臣极难临时入宫，更不用说深夜主动入宫会面后妃了。因此，戊戌变法期间，直隶总督荣禄深夜向慈禧太后告别一事，就大干宫

---

① 屈春海：《清紫禁城禁门护卫制度述略》，载于《公安大学学报》1990年第6期。

禁制度，传说成分更多。

除了静态的严限出入，紫禁城内还有侍卫、护军的动态传筹。宫内传筹路线有五条：

一、景运门发筹，西行过出隆宗门，向北过启祥门，往西过凝花门，再往北过中正殿后门，往北至西北隅；往东过顺贞门、吉祥门，至东北，往南经过苍霞门至东南隅，往西回到景运门。这条路线绕后寝外侧一周，循环五次，称为五筹传递。

二、景运门发筹，西行出隆宗门，顺三大殿西墙向南，经右翼门，过桥，穿熙和门，沿墙向北，过贞度门和昭德门前，向南至协和门，经左翼门外，过箭亭，回到景运门。这条路线绕三大殿外侧一周，循环五次，也是五筹传递。

三、后右门发筹，经保和殿后，至后左门，穿过中左门，经左翼门、体仁阁，过昭德门、太和门、弘义阁、右翼门，穿中右门，经西小库回到后右门。这条路线绕三大殿内侧一周，循环三次，三筹传递。

四、永康右门发筹，经过寿安宫西侧的长庚门，从北边经慈祥门到永康左门。这条路线围绕寿康宫、寿安宫和慈宁宫，为五筹传递。

五、锡庆门发筹，沿墙向北经过东筒子路，拐到宁寿宫西北角，再到东北角顺墙南下，进敛禧门回锡庆门。这条路线保卫宁寿宫，为五筹传递。①

在几百年岁月里的每一个夜晚，无论是刮风还是下雨，无论是酷暑还是严寒，无论皇帝在宫还是外出，传筹没有一日停歇。一代又一代的侍卫、亲军、护军们日复一日循环往复，一根又一根的筹棒跟随着武士行走在夜晚的宫苑之间，共同保障着紫禁城的安宁。

这里需要补叙一项侍卫的工作。朝廷燕飨大典要跳"喜起舞"，通常情况下宫廷侍卫充当舞者。届时，侍卫无论品级，都戴元狐冠红宝石冠顶，服貂镶朝衣，佩嵌宝腰刀，极其隆重。此外还有演唱者一人，从八旗章京及护军中挑选，歌者届时戴玄豹冠，服玄豹褂，随舞而歌。喜起舞是满族重大宴会节日上的传统舞蹈，入关后演化为紫禁城最隆重的乐舞，被赋予了皇家荣耀。充当舞者是侍卫极高的荣誉，可以拥有"喜起舞大臣"称号，典礼时可以越级穿戴

---

① 刘东瑞：《紫禁城传筹图》，载于《文物》1984年第4期。

一品朝服。挑选也极其严格，三等侍卫以下、服丧侍卫没有资格入选，体貌欠佳、舞姿不妙的侍卫不能入选。能够当选是侍卫们的毕生荣耀。

巍峨高大的城防，制度森严的巡查，规模庞杂的警备力量，浇灭了觊觎者的野心。除非是一代宗师级的高手，能够确保在短时间内消灭侍卫力量，否则挑战紫禁城防线都无异于自取灭亡。讽刺的是，明清两代确实没有江湖高手、侠客死士行刺紫禁城，却不断有老百姓轻易杀进紫禁城的新闻。最著名的如开头的嘉庆十八年（1813）八月天理教造反事件。其次还有明朝末年的"梃击案"，老百姓张差持棍入东华门，进到慈庆宫皇太子朱常洛住所台阶下，意图不轨；嘉庆八年厨子陈德在神武门行刺皇帝事件。

堡垒最容易从内部攻破，制度最大的敌人是执行者的腐化堕落。

天理教攻进紫禁城后，宫内侍卫竟然手足无措，镇国公永玉、护军统领石瑞龄等人想到的不是组织抵抗，而是弃守皇宫，甚至要开始准备护卫嫔妃们出宫了（当日嘉庆皇帝不在宫中）。有了这样的执行者，再合理严密的制度也是一纸空文。紫禁城终究应该是一座人的宫殿，而不是冰冷的城墙与制度的标本。

嘉庆八年，嘉庆皇帝遇刺之时，层层护军和侍卫呆若木鸡。刺客陈德刀锋接近皇帝了，乾清门侍卫丹巴多尔济挺身而出，受伤三处还扭住凶手不放，众人这才反应过来擒住了凶手。丹巴多尔济救驾有功，事后晋升为御前大臣、领侍卫内大臣兼管掌銮仪卫事，一肩挑了三个近侍高官职务，也是特例中的特例。

东筒子路（郭华娟 摄）

郝磊 摄

钦安殿 / 天穹宝殿

  北京城中轴线上唯一的宗教建筑，矗立在紫禁城的宫苑草木之间。

  紫禁城御花园的春华秋实弥漫之下，低矮墙垣环绕之中，汉白玉须弥台之上，有一座重檐盝顶的宫殿，名叫钦安殿。钦安殿内供奉着道教北方神灵玄天上帝，又名玄武大帝、真武大帝。真武大帝率领镇下"龟蛇二将"从紫禁城告成初期就住在钦安殿，至今将近六百个春夏秋冬了。

  朱棣，紫禁城的缔造者，尤其尊崇真武大帝。真武大帝是最早进驻紫禁城的神灵。

  朱棣以燕王南下入主大统，史载起兵当天，"出祭纛，见披发而旌旗蔽日。太宗（朱棣）顾之曰：'何神？'曰：'向所言吾师玄武神也！'于是太宗仿其像，披发仗剑相应。"（《明书·姚广孝传》）真武大帝显灵助朱棣起兵，极可能是姚广孝导演的活剧。北方的王——朱棣在北方的神——真武大帝护佑之下，以八百之众起兵夺取天下，确是事实。夺位后，朱棣对道教优礼有加，引领了明朝的崇道之风。永乐年间的紫禁城乃至北京城，处处渗透着崇道的痕迹。一批道教神灵的驻所在北京城拔地而起，其中有天坛、天将庙和关公庙等。人间天子居所与道教星辰相呼应，得名紫禁城。紫禁城的大型建筑物和重要屏障的屋脊中心处都放有五谷粮、五色线、五色玉、五枚金元宝等镇邪物或"镇楼之宝"。

真武大帝脱颖而出，一跃而为最闪亮的道教神灵。朱棣自诩为真武大帝飞升五百岁之后的再生之身，以真武大帝为护国大神，下令京师、州县和各衙门修建真武庙。

宫禁之中，真武大帝的供奉更加虔诚。钦安殿专奉真武大帝，坐落在帝后寝宫后侧，护佑卧榻之安。岁月流逝，承平日久，真武大帝又从护国战神变为护佑宫廷的"父母官"。在阴阳五行中，北方属水，人们希望道教北方大神真武大帝能守护紫禁城建筑免遭火灾。

明仁宗朱高炽在钦安殿祭祀时暴亡，考虑到他体型过胖，极可能死于心脏病突发。

嘉靖朝宫中经常火灾，嘉靖皇帝供奉真武大帝作为防火镇物，为钦安殿垣墙正门题写"天一之门"四字。每逢道教大祭，明清宫中都按例设醮上供，奉安神牌，皇帝亲临拈香行礼，祈祷真武大帝保佑皇宫，消灭火灾。紫禁城的居民相信真武大帝在历次救灾中出了大力。溥仪回忆："御花园钦安殿东北角的台阶上，从前放着一块砖，砖下面有一个脚印似的凹痕。太监们说：乾隆年间，有一次乾清宫失火，真武大帝走出殿门，站在台阶上向失火的方向用手一指，火焰顿熄。这个脚印便是真武大帝救火时踏下的。"（溥仪《我的前半生》）真武大帝显灵的故事，极可能是看守太监演戏或讹传的，由此也可想见钦安殿拥趸之众、延续之因。

嘉靖皇帝将崇道风气推向了巅峰，他笃信道教，奉玄修道，日益沉迷其中不能自拔，越二十年不上朝理政。嘉靖隆重修葺钦安殿，重

钦安殿（高申 摄）

造殿堂，再塑金身，他在此设斋打醮的时长远远超过披阅奏章。他和近臣精研青词，奉祀真武大帝，缕缕青烟沟通天地，送达皇帝的骄傲与祈祷。后期，嘉靖避居西苑，日事斋醮如故，《明史》载当时宫中每年要用黄蜡二十余万斤，白蜡十余万斤，香品数十万斤，"以供皇家斋醮之用"。

如此丰盛的供奉，道教的其他神灵则在另外的场所享用：天穹宝殿。

天穹宝殿（初名玄穹宝殿）位于内东路最外侧东北，是一座占据标准一宫格面积的独立院落，东临东筒子路，西邻景阳宫。整个院落为长方形，南墙正中开琉璃天穹门，门外有条南北向的横巷；正殿坐北朝南，面阔5间，黄琉璃瓦歇山顶，悬挂乾隆皇帝御笔楹联"无言妙化资元始，不已神功运穆清"。它始建于明代，初名玄穹宝殿，清朝避康熙皇帝名讳更名为天穹宝殿。天穹宝殿是祭祀昊天上帝[①]的殿堂，殿内悬挂有玉帝、吕祖、太乙、天尊等画像。每年元旦、玉皇大帝生日和皇帝生日，此处分别举办天腊道场、天诞道场和万寿平安道场，更像是一处功能完备的道观。清代，同治皇帝、光绪皇帝曾在此祈雪、祈晴。

肃穆的宫禁、刺眼的血红、丰腴的祭奠，神灵的法力似乎得到了增持。

嘉靖、万历等帝王或许也是如此认为的，可叹的是投入的海量精力与资源并未换来河清海晏，相反大明王朝江河日下。崇祯皇帝或许是明代紫禁城宗教色彩最淡的一位主人，他淡化了诸多道教活动，客观上内忧外患的形势也不容许他投入过多的精力。

真武大帝没能如朱棣所愿，成为家天下的护国大神。明朝终究还是灭亡了。

---

① 昊天上帝是中国神话中天的尊号，是道教的最高神。

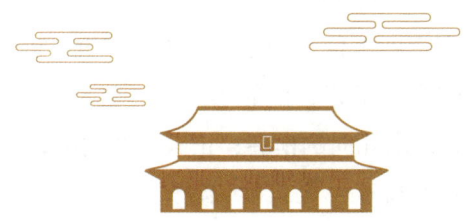

大佛堂 / 中正殿 / 雨花阁 / 英华殿

清朝皇帝并不排斥道教，但更倾心佛教。道教的神灵继续常驻紫禁城，康熙皇帝、雍正皇帝都先后在钦安殿设道场，祈求皇太后福寿安康；每年元旦，清朝皇帝都在天一门内设斗坛，拈香行礼。可显然，佛陀和菩萨们后来居上，接过了护佑宫城的重任。

明朝后妃早有宠信佛教的言行，清朝帝后笃信佛教，无论是日常起居之所，还是休闲游乐场地，清宫都有佛教的影子。佛光经义几乎洋溢在清朝紫禁城的每个角落。许多暖阁，都是一边设为书房，一边设为佛堂，佛像、佛经成为清宫的常设之物。

佛教在明朝崇道风潮中，已占有一席之地。

嘉靖皇帝佞道，曾下令销毁大善殿的佛像、佛器乃至佛骨、佛牙，可见当时礼佛已有相当的规模。大善殿周边后来崛起了慈宁宫，在清朝前期引来了高光时刻。孝顺的继位者恭送太后、太妃等长辈迁居慈宁宫颐养天年。

即便在"孝治天下"的紫禁城，喧嚣热闹仍旧是养老宫殿的异数，漫长的宁静是慈宁宫宫殿群的常态。这群"未亡人"便前往虚虚缈缈的境界寻找心灵的解脱，于是成了佛教热心赞助者，朝参暮礼，慈宁宫一带燃起了悠长的香火味。

慈宁宫前殿为后妃居所,有月台通往后殿。后殿是太后、太妃礼佛场所,俗称"大佛堂"。大佛堂殿内悬挂着康熙十八年(1679)孝顺的康熙送给祖母孝庄的御书大匾"万寿无疆"。堂内装修考究,陈设众多佛龛、经卷、佛像、法器等。

琳琅满目的陈设皆为孝庄太后所供奉,她是慈宁宫的最长久的主人、大佛堂的最虔诚的信徒。孝庄太后供奉之物自然是当之精品。乾隆二十三年(1758),内务府详细查点大佛堂陈设之盛。据档案记载大佛堂中间楼上供金胎释迦牟尼佛一尊,楼下供高约225厘米的干漆夹经胎释迦牟尼佛、药师佛和阿弥陀佛各一尊,铜胎无量寿佛一尊,磁胎观世音菩萨一尊。此外有铜胎四臂观世音菩萨、金胎站像弥勒佛、释迦牟尼佛金塔、铜胎无量寿佛和释迦牟尼佛等。其中的干漆夹经胎三世佛、十八罗汉和韦陀、托塔天王二护法均为传世塑像中的精品。

内宫佛像,尤其是精品的一大来源,是自名山古刹挪移而来。

大佛堂三组塑像精品便是从京城大能仁寺移来的。移驻详情已不可考,但

洛阳博物馆藏紫禁城慈宁宫大佛堂造像(高申 摄)

可从京师鹫峰寺旃檀佛像经历窥见一二。

《帝京景物略》云鹫峰寺有旃檀香木所造佛像，"鹄立上视，前瞻若俯，后瞻若仰，衣纹水波，骨法见衣表……勇猛慈悲，精进自在，以意求之，皆备。"当属精品无疑。传说此像竟源于古老的天竺：优阗国王刻旃檀为佛像，此像腾步空中，向佛稽首，佛为摩顶受偈曰："我灭度千年，汝从震旦利人天。"旃檀佛像后果真飞来中原，随佛教流传而辗转各地，凡二千六百一十余年。万历年间，鹫峰寺僧人济舟在殿堂诵经，一士人礼拜墀下，济舟观其仪表气度异于常人，迎请上殿。士人坚持不可，济舟固迎不已。最后士人自通："（吾）城隍也，殿有戒神呵护，我小神，不敢轻入。"言罢消失不见。京城士民闻知，奉若真佛。康熙年间，孝庄太后请旃檀佛像入大内。（宋荦《筠廊偶笔》）

紫禁城的历史不足以验证神明，紫禁城的生活不足以生产传说，紫禁城的皇权却可以"邀请"天下的神明和传说入驻。

慈宁宫的西南，是专供前代妃嫔休憩的花园。慈宁宫花园内多有佛殿，如咸若馆、宝相楼、吉云楼等。或许，礼佛与休憩，在太后太妃们的生活中是同义词了。

从孝庄开始，不知有几位前代后妃是在大佛堂的晨钟暮鼓中对抗深宫的冷清，走完孤寂的余生？

随着清朝皇室对佛教热度不减，慈宁宫承载不了紫禁城的礼佛需求，佛教重心转移到了以中正殿为中心的西北区域。

中正殿佛教建筑区，包括中正殿、宝华殿、雨花阁、英华殿、香云亭、梵宗楼等多座佛教殿堂，是宫内唯一全部由佛堂组成的建筑区。康熙三十六年（1697），清廷设立"中正殿念经处"，作为宫中佛教事务的专管机构。清朝后期，以雍和宫喇嘛为主的蒙藏喇嘛每天入宫在中正殿、雨花阁、宝华殿诵经或做佛事。中正殿自身供奉无量寿佛，每逢皇太后、皇上万寿，都有三十六名僧众在此诵念《无量寿经》十日，为太后和皇上祝福延寿。每月朔望及重要节日，参与佛事的喇嘛更多，有时达一二百人。中正殿管理处统管入宫的喇嘛及其宗教活动。

起风了，此起彼伏的诵经声，萦绕着宫檐下铃铛声、弥散的袅袅香烟，以及宫苑间的鸟语花香，成为紫禁城西北部的特色风景。

从中正殿向南穿过供奉金胎释迦牟尼佛的宝华殿，就来到了紫禁城最大的佛堂：雨花阁。

雨花阁是乾隆皇帝改造乾西五所、调整内西路格局的重要产物。它和北边的中正殿一带原本是西六宫西侧规整的三个宫格。

清朝皇室对藏传佛教的偏好，以及融通汉藏、天下一统的雄心，在雨花阁上展露无遗。雨花阁单檐攒尖顶，上覆鎏金铜瓦，这些是汉家传统元素；顶立鎏金喇嘛塔，四脊装饰的铜鎏金蹲龙，却是藏传佛教的元素。外观雨花阁，是一幢三层的楼阁，实际上一二层之间设有暗层，为"明三暗四"的格局。汉藏融合，塑造了紫禁城唯一的藏传密宗建筑。

雨花阁供奉西天梵像，严格按照密宗的事、行、瑜伽、无上瑜伽四部设计。一层悬有乾隆御题"智珠心印"匾额，供奉无量寿佛等事部主尊，佛龛之后有乾隆年制掐丝珐琅立体坛城三座；暗层楼梯间前设供案，供行部佛像九尊；三层供瑜伽部佛像五尊；顶层供奉密集金刚、大威德金刚、上乐金刚各一尊。三尊金刚在汉地有更通俗的名字——欢喜佛。

汉人用"欢喜佛"泛称藏传密宗的男女交欢佛像，密宗认为代表法的男身与代表智慧的女身交合，象征法界智慧无穷，有助于人修行。欢喜佛伴随密宗信仰在紫禁城的扎根，进入深宫庭院，清代《国朝宫史》记载："雨花阁及宝相楼、养心殿、养性殿佛堂中皆曾供有欢喜佛。"这说明清代后宫供奉欢喜佛是普遍现象。而在明代，欢喜佛是禁毁之物。嘉靖年间，大善殿中就有一尊耗费巨资的欢喜佛，用来弥补太子"长于深宫之中不知人事故也"，朝臣认为男女淫亵之像，"毁之诚可谓端本之教"。崇道的嘉靖皇帝难得地以佛像为元朝旧物的理由加以拒绝。真实的原因，恐怕还是前述的"教人事"。《万历野获编》记载，明代宫中欢喜佛设有机关，男女双身佛像可以活动起来做交合状，皇帝大婚前夕通常会前来观摩，类似于民间春宫图对子女的性教育作用。雨花阁邻近后妃居住的西六宫，附近还有祈求多子的"百子门"和"螽斯门"，在阁中放置男女交合的欢喜佛，自然寄托了祈求子孙绵延的朴素愿望。

整个清代，雨花阁香火旺盛，有喇嘛定期不定期地诵经、敬礼。

不远处的英华殿，则享受了明清两代的香火，是明清两代帝后敬供瞻佛的地方。

英华殿位于紫禁城最西北角的一处独立院落，南临寿安宫、东对延春阁。由前后两道院落组成，正南是一座三孔砖券构筑的山门，上覆黄琉璃瓦歇山顶，下为汉白玉须弥座，迈入山门就是第一进庭院，院中栽有数株苍松翠柏，松柏掩映着一道青砖矮垣，正中即英华门。英华门内是第二进院落，近似正方形，迎门正中为一座攒尖式碑亭，北面宽阔的月台上就是英华殿。大殿五开间、黄琉璃瓦庑殿顶，规格较高，正中悬挂乾隆御笔满汉双文"英华殿"匾额。正殿天花正中设蟠龙藻井，东西北三面有木制重檐庑殿顶的神龛七座，内供西番佛像。庄严肃穆。大殿东西各有三间配殿，与正殿一字排开。整座寺院，淡雅简朴。

寺院最醒目的是碑亭两侧各有一株菩提树，根深叶茂，枝干婆娑，下垂着地，蔓延为一大丛十几棵茁壮成长的树干，高达二十余米，树冠直径约三四十米，遮盖了大部分院落，郁郁葱葱，蔚为壮观。

菩提树为万历皇帝生母慈圣李太后手植，距今有四百余年树龄。李太后是张居正改革的幕后支持者，是万历朝政治新局的有力参与者，同时也是出了名的慈悲好佛长者。她慈悲为怀、平易近人，是京城佛教建筑和活动慷慨的赞助者，推动京畿周边佛教的兴盛，时人誉为"九莲菩萨"。英华殿是李太后在宫中常去的礼佛之所，晚年的太后经常端坐在亲手栽种的菩提树下念佛诵经。身后的菩提树旺盛生长，其中东边的一株在弯曲的横干上又向上生长出九个大枝，得名"九莲菩提树"。菩提树盛夏开花，深秋结果，宫中称菩提种子为"多宝珠"或"金线菩提子"。菩提子做成的手串，是皇帝、后妃们的至爱，普通宫人或者京师官民如果有幸得到宫中菩提子，恭敬供祭，奉若神明。

菩提树为佛教圣物，在佛典中有特殊的含义，紫禁城硕大的菩提树更加笼罩上了某种神圣、慈悲的色彩，名声悠远。

李太后逝世后，其画像一度供奉在左配殿，以另一种形式留驻在生前钟爱处。明代每逢万寿、元旦，有宦官在英华殿做佛事，最后一天由一个人扮韦陀，抱杵面北而立，众人鸣锣击鼓，吹法螺作乐。入夜，按五方设佛会，立五色伞，数十人鱼贯其间，谓之"九连环"。天启元年后，活动的主角换成了宫人。

入清，乾隆皇帝也多次来此礼佛，赏菩提，并留有诗歌墨宝。他在乾隆七年（1742）作《英华殿菩提树诗》，十九年后乾隆二十六年正月又作《菩提树英华殿歌》，前一首表达了皇帝对菩提树的认识，后一首随年岁渐长，皇帝思虑渐深，由树及己，希望"枝枝叶叶数无万，如斯无万数，绳绳继继永世绵皇清"。这两首诗都制成一正一反满汉双文御笔诗碑，树立在英华殿碑亭之中。

菩提树源自南方，很难在北京存活，英华殿的大菩提树为"北京菩提树之最"，不过有人考证它们其实是糠椴。[1]

---

[1] 韩凤秋：《英华殿里的菩提树》，载于《紫禁城》2011年第4期。

城隍庙 / 奉先殿 / 传心殿

英华殿并非紫禁城最西北角的宗教建筑,西北角楼城墙底下坐落着两座独立庙宇。

金水河从西城角楼下流入紫禁城,沿着水闸往南是一条数百米长、南北笔直的水道。水道距离紫禁城的西城墙大约有五十米,在水道城墙之间的狭长区域建有城隍庙和马神庙。西北角楼下方往南是城隍庙,往东是马神庙。

这一带是明代"廊下家"密集地区,连排瓦房极可能毁于李自成大火,清朝又无须那么多的太监住宅,并将他处庙宇移建于此。

城隍,城池守护之神①,每座城池都有自己的城隍。城隍信仰起于民间,三国时开始享受庙祀,唐宋时遍及城乡,从民间信仰被纳入国家祀典。明清社会城隍信仰极盛,通衢大道、街巷里弄都端坐着各色各样的城隍,甚至有一城多隍。京师重地也不例外,既有都城隍庙,作为天下城隍之首;又有皇城城隍庙,在西安门内;还有深宫大内的内城隍庙,专司守护紫禁城。

现存内城隍庙建于雍正四年(1726),三进院落,造型古朴紧凑。内城隍

---

① 《说文解字》云:"有水曰池,无水曰隍。"城隍缘于城墙与护城河。

庙有两座山门，头层山门坐西朝东，门前有石桥跨越内金水河，人们只能从东边入；二层山门位于庙的正南端，实为正门。进入正门向北，分别是影壁、月台、正殿，两侧植有松柏、槐树、梨树、黑枣等树木，清雅幽静，与紫禁城其他院落大为不同。城隍庙正殿前的月台，是当年祭祀时乐队奏乐、大臣跪拜的场所，早年还有神厨、焚炉、香炉、海缸等陈设。①

城隍庙风水地位相当重要。紫禁城的西北隅为八卦中的乾位，乃龙脉之所系，又是紫禁城进水口，是为"天门"。城隍爷兼有龙王爷和镇水观音的角色。每逢大旱无雨之年，皇帝都要派遣大臣至此烧香、求雨。乾隆二十四年（1759），清廷祭祀城隍求雨后依然大旱，乾隆皇帝十分着急，亲自书写祭文，送至城隍庙摆放："臣承命嗣服，今二十四年，无岁不忧旱，今岁甚焉。曩虽失麦，可望大田。兹尚未种，赤地里千。……万民谁救！"陈述灾情严重后，乾隆承揽了罪责："此罪在官，不在民，实臣罪日深。然上天岂以臣一身之故，而令万民受灾害之侵？"他"谨以臣躬代民请命"，连呼"其惠雨乎！"不知道神灵有没有为祭文所感动，普降甘霖？

与城隍庙相比，东北方呈直角排列的马神庙的知名度就稀疏很多。因为马匹并没有深入农耕社会，汉地马神庙不多。明代东华门内紧北部、内金水河蜿蜒处东侧建有马神庙，附属于御马监。满族人以骑射起家，马匹是清朝祖先的忠实伴侣，早在入关前就祭祀马神，入主中原后更是在紫禁城修建了专门的马神庙。马神庙比城隍庙略小，香火也少，每年春秋两季祭祀马神，敬香、行礼、叩拜、跪读祭文完毕，祭祀大臣将祝文拴在庙门口预先备好的御马的尾巴上，跃马扬鞭而去。

城隍、马神两庙小而偏，庙顶却有西北角楼可以借景，站在庙中东、西、南三面远望角楼，它仿佛就是庙宇的一部分、就是庙宇后方高高在上的藏经阁，于简朴之中蕴含气势，再配上蓝天碧云、宫墙巍峨，别有一番雄壮辉煌。

严格来说，城隍与马神，都不是严肃的宗教神灵，或者只能算是海纳百川的道教"收编"的冗杂小神。他们的价值，无关精神信仰，而在于能够解决实实在在的问题。帝王礼敬他们，也是出于现实考虑。

---

① 王铭珍：《紫禁城的城隍庙和马神庙》，载于《北京档案》2004年第12期。

热闹且芜蔓的中国人拜神活动，隐藏着明确的功利目的。祖先在跪拜的同时，往往希望得到神灵的回馈。儒释道三大神灵系统，有"佛养心、道修身、儒治世"之说，儒家系统的神灵，是与世俗最近、功利性最强的。

京城儒家神灵安栖在"九坛八庙"①中，用来敬天法祖，强化君权神授，明晃晃的弱政强权目的。八庙中的奉先殿、传心殿就在紫禁城内。

奉先殿，顾名思义，供奉皇帝的先祖，类似于寻常百姓家祭祖的场所。祭祖是中国人的吉礼大事，周礼规定："君子将营宫室，宗庙为先。"奉先殿应该是和钦安殿一样，属于紫禁城内最早的建筑之一。朱明王朝起于寒微，无从考知始祖是谁，故前期没有祭先祖，嘉靖朝开始设皇初祖虚位祭祀。清朝立国后，追封太祖努尔哈赤之前的肇、兴、景、显四祖。皇家尤其重视血脉传承，礼仪隆重，雍正皇帝宣称"礼莫重于事天，孝莫大于尊亲"，祖先与天地并列，仪制规格自然异于寻常。

奉先殿就是祖先在凡间的休憩所。出景运门向东，对面是一座朝西的诚肃门。这道门规制低、穿墙而开，门旁却建值房，有侍卫看守，隔离了黄金血统和凡夫俗子。除祭祀之期宗室成员和执事人员可以进出外，严禁外人踏入一步。踏进诚肃门内，经过一空旷院落，北拐经过奉先门，便是紫禁城内最大的宗教场所：奉先殿。

奉先殿是一座建在须弥座上的工字形宫殿，前殿后寝，殿前有月台，约占两个宫格，陈设有日晷、嘉量；须弥座及月台四周设有栏板、龙凤纹望柱。前殿供奉列祖列宗龙凤神宝座，宝座均为木雕罩金漆，设有坐垫和靠背；后殿供奉列祖列宗神牌，举办重大祭祀活动时后殿的帝后牌位移至前殿，安放在宝座的木座上。国人视死如生，此举仿佛请祖宗从安歇的寝殿移步前殿"就坐"。至清亡时，后殿共有帝后神牌三十三位。奉先殿无配殿、无庑房，奉先门外庭院正南有一排群房，为神库、神厨；庭院东有一小院，内有一座小殿，为挑起"大礼议之争"的明朝嘉靖皇帝为供奉生父兴献王朱佑杬所建。朱佑杬，这位

---

① 九坛，即天坛、地坛、祈谷坛、朝日坛、夕月坛、太岁坛、先农坛、先蚕坛和社稷坛，都是明清帝后举行祭祀活动的场所；八庙，指太庙（明清帝王供奉祖先的场所，即皇帝家庙）、奉先殿、传心殿、寿皇殿、雍和宫、堂子、文庙和历代帝王庙。

生育了皇帝的藩王，以这种折中的方式侧身于朱明王朝的祖宗行列。

按清制，凡遇朔望、万寿、元旦及国家大庆等，大祭于前殿；遇列祖列宗诞辰、忌辰及元宵、清明、中元、霜降、岁除等，上香行礼于后殿；凡上徽号、册立、册封、耕耤、谒陵、巡狩、回銮及其他庆典，祗告于后殿。家族是传统中国社会的经纬线之一，正常的中国人都尽心尽力将自己"留在家里"。家族的悲欢离合，人生的际遇沉浮，还有那只能埋在心底的秘密，我们都喜欢向天上的祖先倾诉。紫禁城的主人们也不例外。同样的还有，帝王们毫不吝惜对祖宗的祭祀。他们富有四海，除了上好的器皿、丰盛的祭品外，还每月初一频繁的荐新，祭献新鲜时令食品。明代由太常寺卿主祭，清代由内务府掌仪司负责。爱新觉罗家的列祖列宗，正月享受鲤鱼、青韭，六月品尝西瓜、葡萄，九月接受柿、雁等等。清朝皇帝品尝到佳品，还随时派遣太监临时贡献给祖宗，甚至在木兰围场射获鹿、獐等野兽，往往下令快马加鞭荐新于数百里外的奉先殿，可见清代敬祖之诚。据《钦定总管内务府则例》记载，清代每年在奉先殿前殿大祭二十六次，在后殿致祭三十三次，如果包括临时性的告祭，皇帝三天两头出入奉先殿，亲近先人。

即便贵为天子，在祖宗和父母面前，皇帝依然是晚辈、是儿子。

八庙之二是传心殿，位于前朝文华殿东侧，是祭祀三皇五帝及孔子的场所。皇帝御经筵前，通过东西围墙南端的穿墙式琉璃门进出传心殿，举行"祭告礼"。传心殿，类似于内廷的帝王庙、小孔庙。无论是功能上，还是建筑上，传心殿都像是文华殿的附属设施。

传心殿院落由南向北分别是治牲所、景行门、传心殿三座主要建筑。传心殿正中设皇师伏羲、神农轩辕位，帝师陶唐、有虞位，王师禹、汤、文、武位；殿东尊奉周公位，殿西尊奉孔子位。殿后有祝版房、神厨、值房等附属建筑。其中，治牲所坐南朝北，是祭祀时宰牲的地方；祝版房贮放祝版，神厨准备祭品。

庭院中的"大庖井"极负盛名，水质清甜甘洌，以至于有"玉泉第一，大庖井第二"的美誉。井上盖有方亭，盔顶漏空，是紫禁城最大的井亭。每年十月，清宫于大庖井之前祭司井之神。明代则在文华殿孟夏祀灶，孟冬祀井。

孔夫子开引文教之风，垂范万世，不仅纳入朝廷祭典，还是读书人时常参

柿子熟了，百事如意（张碧君 摄）

拜的至圣先师。皇子、皇孙六岁入乾清宫东庑上书房读书时，先到东庑东南角的房间祀孔，房中设有孔子神位，辅以儒家诸先贤神位。这个略显简易的祀孔处，就像是上书房特意给孔夫子预留的房间，邀请他来督促隔壁上书房中皇子皇孙们的学业。清制，每年元旦皇帝也至此行礼，就像是一家之长岁末年初感谢孔圣人一年的辛苦。

宫中庙堂寺阁虽多，却是方便帝后祈祷礼拜的便宜之地，并非帝国正式大祀的场所。每当大祀来临，皇帝按礼要离开皇宫，前往祭祀坛庙内的斋宫斋宿，以示庄重肃静。大祀斋戒一般三日，皇帝期间独居斋宫，不茹荤，不饮酒，不奏乐，不近妃嫔，不理刑名，静心洁虑准备典礼。如此清规戒律，在主观和客观上，帝王都很难遵守，寻求因地制宜因时而异。雍正皇帝在乾清宫与毓庆宫之间修建了斋宫，破解了这个难题。斋宫是前朝后寝的两进长方形院落，前殿为斋宫，殿内正中上悬乾隆御笔"敬天"匾，后寝为诚肃殿。面积略小于两个宫格。此后，皇帝每逢大祀之前都在斋宫内斋戒，美其名曰"致内斋"，正式典礼开始前四五个小时御驾才到坛庙内的斋宫，称为"致外斋"。

以上所述，是儒释道三大家的神灵以及城隍、马神两大有专庙的民间俗神的居所，紫禁城的边边角角中尚且隐居着其他俗神、小神。比如，作为与文圣人孔子并列的武圣关云长，其画像就供奉在乾清宫和宝善门、思善门、乾清门、仁德门等各门。满人尤为崇拜汉族的关云长。开国皇帝努尔哈赤早年沦落辽东汉地，接受了关帝信仰，据说还曾得到关公的护佑方才得以脱离汉地逃回故土。努尔哈赤回归后，关帝信仰在满族落地生根，茁壮蔓延。八旗将士视关帝为保护神，临战前总要祭拜，祈求赐予了战无不胜的神力。这种信仰也扎根在紫禁城，每天早上，坤宁宫都要祭祀关帝。此外，药王神居住在乾清宫东庑御药房内设的药王堂；门神降临在午门的角楼上接受侍卫们的祀典；满族人特有的萨满祭祀除了在坤宁宫的大祭，在皇城东南角的堂子也有祭祀。而寻常人家都能用抹糖封嘴的灶王爷，其牌位"蜗居"在后宫中各个膳房的角落里。

青烟燎燎、钟鼓隐隐，人间的贡品纷至沓来，天上的神灵处之淡然，宫禁里的另一个世界不疾不缓、不显不隐地运行了六百年。

皇权与神灵

紫禁城中为什么常驻这么多神灵？神灵们扮演了什么样的角色？

这个问题，充满揣度与意会，是典型的不可能有标准答案的问题。

皇帝自诩天选之子，君权神授，希望通过隆重的供奉、频繁的祭祀和虔诚的敬礼来宣示神灵站在自己一边。敬神是帝国强化统治的手段。

紫禁城的主人日思夜想的头等大事就是强化皇权。权力是帝王无上荣光的基础，甚至是他们生命的保障。神灵这个潜在的援手，帝王不可能放弃。"明有礼乐、幽有鬼神，代天理物"，幽明并治是重要的帝王之术。明朝开国大力推广城隍祀典，明太祖朱元璋坦白："朕立城隍神，使人知畏，人有所畏，则不敢妄为。"雍正皇帝也深谙敬神之道。他是紫禁城宗教建筑最大的"建筑商"，在位十三年所建庙宇是康乾二帝在位一百二十年间所建庙宇之和的三倍。[①]爱新觉罗家族融合满汉、兼采原始宗教和成熟宗教，恭迎各方神灵，来者不拒，集历代宫廷祭祀于大成，清朝紫禁城神灵祭祀多达八十多种，分大祀、中祀和群祀三个等级。皇帝无暇事必躬亲，除亲自参祭大祀和部分中祀外，多

---

① 陆成兰：《紫禁城内斋宫的建置和使用》，载于《禁城营缮纪》，紫禁城出版社，1992年。

数祭祀委派官员代劳。

力的作用是相互的。神权强化皇权的同时也限制了皇权。这或许是利用神灵的代价，皇帝要用敬畏和虔诚来交换神灵的支持。谦卑的态度、频繁的礼拜就成了帝王的必修课。礼拜神灵从帝王的选择固定为义务。每遇天灾异常，帝王往往反躬自省、审查政务、临时祈祷、减省待遇，等等，乃至下诏罪己。这是皇权少有的需要低头场合。聪明的士大夫便学会了挟天意来规劝帝王，达成自己的目的。

所谓的神灵是帝王统治的帮手，而传说中神灵栖息的宗教世界则是帝王的精神避风港。

权力所有者，同样是血肉之躯，人生的辛酸苦辣一样会映射在他们的心里。封闭又高压的紫禁城生活，还导致了额外的问题。宗教自诞生以来，就关怀人类的精神世界，自然成了帝王妃嫔们的精神港湾。太后太妃们埋首佛堂，何尝不是对几十年后宫纷争的疏离和修省？身份添加"太"字以后，具备了专注礼佛的主客观条件。佛堂接纳了她们的感悟、疑惑、遗憾，包括忏悔。

紫禁城覆盖在层层叠叠的神灵保佑之下，一大原因或许是明清两朝皇室的恐惧心理。朱明王朝以赤贫之身借势而起，十几年间爆得天下，既无根基又无祖德（甚至连祖先都不确定），朱元璋子孙心底隐隐埋藏着自卑和不自信。爱新觉罗王朝从东北一隅，趁乱侥幸夺取江山，带甲之士不足百万，统治数以千万人口，统治难度带来的隐患意识更为浓烈。神灵的护佑，也比前朝更加需求。紫禁城主人中，永乐帝朱棣和雍正帝胤禛都是神灵的虔诚信徒，也都多次强调"本朝得位之正"，同时两人都深陷"篡位"的舆论漩涡。

神灵不仅见证了宣示与实质、神圣与谦卑的并存，也见证了皇权与世俗的通融。

中国人依旧是务实、灵活与奋进的。神灵没有能够控制人们的精神，反而被聪明的中国人融化为传统社会的一部分。紫禁城及其居民也是如此，这座恢宏的宫殿在恭敬神灵的表象下融化它为宫城生活的一部分。

明代宦官崇佛风盛，廊下家遍布佛龛神像，礼佛之声不绝与时，更不用说大太监们在宫外慷慨地营造、保护寺院了。宦官势力之强、崇佛之盛，以至于宫中有固定的念佛会和礼佛日。如遇万寿圣节、正旦、中元等节日，紫禁城内启建道场,现场扬幡挂榜,和世俗法会一般。宦官云集礼拜,他们穿戴僧伽帽、袈裟、缁衣,也与俗世的僧人一般,只是不落发而已。

肉体凡胎礼拜神灵,大体是求签占卦升官发财、避邪祛病、祈福消灾、祈嗣保胎等等,目的形形色色,覆盖生活的时时处处。除了升官发财,帝后嫔妃们同样有其他的庸俗需求,需要求助于神灵。比如,嘉靖皇帝生长在荆楚江河间,登基后不适应北京寒冷的气候,且政务繁忙、日夜劳累,导致身体虚弱;加上久无子嗣,祈求身体强健的需求之外又有早诞子嗣的愿望。他日事斋醮,很难说没有上述两个世俗的目的。又比如,帝后在钦安殿、在雨花阁、在奉先殿,除了国泰民安、国祚兴旺的宏大祈望外,注定有家庭和睦、难题破解或者春花早日开上宫墙、南方多多贡献珍宝等等朴素、微小的心愿。嘉靖的孙子万历皇帝后期与外朝文官集团势如水火,几十年不上朝,是迷信而冷漠的昏君,但和皇贵妃郑氏如胶似漆,是尽责而恩爱的丈夫。外朝舆论如刀、讽谏似剑,万历还是和郑氏在道观中海誓山盟,书写纸条立郑氏所生的爱子、皇三子朱常洵为太子。可神灵的"加持"并没有击退澎湃的舆论,他们的爱子最终未能立嗣——即便万历立郑氏为皇后的遗嘱,朝臣也没有遵守。皇帝的家事,自古就是国事,不是夫妻俩关起门来能解决的。

家国一体,紫禁城既是帝后们的家,也是束缚他们的国,公私难以分割。

紫禁城的神灵,是帝国的护国上神,是皇族的精神安慰,也是俗世的祈祷对象。

逼人的富贵、森严的宫禁,以及随处可见的神灵住所,搭配帝王家族虔诚的礼拜,营造出了紫禁城特色的宗教世界。它包含各派宗教,欢迎四方神圣,夹杂各种目的,成为紫禁城不可分割的一部分。

紫禁城消防简史

火，在照耀紫禁城的同时，也埋下了毁灭的种子。

拜烈火所"赐"，我们如今在紫禁城几乎找不到六百年前的初始建筑。毁灭的火焰光顾过这里几乎每一处角落。

紫禁城的木制主体建构，涂绘上层层鲜亮的油彩，再搭配种种装饰品，是天然的引火燃料。一旦火种点燃，便会在通脊连檐的围房排屋之间蔓延开来，极难控制。面对火灾，辉煌的紫禁城是绝对的弱者。

许多皇家宫殿的大殿顶棚正中，都有一个四边形向八角形、再向圆形层层上凹的穹顶结构，一个峥嵘可怖的龙头从正中探出，有的口含轩辕镜，有的做出喷水状。这种结构称为"藻井"。太和殿大殿正中就有一座浑金蟠龙藻井，装饰以荷、菱、藕等藻类水生植物，富丽堂皇。龙是古人观念中的灭火圣兽，藻井设计的主要目的之一便是压伏火魔。

事实证明，这种重彩木构件没有防火作用，反而是引火良物。

紫禁城重要建筑正脊两端都有龙吻琉璃构件，是古人再一次希望借用神龙

藻井（孙珊珊 摄）

秋季的内金水河（张碧君 摄）

的灭火功用[①]，为此往往在龙吻身后插有类似宝剑的饰物，防止神龙脱逃。为了避免雷击，龙吻周边还牵有铁链，希望雷电能够避开龙吻。

事实证明，屋顶正脊的龙吻并不能灭火，反而容易招惹雷火。

更失败的防火措施是"缺笔"法。午门、太和门、神武门等建筑匾额上的"门"字最后一笔都不上钩，因为古人认为那样会勾起火灾。明朝建立后，大书法家詹希源题写了朝廷衙署的众多匾额。他奉命题写南京皇宫集贤门匾额时，"门"字加了钩，朱元璋看后龙颜大怒，将匾额弃之不用，并给詹希源冠以欺君之罪斩首示众。[②]

不用说明，匾额缺笔只能寄托美好愿望，与防火没有丝毫关系。

灭火还是要靠水，曲折蜿蜒的内金水河是紫禁城的消防主力。

内金水河的河邦、河底铺砌以白石，全长 2100 米，比外金水河长10倍、时宽时收、时隐时现，如盘龙萦绕在紫禁城西部和南部。

---

① 龙吻即龙螭（chī）吻，又名鸱（chī）吻，龙之第九子，古人认为它能吐水灭火。
② 周乾：《紫禁城古建筑防火的传统方法》，载于《工业建筑》2019 年第 4 期。

井亭（郭华娟 摄）

建筑师特意设计了内金水河的弯弯曲曲，一是为了切断火源的蔓延。比如内金水河就切割了文渊阁大院，并且人工扩大了河道。因为文渊阁是为了专贮《四库全书》而建，消防是重中之重，楼下的金水河可以阻止其他地方的火势蔓延至此。二是为了就近汲取水源扑火。内金水河尽量靠近重要建筑，就为了一旦着火就近供水。内金水河和筒子河还滋养了整座宫城的地下水源，不临水的紫禁城建筑往往凿井建亭，主要功效便是灭火。三大殿后有两座井亭，覆以大石，火灾发生时供水范围可以覆盖紫禁城中部。此外，御花园、乾隆花园、建福宫花园和南三所里也有类似井亭。

散布在紫禁城各处的大缸，是紫禁城的主要消防器械。

据《大清会典》记载，紫禁城内有大缸308尊，现存200余尊。按材质可以分为铜质鎏金缸、烧古青铜缸、铁铸大水缸。铜质鎏金缸规制最高，大多陈列在乾清门前和太和殿前，每尊高1.2米，直径1.63米，表面均铭刻着"大清乾隆年造"字样。缸两侧装饰有醒目的两个兽面铜纹、衔环为扣。太和殿前的所有大缸，储水总量高达3000多升，比现在的小型消防车的储水量还多。由于紫禁城讳言"火"字，大缸改称吉利的名字"吉祥缸""太平缸"。

吉祥太平缸如今俨然是紫禁城的"网红"。在明清，它们也是宫廷里的宝贝疙瘩，备受呵护。

太和殿前的鎏金大缸，因为个体大、储水多，专称"门海"。其他处所的水缸个体小，妃嫔宫人常常有养育种莲的，为冷冰冰的宫苑提供了不少乐趣。消防水缸最大的问题是冬天冰冻。每到小雪时节，清代宫人例行给水缸加盖，盖中有铁屉，放置木炭以防缸水结冰。每年十月到翌年二月，太平缸还会穿上棉套，气温特别低的时候缸下还烧炭加温。每尊大水缸下面都有一圈石座，空缺一门，用来加炭和透气。

太和门偏殿前放置的大缸（孙珊珊 摄）

与水缸配套的有救火唧筒。唧筒，又名"激桶""机桶"，早在宋朝就已出现了竹制的唧筒，在大竹筒内套小竹筒，小竹筒端口设有活塞，顶端用更细的竹筒当作进水口和喷水口，类似大滋水枪。紫禁城唧筒通常铜制，体积更大，用力射水，高度可达数丈。侍卫、太监和水缸、唧筒构成了明清紫禁城消防的主要力量。

当然，建筑师的一部分设计，客观上助力了消防。比如，重要建筑都留出了安全距离。乾清门广场是前朝与后寝的分界处，宽三十多米，有效阻隔了前后火势的蔓延。紫禁城历史上的火灾没有前朝后寝烧成一片的，安全距离是关键因素。再比如，古人也考虑到了围廊排房的火灾隐患，在后三宫四周围廊安排了四道"防火墙"。在乾清宫、坤宁宫东西两侧各有两段围廊，后檐墙上的梁、柱、枋、斗拱、椽子和望板等木构件全部改用石料雕刻而成，上面覆以彩画，不细看与其他木建筑无异。它将帮助后三宫不至于在火灾中成为一片废墟。

所有这些措施将接受火险长达六百年的考验。可惜的是，紫禁城在火灾中败多胜少。

明清时期紫禁城几乎每十年就有一场大火，火警则年年月月都有。火灾的记录之多、损失之大，以至于我们有限的精力只能关注到最令人震惊的几场大火。

永乐十九年（1421）元旦，明成祖朱棣志得意满地在奉天殿（太和殿）举行大朝会，接受百官庆贺。一百余日后，这座金銮殿就燃起了熊熊大火！

彼时的奉天殿远比现在的太和殿高大，大约有现在的两倍高，在诸宫中鹤立鸡群。雷电最喜欢这种宽敞广场上的突出物，一击劈中奉天殿。更糟糕的是，彼时的奉天殿通过连廊与华盖、谨身两殿相连。火势迅速向北蔓延，将三大殿烧成一片瓦砾。第二年，乾清宫又失火，焚毁成另一片废墟。这是紫禁城历史上的第一场大火。一块焦黑的巨大伤疤，默默地趴在紫禁城的核心区域，

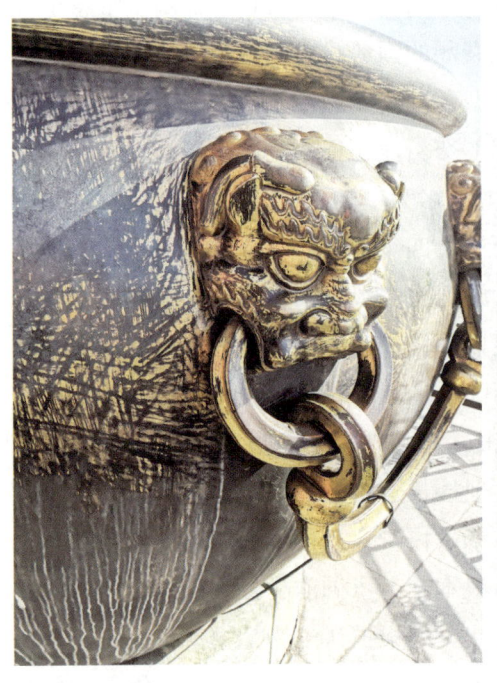

紫禁城铜缸兽环（张程 摄）

直到二十年后朱棣的曾孙明英宗在原地重建了三大殿。这场大火对朱棣的心态产生了巨大的影响，促成了紫禁城御门听政制度的确立，间接影响了明朝初期的中国历史。

正德九年（1514）正月，大火第二次光临沉浸在喜庆中的紫禁城。新春前后，整座皇城都会张灯结彩，与民同乐。当年，宁王进献了一种奇巧的花灯，大受宫廷欢迎。明武宗下令在宫中四处悬挂，板墙、木柱上到处是花灯。火苗蹿出灯笼，焚毁了乾清宫和坤宁宫。皇帝竟然在新春佳节"流离失所"。

第三场大火发生在嘉靖三十六年（1557）四月，三大殿、体仁阁、弘义阁、午门等全部为火魔吞噬。紫禁城南部正中区域几乎夷为平地。这是紫禁城历史上最大的火灾。大火起因颇为讽刺。迷信道教的嘉靖皇帝筑雷坛祭祀雷神，非但没有取悦雷神，反而引来了天雷，劈中奉先殿，累及华盖、谨身二殿及三大殿附属建筑。更糟糕的是，此处堆积了大批上好的楠木、檀香木，预备修缮之用，现在都做了燃料。大火持续了半月，方圆十里以内都能闻到檀香味。

灾后，清运土石瓦砾就动用了劳役四万人、车辆六百辆。嘉靖皇帝急于重建，大兴土木，横征暴敛，加剧了已经衰颓的国势。嘉靖皇帝令户部、兵部、工部各拿出三十万两白银作为启动资金，各部门上缴历年拖欠的工程款、罚没款，叫停各类修造，将贮存的建材全部上交。他还诏令全国按贫富三等上交银两。举全国之力，最终重建了三大殿，并更名为皇极、中极、建极殿。

第四场大火发生在万历中期。万历二十四年（1596），乾清宫和坤宁宫毁于大火，第二年皇极、中极、建极三大殿再次烧毁。两年间，紫禁城最重要的五座宫殿成为焦土。明朝的国力已不足以重修如此庞大的工程，只能断断续续进行。从万历到天启，历代皇帝前后花了三十五年时间才重建了五大殿。

工程耗资竟然高达3900多万两白银，存在严重的贪腐。万历朝先重修乾清、坤宁二宫，工部郎中贺盛瑞负责。他擅长建筑且清廉自律，节约了90多万两工程款，却因为如数上缴国库而没有孝敬权贵，反被诬为"冒销工料"贬为外地小官。贺盛瑞连连上诉，可叹奏本根本到不了御前，最终郁郁而终。其子继续上诉，将父亲遭遇写成两万言申诉状，结果被认定为"滋事犯上刁民"，打入大牢。此时离明朝覆灭，已经不远了。三大殿则在万历四十二年（1614）

由工部著名工匠冯巧主持重建。

明清更迭时，李自成焚烧了紫禁城。这是人为故意释放出了火魔，与自然失火不同，且无人施救。我们姑且不以火灾论之。入住紫禁城的第一位清朝皇帝福临，在位的十几年基本都在搞基建。虽然太和殿等都是按照缩小版复建的，但他驾崩时，中轴线的主要建筑总算得以恢复。

清朝消防工作远胜于明朝，清代紫禁城只发生过两场大火。康熙十八年（1679）十二月，御膳房用火不慎，引发大火。火借风势向南串，跨过乾清门广场，蔓延上保和殿，不知为什么最终烧毁了复建不久的太和殿。千头万绪的康熙皇帝直到十六年以后才重建太和殿。当时知晓太和殿建构的当事人已经非常难寻了，最后在工部找到了明代冯巧的徒弟梁九。梁九技艺精湛，参与过明末宫殿的修建，如今接过了复建太和殿的重任。他遭遇了许多难题，其中最重要的是明代太和殿的主材——巨大的金丝楠木已经砍伐殆尽，只好以东北红松代替。如今，人们看到的太和殿其实是松木支撑的。梁九还将明代太和殿两端的斜廊改为砖墙，通过这两堵封火墙，将太和殿与其他建筑隔离，防止火势蔓延。明代建筑大多使用廊房相互连接，一旦起火常常殃及整片建筑。清代改廊为墙降低火患，引领了之后传统建筑的建制先河。

硬山屋顶的后檐墙是紫禁城建筑的另一大消防发明。硬山顶房屋等级较低，通常为太监、宫女用房。在雍正之前，这些房屋前后檐都开设门窗，以便采光、通风，宫廷生火、照明、采暖等都集中在这些房间里操作，因此硬山顶房屋往往成为火灾源头。雍正五年（1727）冬，雍正皇帝发现乾清门两侧的围房里有值守人员做饭，认为"凡事不可不为之预防"，下令将所有围房后墙封死，今后后檐墙一律不得开门窗。这种封闭的后檐墙名为"封护檐"，很快从紫禁城推广到全国的建筑中，成为传统建筑的一大特点。

乾清宫是宫中火魔光临最多的地方。乾清宫在明代三次毁于大火，分别是永乐二十年、正德九年、万历二十四年，清朝嘉庆二年（1797）十月二十一日又毁于大火。这是清朝紫禁城的第二场大火。当日黄昏，乾清宫突然火光冲天，并迅速蔓延后方两侧的宏德、昭仁殿，进而殃及交泰殿。当时恰值初冬，天高物燥，木构件迅速陷入火海，火势猛烈。总管内务府大臣带领官兵奋力扑救，西北风又及时赶到，大火只烧毁了乾清宫和交泰殿，在坤宁宫前檐得到控

清代将连廊房屋改为实体墙,降低火灾蔓延的隐患。(郭华娟 摄)

制。如今的乾清宫,是嘉庆三年重建的。

这次坤宁宫大火未酿成大祸,得益于清代紫禁城完备的消防制度。太和殿失火后,康熙皇帝设立了"火班",专司灭火。这是专门的紫禁城消防队,常驻在东华门与西华门,昼夜值守。雍正皇帝加强了消防力量,增设了"内火班"。火班由官兵、苏拉、銮仪卫校尉等共一百人组成,归内务府管理,每年春秋两季两次实战演习。内务府在西北部咸安宫前墙西的空地盖了二十五间板房,作为火班驻地。紫禁城还在宫中三十七处值宿点都配备了防火器具。专职的火班和日常值宿人员,组成了体制完备的紫禁城消防网络。[①]雍正还将内廷太监编集成队,指定头领、总头领,在火情发生时协调指挥内廷灭火。乾隆二十六年(1761)内廷寿安宫内遮阳席片失火,外朝护军发现后紧急叩门。首领太监惊醒后拒绝开门,自行救火。事后,皇帝规定凡宫中失火,总管太监须

---

① 王广生:《清代皇宫防火》,载于《云南消防》1997 年第 4 期。

立即打开宫门，放外臣入宫灭火。除了专职人员，文武百官和八旗官兵也有消防责任，并事先划定了负责范围：东南失火由正蓝、镶白两旗赴援，西南失火由镶蓝、镶红两旗赴援，东北失火由镶黄、正白两旗赴援，西北失火由正黄、正红两旗赴援。

光绪末期，北京城里有了专业的消防队。紫禁城救火力量更加壮大。光绪二十三年（1897）九月初五，御药房煮药不慎，引发大火，殃及接栋连楹的王公大臣更衣房，烧毁房屋二十多间，王公大臣们暂存的朝服装饰自然也陷入火海。已经七十四岁高龄的北洋总督李鸿章亲自入内指挥灭火，大火最终在紫禁城官兵、太监和"内城水会"的通力合作下扑灭。参与救火的有东安水会、平安水会、保安水会以及外城水会等，约五百人。内城水会协同官兵看守火场余烬，直到次日破晓确认安全后才出宫离去。①

建筑改善、人员完备，是清代紫禁城消防成功的主要原因。

---

① 王铭珍：《阿哥所与"禁城失火"》，载于《上海消防》2004 年第 10 期。

天火与防雷

永乐十九年（1421）四月初八的夜晚，来自伊朗的盖耶速丁目睹了雷电劈中紫禁城的场景：

> 空中的雷电击中了皇帝新建的宫殿顶部。在那座宫殿中发生的火把它卷没，以致看起来就像里面点着千万支添油加蜡的火把。火灾最早烧着的那部分宫室，是一座长八十腕尺、宽三十腕尺的大殿，殿是用熔铸的青精石支撑的光滑柱子支撑，柱粗甚至三人不能合抱。火势猛烈，乃至全城都被火光照亮，同时火从该地蔓延至离它二十腕尺远的一个宫殿，也把朝见殿后面、建筑比它更豪华的后宫焚毁。在那座宫殿四周是用作库藏的厅室和屋舍。这些也着了火，其结果是大约二百五十噚的地方化为灰烬，烧死了很多男人和女人。它像那样继续烧到白天，尽管极力抢救，在午后祈祷时刻之前不能把火控制住。[1]

盖耶速丁记录的是紫禁城的第一场大火，他目睹了大火烧毁奉天、华盖、谨身三大殿的场景。这场大火的起因非常明确：雷击。

---

[1] 杨乃济：《一个波斯使臣所见到的紫禁城诞生与三大殿火灾》，载于《紫禁城》1986年第2期。

在紫禁城火灾中，雷击引发占了半数以上。记录在案的雷击引发的火灾就有三十四起。①迟至1987年8月24日夜，景阳宫还遭雷击起火。

雷火在传统观念中是"天火"，雷击意味着天降惩罚。永乐十九年的这场大火，明成祖朱棣就认为是"天谴"，不仅不敢重建三大殿，而且被迫下诏"求直言"。对火灾的检讨，差点动摇朱棣执政的合法性。之后的紫禁城主人也都讳言天火。

天火为什么频繁光临紫禁城？紫禁城又有哪些防雷措施呢？

太和殿、中和殿、保和殿、奉先殿、午门等遭遇雷击，毁于天火。紫禁城吸引雷击的原因有三：一是紫禁城位于北京的落雷带上。二是宫城的环境容易遭受雷击。紫禁城四周环绕筒子河，环境潮湿，导电性好，容易接雷；紫禁城地势北高南低，造成南部的三大殿、午门等建筑的地下水位高，也容易接雷；前朝三大殿位于南部空旷的区域范围内，且体量高大，这也使得这三座建筑相对于其他建筑更容易遭受雷击；紫禁城所在区域的土壤电阻率相对其他区域要低，更容易聚集电荷，遭受雷击。三是紫禁城大型建筑多有突出造型，正吻、小兽、宝顶等都容易遭到雷击破坏。②

古人始终没能科学认识雷电，毋庸谈科学防雷了。紫禁城的诸多防雷措施，大多是一厢情愿，甚至事与愿违。

重要建筑的龙吻端部往往安装铁链，一端固定在正吻上，另一端固定在屋檐部位的瓦垄上。古人认为这样的设计利于避雷。事实上，铁链反倒容易吸引雷击。

工匠在攒尖类建筑的木构架顶部安装一根立柱，下部落在一根木梁上；在庑殿类建筑正脊端部的正吻下方安装一根立柱，下部亦立在一根梁上，上部则支撑木构架端部挑出的脊檩和两边的由戗。这些立柱称为"雷公柱"，支撑雷公柱的大梁则称为"太平梁"，这些是工匠应对雷击的措施，希望雷公柱、太平梁护佑建筑免遭雷击。事实上，雷公柱也是木材，木材是绝缘材料，雷公柱不可能防雷。

---

① 林海：《紫禁城的消防史》，载于《人力资源开发》2017年第10期。
② 周乾：《古老紫禁城的防雷智慧》，载于《科技日报》2019年7月12日。

紫禁城建筑屋顶施工结束前，古代工匠通常郑重其事地在屋顶正脊中部预留一个口子，称为"龙口"，然后会举行"合龙"仪式。届时，一名未婚工人将一个含有镇物的盒子放入龙口内，再盖上扣脊瓦。盒子就是宝匣。这个象征性仪式就是合龙。事实上，金属制成的宝匣并不能防雷，相反还诱发雷击。1984年6月2日承乾宫遭受雷击，雷电正好击中屋脊正中的锡质宝匣。

而传统工匠无意为之的一些做法，反而起到了防雷的作用。比如紫禁城的大量建筑材料都是绝缘体。屋顶的琉璃瓦下面都有泥背，泥背下又是木质材料的椽子、望板、梁架，墙体材料为砖石，建筑底部为石质基础，地基是碎砖、灰土分层叠加，这些主体材料都不导电，大大降低了遭受雷击的可能性。除了三大殿、午门等高大突出的建筑外，大多数紫禁城建筑都是整齐划一的建筑，不容易接引雷电。事实上，受雷击的基本都是高大突出的建筑。①

1955年8月8日晚，午门雁翅楼两角亭遭雷击，之后紫禁城建筑开始逐步安装避雷针和避雷带。雷击的风险大为降低。

古人同样视为"天谴"的还有地震——古人同样无法科学解释的一个自然现象。600年时间里，紫禁城受到有记载的地震影响222次，含8度以上强震3次。但是紫禁城并没有宫室毁于地震。这要归功于紫禁城的抗震构造。

紫禁城地基煞费苦心，原有的元朝宫殿地基全部挖走后重新人工回填基础，具体的做法是分层叠加：一层灰土、一层碎砖，反复交替，而且掺入利于抗震的黏性材料。宫殿的大柱柱底浮搁在柱顶石上，在震中可滑移隔震，避免倒塌。而传统建筑的榫卯结构可摩擦耗能，分层叠加的斗拱可以耗散部分地震能量，梁架低矮既可避免大尺寸梁截面的使用，也可避免在地震中倾覆。②紫禁城继承了中国传统建筑面对地震的大胜记录。

---

① 周乾：《古老紫禁城的防雷智慧》，载于《科技日报》2019年7月12日。
② 周乾：《紫禁城古建筑的传统防震方法》，载于《工业建筑》2019年第6期。

排水与采暖

紫禁城占地宽广，在汹涌的雨季和漫长的冬季，如何做好防汛与采暖又是一道难题。

所幸的是，紫禁城有一支称职的"水暖工"队伍，凭借建筑巧思和一代代的付出，保障了紫禁城的安全宜居。

明代负责宫城水暖的机构是惜薪司。惜薪司是宦官衙门中的"四司"之首，有掌印太监、佥书、监工等指挥着大批的工匠、太监负责整座紫禁城的基础修缮、防汛采暖。惜薪司衙门在皇城西安门内，占地广阔，是明代宦官一大衙署。如今的西城区惜薪胡同，南北向及两边房屋大体是当年的惜薪司故地。

明亡清兴，清朝改编惜薪司为内工部，进而在康熙年间改为营造司，划归内务府管理。营造司下设木、铁、房、器、薪、炭、圆明园薪炭七库与铁、漆、炮三作，并且指挥京城内外的诸多工坊，维护着紫禁城的基础运转。惜薪胡同一带依然归属营造司指挥。皇帝委派总管大臣一人管理，日常工作由郎中、员外郎、主事等文官负责。

在紫禁城的诸多机构中，惜薪司（营造司）注定是不为人所重，却又不可或缺的衙门。

北京城的汛期在夏季。紫禁城设计时，顺应北京地理形势，整体呈北高南低、中间高两边低的地形。北门神武门比午门高出约两米。紫禁城排水坡度约为千分之二，自然便利雨水从西北向东南方向排泄——这和整个北京地区的水流方向是一致的。在此大原则下，建筑师利用贯穿南北的内金水河来收集宫中各处的雨水、污水。高台上的排水兽、御道两侧的明渠、广场地面的坡度、城墙的排水槽等等聚集地面的雨水，汇入地下纵横交错的排水道、暗沟，再聚集到内金水河。

今天徜徉在紫禁城中，随处可见各种排水装置巧妙地嵌入建筑整体之中。

建筑后檐的檐头往往设置排水天沟，宫墙向外接有排水石槽，地面上有不少石板镂雕成铜钱形状，上面外圆中方镂有五个孔洞，俗称"钱眼"，它们就是地下排水管道的入口。

内金水河上下游河床相差一米左右，保证了水流能以一定流速流经紫禁城。在东南角出口处，内金水河突然收紧，呈现倒喇叭状，是一种"束水攻沙"设计，目的是为了防止下游水流缓慢导致泥沙淤积，有效防止紫禁城水道的淤塞。①

三大殿是防汛重点。高高的石质须弥座，表皮为地砖，而核心部分是夯实的灰土。防止台基在雨季存水、渗水进而下沉尤为重要。设计之初，三层须弥座每层台基地面都有3%—5%的坡度，上层水直排下层台基。台基每块栏板底部正中有直径10厘米的半圆形泄水口，栏板之间望柱的底部则伸出排水兽。排水兽形象似龙，有人认为是龙生九子的第六子霸下②。霸下和宫殿正脊之上的九弟螭吻遥相呼应，因为具有美好的寓意，定居了紫禁城。排水兽探出栏板约0.8米，宽度同望柱宽、高度同底部须弥座的上枋层，兽嘴有直径约3厘米的出水孔。出水孔贯穿排水兽，并与栏板内侧的地面相通。排水兽的设计在起到上层排水的功能同时，与整体建筑风格协调，还进一步烘托了三大殿的恢宏尊贵，兼具实用与艺术。紫禁城三大殿的台基一共有1142只排水兽，雨季旺时，每个兽头都喷出水来，宛若"千龙吐水"，为紫禁城增加了一景。

---

① 吴岩、闫征：《天钩峥嵘：紫禁城水系一瞥》，载于《建筑》2014年第2期。
② 霸下又名赑屃（bì xì），似龟有齿，喜欢负重，常见于驮碑。

三大殿区域三台的排水龙头（孙珊珊 摄）

许多普通宫殿建筑的台基做成斜面形式通向地面，雨水沿斜面流向地面。东华门、西华门的城墙马道，协和门、熙和门的台阶，还有三大殿、后三宫的诸门都是类似的设计。为了防止滑倒，台面都做成"礓嚓"。雨季来临，雨水沿着礓嚓倾泻向地面，如同连绵不断滑落的白丝绸，蔚为壮观，也算是雨季紫禁城的一景。

这些雨水通过铜钱孔，便抵达了地下管道的世界。紫禁城的地下排水管道，似乎有效运行了六百周年，并没有做大的改动。几条主干道是：

神武门内宫墙南侧有一条自西向东的石板路，每隔一定距离的石板上有泄水的小孔，下方就是紫禁城最北侧的排水道，宽三十五厘米，最深处将近三米。石板路从神武门向东延伸到紫禁城东北角，然后向南经过东筒子路、御茶膳房，在文华殿东侧汇入内金水河。北侧排水道收集了建福宫、西六宫、东六宫、乾隆花园等区域的雨水，并在上述区域设置了分支管道，构成一个几乎容纳紫禁城三分之一区域雨水的地下管网。

紫禁城东排水干道在东侧十三排区域地下，经北十三排、南十三排，向南流入清史馆区域的内金水河；西排水干道在西六宫地下，蜿蜒经过乾清宫、养心殿、隆宗门向南在武英殿附近汇入内金水河。

地下排水官网纵横交错、条理分明，内金水河接纳各处雨水，六百年如一日完成两千一百米的行程，涌出喇叭口流入筒子河，向东通过菖蒲河奔向通惠河而去。① 文字描述不了这套管网的复杂性。为了保证排水顺畅，惜薪司、营造司的维护保养任务是很重的。他们的另一项繁重任务是冬季供暖。

寒风动地气苍茫，横吹先悲出塞长。北京的冬天寒冷且漫长，紫禁城的供暖季随之漫长，从每年农历十月初一生炉开始供暖，次年二月二日龙抬头才撤火，长达四个月。

来自白山黑水的爱新觉罗家族擅长取暖，现在紫禁城的供暖系统就是经过清代改善后存留下来的。清代宫中供暖方式主要有两种：第一种类似于当代建筑的地暖系统，宫殿地下或炕下预先砌有火道，殿外廊子下的灶口处烧炭供暖。燃烧产生的热气通过循环的火道，烘暖地面，热气再徐徐上升，产生热循环，温暖了房间，达到御寒目的。烧火坑和排烟道都在室外，避免烟气污染室内，又防止了煤气中毒。地暖的优点非常突出，能够持续、稳定地保证建筑暖和，缺点是耗费巨大，需要持续有专人添加炭火。它是明清紫禁城冬季主要的取暖措施。作为配套，地暖流通的区域用木板隔断包围起来（一般是有床铺的区域），强化局部保温效果，清朝称之为"暖阁"。

第二种供暖方式是"熏殿"，宫殿内设铜质火盆或精工细做的掐丝珐琅熏笼，烧炭供暖。这应该是人类最原始地采暖方式。但是并非每一座建筑、每一个人都有享用火盆的权利。它和诸多供应一样，有着严格的等级要求。清代答应及其以下女性，就没有资格使用火盆取暖。熏殿的缺点是针对性强，缺点是有严重的火灾隐患。嘉庆二年的乾清宫火灾，就是因为熏殿火盆内没有燃尽的灼炭，因为负责太监没有彻底熄灭，结果复燃，引发烈火。等到首领太监闻到烟味时，火势已经开始蔓延了。

紫禁城的居民更常用的还是小巧的手炉、脚炉。脚炉一般为长方体，手炉

---

① 周乾：《紫禁城的排水系统》，载于《工业建筑》2019 年第 7 期。

方圆皆有，体积较小，多数为铜质，也有珐琅镶嵌制成的，雕刻镂空花纹，上有提梁，方便随身携带取暖。其中，手炉的制作尤其精良，青铜鎏金、掐丝珐琅，华贵精巧，既是实用器皿，又是艺术品。

取暖季到来后，惜薪司、营造司的主要工作倒不是制作火盆、手炉，也不是添加炭火，而是持续供应上等木炭。涿州、通州、苏州、易州及顺天府宛平、大兴等县每年选择上好的用硬实木材烧炭，再运送到西安门外的红罗厂，惜薪司（营造司）工人按照尺寸锯截盛入涂有红土的小圆荆筐，故名"红罗炭"。这种紫禁城专用的优质木炭，乌黑发亮，燃烧耐久，火力旺盛，却不冒烟、无异味。紫禁城面积大居民多，供暖季红罗炭需求量巨大。乾隆年间，宫内木炭份例是皇太后每日一百二十斤、皇后一百一十斤，至皇子二十斤，皇孙十斤。①

清代紫禁城内设有三个专司采暖的机构，一为热火处，负责安装火炉、运送木炭；二为柴炭处，专管木炭的存储和分发；三为烧炕处，点火烧炕。各处都有首领太监两名，普通太监二十五名。此外，各宫殿还有听差太监，负责本宫的火盆、打更和守夜。

科举考试的殿试在春天举行，当时乍暖还寒，天气变化不定。朝廷重视抡才大典，会让惜薪司、营造司在供暖季之外给殿试供暖。万历十八年（1590）殿试，考生们一次性用炭一千多斤；雍正元年（1723）的殿试天气寒冷，考虑到如果继续让考生们在丹墀写作，"恐砚池冰结，难以书写"，改为在太和殿内两侧考试，多置火炉、暖和大殿，保障天子门生们能够正常发挥。

紫禁城也是一座"城"，拥有不异于其他城池的各种需求，有过之而无不及。

预先的精良设计，事后的制度设置，共同保障了紫禁城六百年来的各种需求。

---

① 王铭珍：《紫禁城的暖阁和冰窖》，载于《建筑知识》2003年第3期。

珍宝之城
Biography of the Forbidden City

故宫传

珍宝目录与造办处

紫禁城是皇权政治的载体,紫禁城更是物质文明的容器。

明清紫禁城汇聚了中国的奇珍异宝,代表着古代文化艺术水平的最高峰。

紫禁城到底收藏了多少宝贝?这又是一个谜。各类艺术品源源不断地进入紫禁城,也陆续有幸运者受赏皇家宝贝。明清更迭之时的李自成大火,和溥仪有组织的持续盗宝变卖,更加剧了谜团的复杂。自诩为艺术家兼鉴赏家的乾隆皇帝,试图破解这个谜团,于登基之初就组织人员清点紫禁城藏宝,分门别类,陆续编辑完成了《秘殿珠林》《石渠宝笈》《西清古鉴》《天禄琳琅书目》。

最先编成的《秘殿珠林》,记录了紫禁城佛教、道教内容的书画藏品。按照先佛后道,先书后画的原则,《秘殿珠林》将这些书画分为上、次二等。上等是真迹且笔墨上佳的作品,详细记载了纸卷、尺寸、跋语、藏印等信息;次等的是神韵欠佳的真迹,或真伪尚未明确的作品,仅仅记载款识和题跋人名。

《石渠宝笈》整理登记了紫禁城所藏的自古至清代的帝王、名家书画作品。目录按照作品贮藏的殿堂分卷,如乾清宫、养心殿、重华宫各处书画较多,各有八卷。《石渠宝笈》根据作品质量高下,也将书画分为上、次二等,上等作品详细记载作品名称、质地、书体、本人款识、印章、他人题跋、收藏押缝诸印等。次等作品要简略许多。凡有御笔题跋的，无论上等、次等都记录全文，置于各项内容之后。书画上附着了诸多传统文化的意蕴和民族精神的内涵，自古是中国人收藏的大宗，紫禁城更是不遗余力地收藏名家名作。乾隆皇帝似乎鉴赏书画上瘾，四处盖章定断，有"盖章专业户"之讥。紫禁城收藏的书法作品有二王、欧、虞、褚、柳等名家作品，国画作品有荆、关、董、巨、元四家等名家名作。

《西清古鉴》整理记录的是紫禁城内商周至唐代青铜器1529件，40卷，另附钱录16卷。每个器物都有绘图，详细记载高度、重量等信息，并附有考释。乾隆时期编撰的这些目录，固定的是当时的藏品规模，之后多次更新过目录。比如，《西清古鉴》之后就有《西清续鉴甲编》二十卷，补录铜器975件。又有"乙编"二十卷，再收录铜器900件。此后还有《宁寿鉴古》十六卷，再录了701件青铜器。以上这四本图书通称为"西清四鉴"。

乾隆皇帝还自诩为文人天子，乾隆九年（1744）开始在乾清宫昭仁殿收藏图书，题室名为"天禄琳琅"。古籍善本的价值，远胜于金银珠宝。民间藏书家能够将一部宋版图书收入囊中，其藏书楼就能扬名百里，可见善本的魅力。紫禁城所藏宋元以来精刻精钞善本书籍一千余部，整理书目后即取名《天禄琳琅书目》。书目按版本时代顺序编排，同时代版本以经史、子、集为序，同一种图书的不同版本如果都质地精良都收录在内。"文人天子"乾隆皇帝发挥"盖章专业户"的做派，在书目收录的每一部善本书都加盖了钤印，他常用的玺印有"五福五代堂古稀天子宝""八征耄念之宝""太上皇帝之宝""乾隆御览之宝"等。随着藏书增加，又编了书目《后编》，乾隆皇帝又在后编的每部书上另钤"天禄继鉴"。

紫禁城是全中国最大的艺术宝库，珍宝之多以至于区区四种目录并不能涵盖所有的艺术品。乾隆时期的人们，并没有涉及两类宫城中常见、常用的物品：玉器、瓷器。

同时期成功来到乾隆皇帝身边的英国使臣马嘎尔尼，发现中国的宫殿中往往放置一件玉如意，乾隆赠送给英国国王的礼物也是一柄玉如意。马嘎尔尼得知如意喻义和平与兴旺，满含祝福，但是生活在中国社会之外的人很难透彻理解玉在中国文化中的特别含义，很难理解中国富裕阶层与士大夫对玉器的趋之若鹜。石之美者方为玉，在中国人眼中，玉石是温婉含蓄的美女、灵动精致的精灵。

玉器在紫禁城无处不在，既是生活用具，也是主要的室内装饰物，更是闪耀后世的艺术品。

紫禁城宫殿的多宝格陈设的艺术品，八成以上是玉器。这些玉器涵盖白色、青色、黄色、碧色和墨色五大颜色，囊括了玉石的各个种类。马嘎尔尼幸运地遇上了玉器在紫禁城的高峰期。乾隆时期，中央政权彻底平定西域，将生产玉石的新疆置于朝廷直辖之下。新疆的和田玉开始源源不断地补充到中原的玉器产业中。当然，最上等的玉石为紫禁城所垄断。成千上万斤玉石定期输送到内务府。内务府下属的玉作终日忙碌，为皇帝制作精巧的雕玉。玉石的主要成品之一是如意，乾隆皇帝另建了如意馆，专做如意。紫禁城的许多玉器精品都出自这两处作坊。

宁寿宫乐寿堂的"大禹治水图玉山"是紫禁城玉器艺术品的精品，它的诞生史折射了皇帝对珍宝的不计成本和乾隆的帝王心术。

大禹治水图玉山是一座5.3余吨重的玉雕，是迄今为止世界上最大的玉器。它来源于新疆和田密勒塔山近5000米的海拔高处。它的故乡终年积雪，空气稀薄，每年只有夏季三个月才给人类进山开采的机会。在两百多年前的原始开采条件下，人们单单将重达5吨多重的玉山原料从山上搬到山下就耗费了两三年时间。移动下山就如此困难，运送到万里之外，跨越千山万水，难度可想而知。沿途军民又花费了三年时间，才在乾隆四十六年（1781）将这块玉料送达北京。

内务府根据馆藏的宋人《大禹治水图》画轴为稿本，经乾隆皇帝钦定，开始动工制作。玉作先在玉石上画出大禹治水纸样，画匠接着临画，再做成木样连同玉料一同经水路运往扬州，由两淮盐政使衙门下辖的扬州工匠负责雕刻。内务府对于超乎制作能力之外的活计，常常输送往江南代工。又过了六年时间，"大禹治水图玉山"成品于乾隆五十二年返回北京。

崇山峻岭、层峦叠嶂、瀑布激流、草木苍郁，隐藏着深洞秘穴，都呈现在玉山之上。远古明君大禹在山腰上以身作则，指挥民众锤打、镐刨、撬击，

清代白玉文房用具(孙珊珊 摄)

清代白玉碗(张程 摄)

清代白玉摆件(孙珊珊 摄)

清代连扣双玉环(孙珊珊 摄)

疏导流水。天上的神灵也被君民的壮举感动了,引来雷公在山顶浮云处开山爆破,一副天人共治水患的景象。这样的题材内容,也只有紫禁城才有资格摆设。玉匠师傅根据材料的天然材质,运用写实技法,精雕细作,创造出了一座精美绝伦的艺术作品。

乾隆皇帝对大禹治水图玉山非常满意,为它书写了长篇御诗和注文,还将它放置在自己的养老之所——宁寿宫乐寿堂,陪伴自己的晚年。既然是艺术佳作,就不能阻挡乾隆皇帝"盖章"的欲望,即便是石头也不能例外。玉山的正面就刻有乾隆皇帝"五福五代堂古稀天子宝"大方印,背面刻有"八征耄念之宝"方印,满满的志得意满、功成名就扑面而来。乾隆皇帝还为玉山特制了一个嵌金丝的褐色铜铸底座。青褐色的古朴铜座与青白色的晶莹光泽的和田玉,搭配非常成功,底座更衬托出玉山的雍容华贵。

从原料到成品，"大禹治水图玉山"前后耗费十年时间、征用人力数以千计。它是一次工艺美术史上的壮举，更是中国传统文化的精品佳作。

玉山背面刻有乾隆御题的《题密勒塔山玉大禹治水图》，长诗歌颂了大禹治水的功绩，陈述了玉山制造的来龙去脉。乾隆皇帝告诫子孙，今后绝不允许为了追求珍玩再制作耗费如此巨大的作品。那么，他老人家为什么劳师动众，制作这座玉山呢？乾隆皇帝自述是为了标榜圣主明君大禹的功绩，激励子孙皇帝一直为榜样建功立业。好一个"自圆其说"，暴露了乾隆皇帝数十年来一以贯之的双重标准。

玉石还是古代印信的材料，皇帝御玺本质上也是玉器的一种。乾隆皇帝梳理、明确了紫禁城的御玺制度。中国第一个皇帝秦始皇以先秦名玉"和氏璧"为原料制作了传国玉玺，象征皇权和法统。传国玉玺消失于五代十国的战火之中，之后的历代帝王无不渴望重获传国玉玺。不同时代都有人声称发现了传说中的传国玉玺，事后证明都是赝品。民间知道乾隆皇帝钟爱玉器，且好大喜功，更是不乏献宝之徒，都宣称传国玉玺"重出"乾隆盛世。乾隆皇帝对传国玉玺的认识非常理性，认为盛世在人不在印。到乾隆时期，汇聚到紫禁城的御玺数以十计。后三宫交泰殿专为存印之所。交泰殿贮藏的御玺一度多达三十九枚，杂乱无章。乾隆皇帝去伪存真，根据《周易大衍》"天数二十有五所定"，明确本朝御玺为二十五枚，在交泰殿按次序排列。其他御玺全部销毁。他还编撰了《宝谱》专论交泰殿贮印制度，其中的《御制交泰殿宝谱序》指出：自古御玺没有定数，记载失实，印玺又有重复的，自己加以考订，作为子孙定制，并祈求上苍，保佑大清江山能延续二十五代。可惜，在乾隆的身后，清朝皇位仅仅往下传了六代。

乾隆皇帝一生酷爱玉器，就连皇子取名，乾隆皇帝全都以玉器的名字命名，比如日后的嘉庆皇帝名为颙琰，"琰"是美玉的一种。紫禁城现藏的三万多件玉器，覆盖了从新石器时代起至清代末期的各种作品，其中明朝以前四千多件，明朝作品五千多件，清朝作品两万多件，绝大多数是乾隆这个"玉痴"收藏和雕作的。嘉庆皇帝继位后，他对玉器并无特殊爱好，且觉得父皇的做法劳民伤财，下旨大规模缩减玉器生产。到了孙子道光皇帝，下旨新疆停止进贡玉料。到了曾孙媳妇慈禧太后掌权时，玉器在紫禁城有所恢复。不过慈禧太后钟爱的是来自云南、缅甸的翡翠玉。

乾隆皇帝的另一大珍爱是瓷器，曾作诗感叹："李唐越器人间无，赵宋官窑辰星看。"紫禁城有多达三十五万件瓷器，其中不乏宋元两朝的珍宝，绝大多数是对宋朝五大名瓷的仿烧。清代紫禁城的瓷器仿制达到了历史最高水平。

紫禁城的日用器皿，主要是瓷器。农民的节俭深植朱元璋的思维，他规定明代祭拜天地的礼器，从金银玉石改为瓷器。此后，明成祖朱棣又将御膳碗盘、随葬明器、赏赐礼品都换为瓷器。瓷器牢固树立了在紫禁城器皿界的主角地位。

为了保障旺盛的瓷器需求，明朝于洪武二年（1369）就在景德镇设置了御窑厂。御窑厂采取朝廷督办、招募工匠的生产方式，采用景德镇地区最好的瓷土，专门生产宫廷瓷器。这是中国历史上第一家真正意义上的官窑。从朱棣开始，宫廷瓷器都在底部刻制"永乐年制"的字样，这是中国官窑瓷器第一次出现皇帝年号款识。此后，每一代皇帝都会在新生产瓷器上刻上自己的年号。年号款识是官瓷最显著的特征。这些标记着皇帝年号的瓷器，专供紫禁城，民间禁止拥有与买卖。御窑厂的配方、烧制技术也是严格保密的。

明代紫禁城瓷器盛行青花瓷。这种诞生于唐朝的瓷器形式，在明朝前期达到了旺盛期。这很大程度上得益于永乐年间郑和从西洋引进了外来青料（苏麻离青）。这种颜料能在瓷器表面烧制出浓艳的色彩和独特的斑点，类似中国水墨画的晕散效果。清代紫禁城对瓷器的最大贡献是发明了珐琅彩瓷。这很大程度上也得益于舶来品。康熙时代的传教士为中国引进了铜胎画珐琅，这种珐琅工艺很快移植到了康熙皇帝喜爱的瓷器上。为了扩大产能，内务府造办处增设了珐琅作，全力制造珐琅彩瓷。珐琅彩瓷的制作过程是，景德镇制作好陶瓷素胎，素胎运至紫禁城，由画师画图上彩，最后烧制。

康熙皇帝真的很喜欢珐琅彩瓷，烧制珐琅彩的小窑就搭设在养心殿，方便皇帝随时巡视。在他的眼里，来华传教士的一大重要价值就是制作铜胎画珐琅。康熙五十三年（1714），七名传教士抵达广州。康熙皇帝闻报后，下令将掌握铜胎画珐琅的技术的传教士留下送京，其他人遣返。送京的传教士中，有一位年轻人郎世宁。他一入紫禁城就画了五十年，历经康雍乾三朝，成为最著名的宫廷画师。不过工作伊始，郎世宁还只是一位画珐琅的工匠。康熙皇帝遇到外国传教士，首先询问能否作画，如果得到肯定的回答，便半邀请半强制他

清代画珐琅花果瓜蝶纹高足盘（张程 摄）

嘉靖景德镇瓷碗

清代铜镀金嵌画珐琅盆珊瑚菊花盆景
（张程 摄）

们入紫禁城制作珐琅彩瓷。

雍正皇帝对珐琅彩瓷的喜欢，比父皇有过之而无不及。之前，珐琅颜料全部依靠进口，雍正时候炼成了国产珐琅料，保证了紫禁城彩瓷的生产需要。雍正皇帝在政务繁忙之余，对珐琅彩瓷的原料、样式、图案甚至尺寸都一一过问，还经常亲自参与设计。

西方传教士给紫禁城艺术品带来了新鲜气息和绚烂色彩。除了珐琅彩瓷，还有西洋钟表。

早在明朝后期，意大利传教士利玛窦于万历二十九年（1601）成为第一个进入紫禁城的西方人。万历皇帝对利玛窦的宗教宣教没有兴趣，却对他进献的两架自鸣钟钟爱异常。万历皇帝将利玛窦留在京城，随时调试钟表。通过自鸣钟，利玛窦将近代机械原理初步传播进了紫禁城。到了清朝前期，广州是中国自鸣钟进口的中心，民间已经能够自造机械钟表，将葫芦、蝙蝠等中国吉祥形状或吉祥文字融入西洋钟表，并装饰上色彩鲜艳的珐琅，具有鲜明的时代特色。康熙时期，紫禁城也能够独立制造钟表，到乾隆时期开始生产集走时、报时、音乐、景观等诸多功能于一身的精美钟表。这些"中西融合"的钟表以西式机械构造为基础，装饰有花草、鸟兽、流水等景观，既是报时工具，又是皇帝的高级玩具，还是紫禁城最时髦的饰品。

以珐琅和钟表为代表，西方制品装点着康乾盛世中的紫禁城。紫禁城散布着西洋工艺品，并且大规模仿制。大批传教士供奉于紫禁城：汤若望、郎世宁、刘松龄、鲍友管、戴进贤、巴多明、费隐等。他们服务于画院、如意馆、珐琅作、做钟处，等等，鉴定西洋制品、西洋图书，传授近代工艺技巧，并制作、修理西洋工艺品。

上述机构都隶属于内务府造办处。明代紫禁城的造办机构及设施，大多设置在皇城内、紫禁城外，环绕着宫城。清代紫禁城的造办机构内迁入宫。康熙早期，紫禁城创建了养心殿造办处，下设若干工艺品厂，分门别类，制作宫城所需各项工艺品。随着需求、生产两旺，生产主体从养心殿移到了位于慈宁宫东南部区域。此地原来是慈宁宫茶饭房，有房151楹，后来又增设了近百楹房屋。迁址后，养心殿造办处也更名为"内务府造办处"。养心殿内只保留了极少数作坊。

造办处是紫禁城内最大的机构之一。到乾隆朝，下属作坊有四十多处：裱作、画作、广木作、匣作、木作、漆作、雕銮作、镟作、刻字作、灯作、裁作、花儿作、绦儿作、契花作、镶嵌作、牙作、眼镜作、如意馆、做钟处、砚作、铜作、錽作、杂活作、风枪作、玻璃厂、铸炉处、炮枪处、舆图房、弓作、鞍甲作、珐琅作、画院处等等。各作坊有六品库掌、八品催长、委署催总等，制作活计、领办钱粮、稽查工作。造办处主体区域是工整的长方形，占据三个宫格面积。各部门呈"品字形"设置，南边为造办处前门，北边为造办处后门，左右两边各有侧门与冰窖、慈宁宫花园南长街相连。北部为造办处办公处、库房和裱作。左下部为金玉作、画作和造办处查核房、档房和钱粮仓库，右下部为铜作、做钟处。左右两部之间并非南北直线夹道，而是曲折走廊。就建筑面积而言，做钟处是造办处最大的作坊。此外，隶属造办处的油木作、枪炮处、枪炮仓库等与上述作坊，一路之隔，与内务府衙署交错杂处。

供职造办处的匠役主体是八旗子弟。嘉庆朝时，旗人工匠占造办处员工总数的百分之八九十。造办处的设立，是保障旗人就业的一个措施，既然是保障措施，那么工艺质量就不能保证。造办处的技术中坚还是从各地征调的能工巧匠。清朝紫禁城海纳百川，凡是有一技之长、业务精湛者，都能在这座庞大的宫城里有一席之地。工匠们进京，紫禁城发给安家银两，供职期间每月有钱粮银、公费银，每年另有衣服银。皇帝还赏给或租给住房。即便如此，如同"大禹治水图玉山"这样大项目，造办处还是不能独立完成，便由档房请旨后行文苏州、杭州、江宁三大织造衙门制造——后三者毕竟也是内务府的下属机构。

持续旺盛的需求、永不枯竭的供应、严明完善的制度，配上从全国征调的工匠，清宫内务府成了艺术品重要的创新源头、制作中心。

今日，我们在紫禁城看到的珠宝、玉石、黄金、珐琅、钟表等珍宝，大多出于内务府造办处。其中不乏在岁月流逝中，日渐闪光的艺术品。

清代宫廷钟表（张程 摄）

皇家出版事业：武英殿／文渊阁

书籍，是传承中华文化的堡垒，是宣扬天朝意识形态的扬声筒，也是九五之尊治国理政的利器。

明清两代的帝王高度重视图书出版，将紫禁城建设为皇家出版业的核心。

明清时期没有出版社，称为"修书处"，大致相当于后世的出版社加印刷厂。明清两代紫禁城内都有修书机构。明代午门内、皇极门外两庑，东二十间房屋有实录、玉牒、起居诸馆，西二十间北边十间为诸王馆，即皇子教育机构，南边十间为会典馆等。清朝在东华门内设馆纂修实录、会典等。实录是皇帝治国理政的详细记录，起居注是皇帝日常生活的原始记录，玉牒是皇帝的家谱，会典是朝廷典章制度，它们的纂修需要时间的积淀，因此这些纂修机构都是临时性的，不定期发起编辑出版事业，编成后即撤。清朝中期以后，国史和会典两馆固定为常设机构。这些机构集中在外东路的三座门内外。三座门内东院为会典馆，西院国史馆。会典馆门朝西开，国史馆门朝东开，两门相对。国史馆书库在三座门外院墙东侧，紧挨东城墙内侧，是一座黄琉璃瓦宫殿建筑。

入馆纂修者，基本是翰林院的文臣。客观而言，皇家出版事业解决了翰林们的出路。翰林院、詹事府等清要衙门，虽然是储才之所，却不能给翰林文官们提供优厚的待遇。同时，总日青灯苦读，未必就是养才之途，更谈不上多好的政治力量了。而皇家出版事业多多少少解决了这些问题。翰林们修撰国史，整理会典等，有机会阅读内廷珍藏书籍，又能接触皇上和原生态的政务资料，还能获得饭食、补贴、赏赐等，一举多得。不少翰林文臣就是经由出版事业，获得了第一笔政治资源。

清代文翰词臣入宫实践、当差的最稳定、成规模的去处是武英殿。武英殿相当于清朝的"皇家出版社"。

武英殿地处外西路南部，坐落在内金水河大转弯处的"凹"型部，十八槐西侧，大致位于西华门与熙和门的中间位置。整个建筑群坐北朝南，经由跨越内金水河的三座汉白玉桥，走到正门武英门。武英门面阔5间，黄琉璃瓦歇山顶，坐落在汉白玉栏杆围护的台基上。武英殿西面、南面全部，以及东面南部为内金水河所环绕，消防水源充足，在建成后的四百多年中抵挡住了火患的觊觎，甚至躲过了李自成大火。照此下去，武英殿很可能成为紫禁城保存最完好的明代宫院。可惜的是，同治八年（1869），一场大火还是吞噬了武英殿。整个建筑群受到重创。现存武英门与院内的大殿、后殿的榫卯、斗拱存在众多差异，推断武英门躲过了同治八年的那场大火，保留着早期的建筑样式。而院内的建筑基本上是清朝晚期重建的。

武英殿为两进院落，主建筑规制与外东路文华殿完全相同。正殿武英殿面阔5间，进深3间，黄琉璃瓦歇山顶，坐落在须弥座上，四周围以汉白玉石栏，前出月台，通过甬路与武英门台基相连。后殿敬思殿与武英殿形制相似，两殿坐落在同一座台基之上，中间以穿廊相连。1913年，故宫古物陈列所建立之初，以武英殿为展陈空间，于第二年将武英殿和敬思殿连接在一起，改造成"工"字形的展室。武英殿东西配殿分别是凝道殿、焕章殿，左右共有廊房63间；第二进院东北有恒寿斋，西北有浴德堂。

恒寿斋面阔3间，黄琉璃瓦硬山卷棚顶，是清朝编校《四库全书》诸大臣的值房。大名鼎鼎的纪晓岚极可能就在此处当值多年。恒寿斋和武英门一样，现存结构与其他建筑差异巨大，推断于同治八年幸免于火，保留了明代建筑模样。

浴德堂规制与恒寿斋基本相同。它的特殊之处在于后檐墙有一个曲尺形券洞通往北侧的穹隆顶浴室。券洞和浴室都装饰着乳白色瓷砖。浴室北侧有一个灶间，通过贮水石槽引入浴德堂西北处一座井亭下的井水。井水流入灶间内大锅，加热后水蒸气通过一道铁管流入浴室。浴室面积有十几平方米，地面为方形，中间变为八角形，最后在上部形成圆形穹顶，顶正中开有一个直径约六十厘米的通风采光口，是内地非常罕见的建筑样式。很多人相信这座浴室是乾隆皇帝为来自新疆的宠妃香妃修建的土耳其浴室。古物陈列所还曾经在此地展陈过香妃的画像。然而，武英殿远离后寝区域、靠近西华门，且整个建筑群为朝臣办公场所，浴德堂不可能是清代后妃的浴室。那么，为什么在这里会有座浴室呢？

浴德堂是明清皇帝斋戒沐浴的场所。古制，帝王宫殿要有"左庖右湢①"。左湢即为外东路文华殿东北部的大庖井；右湢则是外西路武英殿西北部的浴室了。浴德堂浴室，正是中国古代礼制的遗留。但是，正如御膳并不在大庖井制作，皇帝日常洗澡也不在浴德堂，只有在武英殿斋戒时才选择西北部浴室沐浴。

整座武英殿在明初落成时，就是为了帝王斋居、召见大臣设计的。崇祯年间皇后千秋、命妇朝贺也在此举行。随着斋居、召见功能的外移，明代曾在武英殿设待诏画师，选择画家在此待命。明末清初，原本并不突出的武英殿突然在历史上大放异彩！

先是李自成入主紫禁城后，选择驻在武英殿办理军务。大顺皇帝的登基大典，也舍弃皇极殿（太和殿）而改在武英殿举行。李自成在武英殿仓促登基后，即下令焚烧紫禁城。武英殿幸免于难，保存完好。紧接着，清军入关，先行入京的摄政王多尔衮也以武英殿为视事之所。顺治皇帝迁都北京后，一度也住在武英殿里。客观而言，当时紫禁城一片焦土，除了武英殿建筑群外，确实没有其他宫院适合作为皇帝寝宫。武英殿阴差阳错之间，成了明末清初中国权力核心所在地。

再接着，三大殿和乾清宫重建，少年康熙皇帝也搬入武英殿暂住。在这里，少年皇帝开始走向成熟，并且招募了一批亲贵少年练习摔跤撩脚。康熙八

---

① 湢，bì，先秦时期专称浴室。

年（1669）五月的一天，实权在握的辅政大臣鳌拜一如既往来到武英殿，康熙皇帝指挥这批少年擒拿了权臣，谱写了清朝历史上惊心动魄的一幕。

乾清宫重建完工后，康熙皇帝搬离武英殿，设置了"武英殿修书处"，委派亲王大臣总理，下设总裁、总纂、纂修、协修等数十人。下设书作、刷印作两大机构，类似于现代的出版社编辑部、印刷厂。具体编撰、检校人员都选自翰林文臣，解决了一大批翰林词臣的差事安置问题。左右配殿、廊房就成了修书处，直至清朝灭亡。一代代的翰林书生在这处水木环绕的院落，在长达二百多年的光阴里，编辑、校对、刊印、装潢了难以计数的图书，推动皇家出版事业走向繁荣。

明代宫廷也编印图书，在皇城内设置"经厂"主其事，但是交由宦官主持。由于主持者文化水平欠佳，出版的书籍内容差错较多，质量不高。武英殿修书处的成立，由专业人干专业事，且规模更大、更加稳定，刊印书籍内容扎实，质量精湛。武英殿版图书使用铜版雕刻活字，字体秀丽，版面工整，绘图精美，又用特制的开化纸印刷，品相出众，迅速赢得了受众的好评。

武英殿出版的书籍以编校精良、印制华贵而享誉天下，其中又以康熙时期的书籍为最。康熙皇帝喜好董其昌字体，康熙朝版本字体秀雅、布局疏朗，使用内务府精制纸张印刷，史称"康版"，是藏书家手中的奇珍善本。乾隆皇帝喜好赵孟頫字体，武英殿版本也改为赵体。乾隆中期，武英殿修书处奉旨刻制铜活字，乾隆皇帝赐名"聚珍版"。聚珍版书籍，是清代书界最珍视的版本。当时的总管内务府大臣、奉命办理武英殿事宜的大臣金简编撰了《钦定武英殿聚珍版程式》，系统总结了修书处的工作规程。刻好的活字按韵分装于十个木箱内，每箱抽屉八层、每层又分若干格；图书排版时，管韵人根据汉字的四声读音管理活字，摆版人向管韵人唱取所需活字，然后摆成一版；翰林负责编辑、校对摆好版本，制作出清样；核对无误后，刷印作根据清样印刷成书。除了管韵、摆版环节与现在的出版社排版工作不同外，其他环节基本相同。嘉庆朝后，武英殿图书又流行欧阳修字体。

武英殿书籍的选题内容，第一类是历朝圣训。乾隆三年（1738），修书处奉旨刊刻的太祖、太宗、世祖、圣祖、世宗《五朝圣训》，就是这类选题代表；第二类是礼制图书，如《律吕正文》及文庙乐谱、乡饮酒礼乐章；第三类也是最主要的选题类型还是经史图书，武英殿修书处刊刻过十三经、二十一史，还有《钦定古今图书集成》一万卷、五百二十函装；第四类选题时方略图书，康熙皇帝平定三藩后编纂了《平定三逆方略》。此后每逢军功凯旋或大政告成，武英殿修书处都奉旨记录始末，编纂成书。为此，紫禁城另立方略馆。方略馆在武英殿墙外北部院落，已附在军机处部分，不再赘述。

武英殿出版书籍，主要用于宫廷收藏，其次供皇帝颁赐给臣下，还有相当一部分图书，由朝廷发行到十八行省，供官府和官学使用，可算是清朝的标准出版物兼学习材料。凡是存而不发的图书，则贮存于后殿敬思殿。

武英殿出版活动，以康雍乾三朝最为兴盛，乾隆时期更是巅峰。乾隆皇帝在位六十年里，武英殿修书活动无一日停歇，每年都有新书问世。《四库全书》是乾隆朝武英殿修书处的编撰重点，当时为了将一些敕撰本纳入《四库全书》，一度出现了十六种新书同时编修的盛况。嘉庆后期清查存书，品相完好的移贮武英殿，残缺的则变价出售，图书出版锐减，此后敬思殿实际成了存储版片之处。道光后期，武英殿出版活动衰微，变得徒有其名。同治八年，武英殿大火，烧毁建筑数十间，敬思殿所藏的书籍版片焚烧殆尽，令人扼腕叹息。同年，武英殿区域重建，但出版盛况一去不复返了。

还是需要肯定，武英殿修书处的出版活动几乎贯穿整个清朝，或许是中国历史上存在时间最长、最有成效的出版单位。这座宫苑出版的图书，称为"殿本"，这两个字是品质的保证，是中国历朝历代质量最高图书的代称。

清代的出版管理不是类似英国的皇家特许出版制度，而是在紫禁城内全力兴建高质量的出版机构，用产品来引导，用质量来说话，为紫禁城留下了又一大类珍宝。

上述《四库全书》是中国古代图书的集大成者，是乾隆皇帝力推的出版盛世。乾隆皇帝重视这部大书到什么程度呢？他专门修建了"文渊阁"来收藏这个大部头。

乾隆三十九年（1774），紫禁城在文华殿身后、明代圣济殿旧址上修建文渊阁。乾隆皇帝设想的就是贮藏已于两年前开始编纂、尚未成书的《四库全书》。设计人员奉旨专门前往浙江宁波，参考了江南著名藏书楼范氏天一阁的结构，汲取了中国古代藏书的经验教训。两年后，文渊阁落成，面宽33米，进深14米，"明二暗三"结构，从外观看是上下两层，内部实际为三层，中间存在一个暗层。文渊阁建筑面貌在紫禁城独一无二：

> 琉璃瓦件是黑色的，再用绿色琉璃镶檐头，建筑术语称为"绿剪边"。正脊，用绿色为底，有紫色琉璃游龙起伏其间，再镶以白色线条的花琉璃。这样几种冷色的花琉璃搭配一起，象征海水碧波，气氛静穆。油漆彩画，也以冷色为主，柱子不用朱砂红而用深绿，彩画题材屏弃皇宫中的金龙和玉玺图案，而代以清新的苏画。为了表现建筑使用功能，画出河马负图和翰墨册卷的画面。其后及西侧，以太湖秀石叠堆锦延小山，在寻丈之地，山峦既深壑平远，又玲珑翠秀，植有苍松翠柏，茂密成阴。人行路系以杂色卵石乱砌，自然成趣。①

文渊阁（高申 摄）

文渊阁每层6个房间，这在紫禁城内也是独一无二的。紫禁城其他宫殿的房间数，都是单数，不是三五

---

① 王铭珍：《紫禁城的皇家藏书楼文渊阁》，载于《上海消防》2004年第5期。

间,就是七九间,没有双数。为了"符合"规制,文渊阁在梢间建造了一个楼梯间,宽约半间。今人常言紫禁城有房屋9999间半,这个"半间"就是文渊阁的楼梯间。

藏书楼最怕火灾。宁波天一阁前有景观兼消防水池,北京文渊阁前也因地制宜,将流经阁前的内金水河凿宽为一段方池,池上有一座三孔石桥。这段方池,是内金水河最宽的水面。文渊阁没有采用宫殿式的须弥座,底层前后都有出廊,二层前后都有平座;阁内基层用大城砖叠砌,铺以条石。主体建筑厚重宽大,朴实无华。文渊阁院内,太湖石堆砌成山,屏障着藏书楼,种植其间的松柏,茁壮成长200多年,苍劲挺拔,烘托整座庭院郁葱、幽静。文渊阁东侧建有一座碑亭,盔顶黄琉璃瓦,亭内立石碑一通,正面镌刻着乾隆皇帝御撰《文渊阁记》,背面刻有文渊阁赐宴御制诗——《四库全书》入藏之日,乾隆皇帝在此大宴参编众臣,共襄盛事。

《四库全书》成书共计99030卷、36000册,分装6750函,全部用朱丝栏白榜纸抄写,封面为丝绢,经部书籍用褐色绢、史部书籍用红色绢、子部书籍用黄色绢、集部书籍用灰色绢。《四库全书总目考证》《古今图书集成》和经部图书放置一楼,其中经部书籍共20架;史部书籍33架放在二楼;子部书籍22架,放在三楼中间,集部书籍28架,放在两旁。图书都贮藏在楠木书箱中,再摆放在书架上。

《四库全书》出版共缮写了四份,分别收藏于紫禁城文渊阁、圆明园文源阁、避暑山庄文津阁、沈阳故宫文溯阁。后来,浙江杭州文澜阁、江苏扬州文汇阁、镇江文宗阁又缮写了三部收藏。天下共有7部《四库全书》,其中以文渊、文源、文津三阁藏本纸张最精,缮写最细。文渊阁《四库全书》现存我国台湾。

富贵藏书,盛世修典,表现在紫禁城便主要是武英殿修书、文渊阁藏书。

紫禁城的古树名木

园林，是中国人的另一大珍宝，也是自古皇室钟爱的禁脔。园林大门，隔开了皇帝的两个世界。大门里面，是山水草木，大门外面，是社稷朝堂；大门里面，是自我，是对内心平和的渴求，大门外面，是责任，是纷纷扰扰的明争暗斗。

紫禁城的二十四位主人，不知有多少次去花园中躲避残酷的现实，不知怎么样在树荫下建构内心的自洽？凡是帝王倾注时间和期望的地方，必然会成为宫城的精华部分。紫禁城的园林曲径通幽，古建精巧，花木扶疏，奇石假山玲珑剔透。[①]

紫禁城成规模的绿化区域有五大块：十八槐-断虹桥区域、御花园、乾隆花园、慈宁宫花园和建福宫花园。建福宫花园毁于二十世纪二十年代初的大火，其余四个绿化区域至今尚存。

内金水河在武英殿东侧向东直流几十米后，又折而向南，最后穿过熙和门

---

① 紫禁城树木内容主要参见以下文献：张宝贵《故宫的古树名木》（载于《百科知识》2006年第4期）、堃屏《"十八槐"今昔》，载于《紫禁城》1984年第5期。

北侧进入太和门广场。在这个"凸"字形的北侧，有一篇槐树林，称为"十八槐"；横跨河上有一座"断虹桥"，为紫禁城诸桥之冠，桥面最宽、艺术价值最高，且是宫内硕果仅存的元代古桥。

断虹桥为单孔汉白玉石拱桥，全长18.7米，通宽9.2米，两侧有20根望柱，精雕细刻着翻转折叠荷叶、连珠莲花须弥座，座顶有34只姿态各异、筋骨毕现的大小石狮。望柱之间有18块栏板，雕刻也十分繁复精细，内容以双龙戏珠为主题，衬雕牡丹、荷花、菊花等十余种花卉，上部透雕着莲花盆景，下部浮雕香花及云雨雾霭，其间有双龙嬉戏追逐。桥两端各有披发神兽，依然是龙之第六子"霸下"，披发如瀑，双目炯炯，配合桥孔上方雕刻的一头两目圆睁的吸水兽，高低配合，镇压水患。这些繁密精致且夸张高调的雕刻工艺，与明清风格有明显的区别，是宋元遗韵。

断虹桥是推断明元皇宫位置变化的重要依据。它极可能是元朝皇宫南护城河上的一座桥梁，当时皇宫的正南门崇天门，大约在今天太和殿广场内。明朝皇宫整体位置大幅度南移，元朝皇宫南护城河大部分南移改建为内金水河，但是保留了断虹桥区域。今人看紫禁城地图，会发现断虹桥几乎是内金水河南段最北的桥梁，其他段落为了照顾明皇宫的设计做了不同南移，形成了如今蜿蜒曲折的形状。

断虹桥地处紫禁城后寝转向西华门的要冲，是明清帝王后妃出游西苑或圆明园、颐和园的必经之地。但是，断虹桥繁复的龙饰，却犯了明清皇家大忌。每当皇帝经过，当差太监都得提前用黄绸布将桥的两侧罩住，担心群龙神兽惊驾。①

断虹桥北是紫禁城内规模最大的槐树群。槐树在中国人观念中也是吉祥昌盛的象征，自周代起宫苑都有种植槐树的传统，槐树又有"宫槐"之称。元朝皇宫修建时即可能在断虹桥北部，即护城河北畔种植了宫槐，这一区域至今存在裸露的地面，原生态的土壤适宜树木的生长。断虹桥北的元朝古槐成活到了今天，俗称"十八槐"。说是十八槐，其中一株已经枯死，还有一株枯死后又在根部生长出了小树苗，因此真实的数目是十六棵半。这些至少六百岁的古槐

---

① 李哲：《故宫断虹桥边的三个朝代》，载于《北京日报》2019年4月4日。

树老态龙钟，主干中空，树皮枯朽，但是树冠还是茂密繁盛，最大冠幅能够占地半亩。最粗的一株元槐树干周长4.7米，需要三人才能合抱；最高的一株元槐高达21米，相当于八层楼的高度。紫禁城的居民经过这片郁郁葱葱的原生态森林，放松精神，应该会相当惬意轻松。

当然了，紫禁城内的槐树不止"十八槐"，三三两两地散落在各处院落。其中，英华殿后面的一棵槐树，树干周长也超过了四米，相当醒目。不过，槐树并非紫禁城的主要树种。明清宫苑以柏树为主，其中多数为桧柏。桧柏根系强大，生长迅速，很适合相对艰苦的北方环境，而且枝叶繁密，古朴蟠虬，搭配得黄瓦红墙的宫廷建筑更加古色古香。

紫禁城里分布着成片柏树和散株古柏。其中最有价值的柏树在御花园。

御花园的坤宁门和天一门中间有一座香炉，一对连理柏生长在香炉南边。连理柏是中国特色的园艺杰作，原本是两株贴近柏树，树枝经人工整形，毗邻处树皮磨光后长到一起，或者两株柏树在地下就根部交叉生长，形成天然的连理柏。御花园的天一门内、钦安殿外的树林中也有一株柏树，三百多岁了。它是一株"人字柏"。人字柏原本是一株柏树，因为各种原因在树基部就被劈开，最后长成了人字形状，貌似两株柏树，常常为人误会为连理柏。万春亭周围的四棵柏树和千秋亭北门外的柏树，也都是从一株柏树的基部生长出来的。

御花园的古树名木中也有槐树。龙爪槐，又一种中国特色的槐树珍品。御花园东南角有一株硕大的明代龙爪槐，是北京的"龙爪槐之最"。龙爪槐上部，几条大枝水平伸向四方，似游龙穿梭云霄，无数小枝弯曲反复，如勾似爪盘旋蔓延，整个树冠大如巨伞。整株龙爪槐覆盖面积八十平方米，气势宏大，以至于自身躯干难以承受重量，不得不搭建了巨大的木架来支撑。

御花园东北堆秀山上高耸着一株白皮松，是乾隆年间种植的，树姿挺拔，与山、亭自成一景。此外，东部降雪轩前有清代的太平花，西南有清代的龙枣，园中还遍植牡丹等花卉。

乾隆花园的古树名木，以古楸、古柏、古松、古槐以及丁香等著称。尤其是古华轩前的"古华楸"最为著名。这株楸树种于嘉靖年间，距今四百多年。乾隆皇帝很喜欢这株楸树，修建乾隆花园时专门下旨保留它，还建造古华轩搭配它。乾隆皇帝还为它御题楹联："清风明月无尽藏，长楸古柏是佳朋。"

古华楸矗立在古华轩大门西侧，主干向东倾斜，与古华轩融为一景。乾隆皇帝还在园中种植了一株白丁香花，如今已经高达二层楼，被誉为北京"古丁香之最"。此外，宁寿门内有名为"十八罗汉松"的古松群，其中以"迎客松"和"锉松"最出名。

以朴素平和为特点的慈宁宫花园，也有不少古树名木，以古楸、古柏、银杏和白玉兰、紫玉兰为特色。

紫禁城还有一处不复存在的花园——建福宫花园。

乾隆皇帝大规模改造乾西五所，将最西端两所及其南边三个宫格改造得面目全非。其中，南边三个宫格的大部分修建为中正殿、雨花阁宗教区域。其东侧的十余米宽、二百米出头长的狭长地段就修建了"建福宫"建筑群。从南至北分别是延庆殿、建福门、抚辰殿、建福宫。延庆殿相对独立，与建福门之间相隔一处五十多米的空院落。抚辰殿与建福宫有廊房相接，合成廊院。建福宫面阔5间，进深3间，黄琉璃瓦绿剪边卷棚歇山顶，明间后檐金柱间设扇，扇前安放宝座，上悬乾隆御书匾额"不为物先"。建福宫装修精致，用色鲜艳，摆设讲究，是乾隆皇帝自用的预留地。

建福宫两侧的游廊可以穿行至第三进庭院，首先来到惠风亭，亭子以北用红墙隔出了一个小院落，院中有静怡轩、慧曜楼等，环境安谧。建福宫后部院落西侧、原乾西五所最西部、中正殿的后部，又是一处御花园。它和建福宫后部，都是建福宫的附属院落，得名"建福宫花园"，又因为位置偏西，也叫作"西花园"。

建福宫花园的西部，以延春阁为中心，延春阁建筑样式特殊，面阔5间，正殿装饰藻井，平面呈方形，四边出廊，二层有平台。据说延春阁底层隔间繁复，有"迷宫"之称。延春阁的西部与北部倚宫墙建有吉云楼、敬胜斋、碧琳馆、妙莲华室和凝晖堂等建筑，富丽华贵，花廊纵横，但建筑不高，衬托出了延春阁的高大宏伟。延春阁南边叠石为山，岩洞磴道，幽邃曲折，花木丛篁，又是一个园林杰作。

建福宫原本是乾隆皇帝设计为太后守制所用，后来因故没有实现。乾隆皇帝十分钟爱建福宫，政务之余常流连、吟咏于此。每年腊月初一皇帝在建福宫开笔书"福"，开启紫禁城庆贺新禧的序幕。此制成为清朝皇帝的祖制。最能体现乾隆皇帝对建福宫特殊喜爱的，就是他将最钟爱的文物珍藏、四方进贡的奇珍异宝，都收贮于此。乾隆皇帝热衷收罗宝贝，乾隆时期进贡成风，贡品大多进入了建福宫。建福宫也就成了名副其实的"宝库"。乾隆皇帝驾崩后，嘉庆皇帝下令将宝藏封存不动。1922年，溥仪曾在好奇心的驱使下打开了建福宫仓库，发现尘埃之下竟然是一箱箱沉睡了上百年的珍宝。

拱门前的老松（郭华娟 摄）

特别遗憾的是，1923年6月26日夜，一场神秘大火降临了静怡轩，火势迅速蔓延到延春阁，再将建福宫、中正殿等区域化成一片火海。大火直到第二天中午才扑灭。数百年的参天松柏化为灰炭，三四百间房屋和全部文物珍宝毁为灰烬。许多外省、外国进贡的宝物，始终处于密封状态，未曾开启过就成了"永远的秘密"。这是中国文化的巨大损失。事后溥仪震怒，异常怀疑这是太监为了掩盖监守自盗罪行而放火灭迹。次月，溥仪除给各位太妃各留二十名太监外，将其余所有太监全部逐出紫禁城。一场大火间接造成太监制度寿终正寝。

建福宫又在灰烬中沉睡了将近百年，直到2005年重建竣工，以崭新的面貌回归故里。

两朝家风一座城

Biography of the Forbidden City

故宫传

同一座城池,在明清两代的运转有着重大区别。

清朝康熙年间入值紫禁城南书房的高士奇,总结了从秦汉至明清的皇家宫廷区域逐渐萎缩的变化趋势:

> 尝读往史所载,秦汉隋唐之宫阙,高者七八十丈,广者二三十里。而离宫别馆,绵延联络,弥山跨谷,或至数百所。何其奢侈宏丽可怖也!
>
> 明因金元之旧,宫阙范围,较秦汉隋唐,仅十之三四。然皇城之中,即属大内,禁绝往来,唯亲信大臣,得赐游宴,故或记或诗,咸自诩为异数。亦有终身官侍,从未得一至者,闻人说苑西亭台宫殿,无异海外三山,缥缈恍惚,疑、信者半。
>
> 我国家龙兴以来,务崇简朴,紫禁城外,尽给居人,所存宫殿范围,更不及明之三四。凡在昔时严肃禁密之地,担夫贩客皆得徘徊瞻眺于其下,有灵台灵沼之遗意焉。①

明代北京的整个皇城都属于皇家宫廷区域,称为"大内",一般人不得随意踏入。官民言说西苑三海感觉犹如蓬莱仙山。到了清朝,"大内"缩小到宫城以内,也就是紫禁城才是真正的"禁"区。紫禁城外的皇城区域,开放为官民(基本为八旗子弟)的居住之地,允许贩夫走卒奔走其间。也就是如今北京

---

① 高士奇《金鳌退食笔记》。

长安街以北、地安门大街以南、东皇城城北街—南街以西、西皇城根北街—南街以东的区域，在明代基本属于大内，到清朝才开放给官民居住。高士奇判断清代宫禁范围只有明代的十分之三四，大抵是符合史实的。

明清两代紫禁城的差别，还有诸多方面。人决定建筑。紫禁城的不同特点是由朱明、爱新觉罗两个家族决定的。

清朝皇帝常自诩"得天下之正者莫如本朝"。爱新觉罗家族打出"吊民伐罪""为明朝复仇"的旗号，自述天下夺自乱民（李自成起义军）。相比之下，朱明家族得天下更正。明初朱元璋起自阡陌草野，无尺寸之凭借，恢复中华衣冠，后期不割地、不赔款，对外强硬不妥协，朱明立国二百多年堪称"光明正大"。

朱元璋的经历，奠定了朱明家族的底色。明朝皇帝的基因中深深沾染上了中国基层农民的习气，坚忍中带有卑微，刚强下隐藏虚弱。登顶之后，朱明家族身上有一股浓厚的挥之不去的不自信。明朝将居民迁出皇城之外，在紫禁城四周密布衙署，何尝不是这种虚弱的表现？朱明皇帝壮大锦衣卫，重用宦官，建立东厂西厂，何尝不是不自信的表现？君主专制在明朝的增强，竟然和朱明皇室的隐秘心理有莫大关系。只不过，宦官势力畸形壮大，后期太阿倒持，反而威胁皇权，则是制度在实践中变异的结果。

朱明家族不自信体现在紫禁城运转上，就是支撑宫廷后勤保障的宦官机构、侍卫机构及诸多仓库包围着紫禁城。明代紫禁城内只保留宦官机构的直房、附设机构。其中司礼监因职掌较多，在宫内用房多处。至于锦衣卫，除了奉天门前两厢有片瓦半间，在宫内几乎没有存在感。同样遭到紫禁城排斥的是朝臣。极少数内阁文臣才能在外东路南部出入，其他朝臣严格局限在奉天门两厢直房。可以说，明代紫禁城是太监的天下，大多数地区只有皇帝和子孙们是正常人，常年不见一个其他正常人。这又是皇帝不自信的表现，为了杜绝行刺和宫闱丑闻，朱元璋的子孙干脆杜绝正常男子出现在身边。

家国一体，家的私利成了朱明皇帝考虑的主要内容，国政相关的内容压缩到了紫禁城一隅。

私心私利换来的安全感，最终没能保障安全，明代紫禁城在英宗朝之后就走上了下坡路。

朱明家族的另一大特点是讲究礼制。明代修建紫禁城时强调"以礼为本",制订宫廷制度同样突出礼制,家庭与个体的使用需求退居次席。严格的规制、虚幻的体量和无处不在的禁忌,都是尊崇皇权的礼制在紫禁城的映射。最极端的例子或许是朱明家族即便对子孙的教育,也恪守礼制,不实事求是,不追求真实能力的培养。紫禁城及其制度从根子上,便是为皇权修建的,不是为皇帝修建的。朱明家族在某种意义上是作茧自缚,朱元璋的子孙前赴后继成为紫禁城的高级囚徒。从嘉靖皇帝的大礼议之争,到万历皇帝三十年不问世事,再到明末三案,设计完备的宫廷制度并未给朱明家族带来幸福安康,也没有给大明王朝带来国运康泰。大明国势江河日下,直到本非亡国之君的崇祯皇帝朱由检夙夜勤政最终也只能无奈自缢。

一个光明正大的家族依然没能跳出"从龙种到跳蚤"的窠臼,殊为可惜。

清朝定鼎中原后,继承紫禁城为皇宫,并基本按照前朝旧制修复,没有步之前改朝换代必推翻前朝旧宫新建殿堂的覆辙,展现出了爱新觉罗家族不同的风格。

爱新觉罗是白山黑水之间的渔猎家族,给紫禁城带来了鲜活的关外气息,引入了充沛的务实与理性、宽容与接纳。

满族无论民间还是宫廷,均内外无别、政寝不分,入关后马上接受了紫禁城前朝后寝的格局,也继承了全天下官衙的这套制度,可证满族人适应能力之强。同时,顺治朝和康熙初年,福临、玄烨父子没有立刻、全面修复紫禁城,而是因陋就简,将家族暂且安顿在各处,两代皇帝亲自带头暂居其他宫殿。他们完全是根据国家财政情况而逐步复建紫禁城,而不是像前朝嘉靖、万历那般大兴土木,可证宫城新主人的务实与理性。

在继承礼制的同时,康雍乾三代皇帝完美兼顾了实际生活需要,在不破坏大原则的前提下逐渐打破了紫禁城严格的限制,注重建筑布局、环境、装饰艺术等方面的实用性,努力营造惬意的环境和方便舒适的日常理政、居住空间。紫禁城的生活气息变浓了,许多建筑采用小体量,不以高大为目标。居住的舒适便捷成为主要追求,清代紫禁城后寝区域常将宫、寝、书斋等合建为一,内部再进行功能分区,如养心殿、乐寿堂、倦勤斋等处;或将建筑拆改合并,如储秀宫、翊坤宫等,或与园林相融合,倾注人生追求,如慈宁宫花园、宁寿宫后寝区域等。紫禁城实现了从"以礼为本"到"以人为本"的重要转变。①

清代紫禁城最大的变相，是明代几乎无处不在的太监势力大规模后撤，从皇城缩小到紫禁城北半部的后寝区域。爱新觉罗家族入关前，虽然也役使阉割者，但人数很少，身边大部分差事是包衣奴仆承担的。入关后，爱新觉罗家族沿用旧制，以大批包衣替代明代太监。他们通过内务府制度，基本解决了困扰中国历代王朝的宦官擅权专政顽疾。此制的深层次原因是爱新觉罗子孙素养普遍较高，工作热情远高于朱明子孙。清代皇帝处理政务决不假手他人，事无巨细皆乾刚独断，特别在意大臣、宦官蒙蔽、擅权。爱新觉罗家族自诩的"我朝乾纲独揽，政无旁落，实家法相承，世世敬守"，"至本朝阉寺，祇供洒扫之役，从不敢干与政事"。

清代有幸前期诸帝都是工作狂。圣祖康熙皇帝精力充沛，一天之内从畅春园赶赴紫禁城上朝，然后再赶回畅春园。即便是在皇家园林，康熙皇帝也是"园居理政"，利用园林行宫的优势，换一个环境、换一种方法来处理政务。（园居理政是清朝皇帝，尤其是后期的一种重要执政方法。）爱新觉罗皇帝没有一个昏君与懒汉，皇帝的勤勉是乾纲独揽的基础，只有勤政才能事无巨细皆亲自裁决。清代皇权专制发展到中国历史顶峰。

清代紫禁城发展为一台高速运转的决策机器。

"国"的一面完全超越了"家"的份额。明代紫禁城内的朝政机构只有内阁一个，清代则有十余个。即便是收发传递决策文书的奏事处，也置于朝臣管辖之下，应当属于朝政机构——这在明代是由太监掌管的文书房大包大揽。即便是后寝区域，文武大臣、宫廷侍卫进出如常，长期逗留，清代后宫的"男女大防"不如明代那般严格僵化。

清代紫禁城人流往来如梭。从事服役侍奉的包衣苏拉，日常诵经的喇嘛，护卫大内的护军营、骁骑营官兵，侍卫处官兵，内务府造办处十几个作坊的官吏、匠役，武英殿修书处、御书处的文官词臣，国史馆、方略馆的编辑和印制，咸安宫等处官学的师生，在上书房教育皇子皇孙的教习官员，还有"内廷行走"的南书房、军机处满汉官员，等等，分散在前朝后寝的各处、劳作在宫

---

① 王爱东：《清代对紫禁城的改造》，载于《紫禁城》2017年第3期。

闱墙垣的各段。皇帝寝宫养心殿，办理政务、召对觐见的官员更是熙熙攘攘。①他们日复一日维系着紫禁城的运转，丰富着紫禁城的内涵。

爱新觉罗家族确实比朱明家族勤政。明朝皇帝召对官员局限在朝会和乾清宫，前者是泛泛之谈，后者参与者是内阁大学士等极少数人。此外还有"平台召对"。现存保和殿是清代重修的，位置向北推移至"三台"座基的边沿。明代建极殿（保和殿）位置要比现存靠前②，殿后有一座云台门，东西另有云台左门、云台右门。三门之前空地也称"平台"。皇帝常在此召对内阁宰辅、封疆大吏等官，称平台召对③。明后期清早期，袁崇焕、吴三桂等关键人物都曾在平台应召，君臣议政。清朝反而没有这些召对的名目，因为皇帝咨询、君臣议政非常频繁。雍正皇帝每日接见的官员数以三四十计，上自军国大事下至州县琐碎，无不希求了然于胸。即便是后期道光、咸丰等非明君，也是夙夜殚精竭虑，为朝政操劳。

主人家的勤勉付出，决定家庭的有序高效。爱新觉罗家族改革的宫廷制度，凝聚着家族的思想理念，往往用技术性改变取得了制度性的进步。明代宫廷的不少制度，困于朱明家族坚持礼制度缺乏务实，困于后期皇帝的懒惰荒政，制度的坏处不仅妨碍了紫禁城的健康运转，还溢出到社会，伤害国计民生。最明显的莫如紫禁城的经济账。宫廷运转需要庞大的物质支撑，明代固化的宫廷财政不能支撑紫禁城需求的发展。比如，明代紫禁城所需糯米、小麦、黄豆、白面等原料由浙江等处按需岁供。明中后期，宫中奢侈成习，对粮食原料的需求大增，而宦官主导的此项工作所用非人，多有贪鄙之人任意增加耗米，浙江等处缴纳耗米常至正米三四倍。内官监、酒醋局、供应库等宫廷衙门更是巧立名目，分外需索。结果，紫禁城的岁贡成为江浙的一项弊政，无依无靠的小民因之陷入困境。清代紫禁城内务府总管宫廷保障，在江浙设立三大织造衙门，虽然需求不见得降低多少，但权力被关在了笼子里，紫禁城的岁贡健

---

① 杜家骥：《明清两代宫廷之差异初探》，载于《北京社会科学》2013年第5期。
② 孙大章：《清代紫禁城的复建与改造——兼论其建筑艺术的发展变化》，载于《中国紫禁城学会论文集（第三辑）》。
③ 也有观点认为平台召对地点在后左门前。

康有序。

雍正元年（1723），两江总督查弼纳奏称两淮盐商每年"孝敬"自己礼银两万两、随封银四千两，共计两万四千两银子。"倘若不收取，则白白便宜了富贾豪门，于诸商贩亦为不利。故每年此之二万银两，臣照收不误"，然后查弼纳将银子送交内务府，"以备皇上赏赐之用"。雍正帝当即回绝："此不可也。尔留下用于公务，果诚无用，则数年为一段陈情缮本具奏，予尔议叙。朕绝不担私受省臣贡银之名，虽可百般伪装巧饰，但帝王所行，名留天下万世，岂能隐瞒。"清朝制度森严，皇帝开明务实，大抵如此。宫廷后勤保障如此，宗室制度、后宫制度、宦官制度诸方面也类同。

康熙六十年（1721），暮年的康熙皇帝询问心爱的小孙儿弘历："你知道我们家姓氏'爱新觉罗'是什么意思吗？"小弘历回答是金子的意思。康熙皇帝追问："金子是世间最宝贵的物品吗？"弘历很严肃地回答："人世间，仁义最为宝贵。"祖孙两人的对话，可证爱新觉罗家族汉化程度、对儒家仁政的接受，更可证爱新觉罗家风之正。

皇帝的家风，塑造了紫禁城。紫禁城两任主人家，朱明家族和爱新觉罗都嗜权，都独断，都希望江山万年。爱新觉罗家族更加务实理性，更加勤勉刻苦，更加注重个人生活，清代紫禁城运转得更顺畅更高效。可见，家有千金，父辈有高官厚爵，都不如传承一个良好的家风。

◎后记

"活的紫禁城"

  如果说辉煌悠久的中国历史是一座宝库,紫禁城便是其中最显耀炫目的珍珠。

  宫殿建筑是皇权的象征。不论对哪个国家来说,宫殿都是一种特殊的建筑。它的建造,集中了民间建筑的经验,同时赋予宫廷化的严谨格律。中国古代宫殿集中体现了宗法观念、礼制秩序及文化传统的大成,没有任何一种建筑比宫殿更能说明当时社会的主导思想、历史和传统。外国有一句名言:"建筑是本石头的书。"当产生它的社会已经成为过去,它被遗留下来述说历史,因而宫殿建筑是最能反映当时社会本质的建筑。通过对宫殿建筑历史的了解,可以生动地了解古代社会主导思想意识和形态地发展。①

  如今的故宫博物院不是一处简单的景点,每一次游览都是对中华民族辉煌历史和灿烂文化的认同和瞻仰。

  紫禁城是中国传统建筑的杰作,是璀璨的中华艺术的宝库,更是明清历史的见证者,是祖先对我们的馈赠。就人类个体而言,穷其一生,紫禁城的内涵

---

① 杨鸿勋:《宫殿考古学通论》,紫禁城出版社,2009年。

都取之不竭。前人书写紫禁城的著作汗牛充栋，从建筑、艺术、帝王将相、明清历史诸多方面展开详细叙述。

紫禁城拥有连绵的宫苑、密集的藏宝、无尽的传说，紫禁城更是一座鲜活的城池。六百年来，不计其数的人将人生中最鲜亮的时光奉献给了它，其中有雄心壮志开拓进取的帝王将相，有兢兢业业日夜操劳的刀笔小吏，有因循保守奔走谋食的官僚宫人，有懵懵懂懂度过一生的少男少女，更有无名无姓了无影踪的平凡人。命运将他们推进了紫禁城，给这座恢宏的城池增添了或多或少的故事或遗产。驱动他们的就是宫廷制度。"清代宫廷史的研究应当拓展其关注面向，其中对宫中各机构之历史及内廷生活日常史应当给予更多的关注，以加强清代宫廷史研究的广度与深度。"[①]本书便以制度为切入口，讲述明清紫禁城的运转及其建筑变迁、人物命运。明清的帝国气象、政治理念和历史兴衰，都隐身其后。制度史也是一个抓手，可以把诸多建筑、器物、人物和历史事件都聚拢起来，复活一座"活的"紫禁城。制度是历史的容器，诚如斯言。

人是历史的精灵，宫殿是历史的森林，思想文化是历史的土壤。而制度是风雨，是潮流，伴随着精灵徜徉历史的森林。

遗憾的是，宫廷制度这个容器，依然不足以承载紫禁城所有的内涵。比如，明代建筑不好研究，因为记载少或没有记载，甚至记载相互冲突。紫禁城建筑的更迭史不能通过制度变迁来完整呈现。而建筑的规制和装饰艺术，自然也是礼制的一部分，但宫廷制度也不能完整描述中国博大精深的传统建筑艺术。此外，由于篇幅所限，同类制度，本书择一而述。比如大朝会、选秀、供应份例等制度，明清并无重大差别，本书选择其中一代为例讲述。制度是变化的，较长时间段的做法，很难描述所有横截面的制度面貌。

本书第一章《千年帝国的结晶》是紫禁城的简史，第二章《紫禁城"户型图"》专论紫禁城的格局和中轴线建筑，兼论外东西路。之后十二章分专题论述皇帝理政、中枢决策、宦官制度、宗室制度（偏教育）、后妃和女官制度、前朝妃嫔和太上皇制度、膳食制度、医疗保障、警备侍卫制度、宗教信仰、消防采暖防汛等制度，以及紫禁城的藏宝。紫禁城不同建筑、宫院的历史便分散

---

① 王志强：《清乾隆年间整顿内廷酒醋房述论》，载于《故宫博物院院刊》2014 年第 4 期。

在不同章节之中。最后一章《两朝家风一座城》认为明清两代紫禁城的差异是两朝家风不同造成的。家族再显赫也比不过帝王家，家产再雄厚也比不上紫禁城之万一，可是朱明家族家风不修，日益懈怠，最终国灭家亡，紫禁城在烈焰之中易主。它给我们的教训，不能说不明显。

紫禁城内还有其他有趣的内容，没有论及。比如，皇帝的荷包与紫禁城的账簿，是宫廷运转的重要的基础话题。紫禁城如同一头巨兽，无时无刻不吞噬大量财富，需要规模巨大的宫廷财政来支撑，据乾隆二十一年（1756）记载，仅紫禁城内各处值班官兵的饭食银两每年就要9540余两。宫廷财政与朝廷财政的关系，紫禁城是否自我营收，如何实现收支平衡，它对国运民生是否有所影响，都是有趣的话题。因为能力和时间所限，本书几乎没有涉及。再比如，紫禁城是核心皇宫，但左祖右社、西苑南内和京郊行宫，也是帝王经常驻跸之处。帝后在紫禁城内，衣食住行皆有定例成规，一丝一毫不敢有所逾越，而在行宫离院的约束就大大疏松。厌倦了约束的帝后越来越倾向长住西苑或京郊园林之中。清朝中期以后，皇帝长时段驻留西郊宫苑，进行"园林理政"。多位帝王驾崩于圆明园周边。这些与紫禁城关系紧密的宫苑，本书也基本没有涉及。

本书的写作参考了大量前人文献，尤其是《紫禁城》《故宫博物院院刊》中刊发的卓有成果的文章。研究故宫方方面面内涵的"故宫学"一科，蔚然成风、蔚为大观，相信能积淀下来更多的优秀成果。写作的一大乐趣，就是于孤独中感受到同行者众，文献之中尽是同好。

紫禁城内容博大精深，非一本小册子能够尽述。如果读者因为本书增加了对紫禁城及制度史的兴趣，则善莫大焉。

本书的成功出版，要感谢蔡荣建、陈红伟两位编辑，感谢他们的宽容与辛劳。本书的照片为文字增色不少，我要感谢提供紫禁城照片的诸位亲友，尊姓大名已在书中配图后注明，在此不再一一列名致谢。书中难免有史实差异和论述不当之处，我为此负责，并请读者海涵。

谢谢大家！

张程

2020年4月10日